国际财务会计研究

郭一恒 著

北京工业大学出版社

图书在版编目（CIP）数据

国际财务会计研究 / 郭一恒著. — 北京：北京工业大学出版社，2020.4（2021.8 重印）

ISBN 978-7-5639-7399-6

Ⅰ. ①国… Ⅱ. ①郭… Ⅲ. ①国际会计－财务会计－研究 Ⅳ. ①F234.4

中国版本图书馆 CIP 数据核字（2020）第 075766 号

国际财务会计研究
GUOJI CAIWU KUAIJI YANJIU

著　　者：	郭一恒
责任编辑：	刘连景
封面设计：	点墨轩阁
出版发行：	北京工业大学出版社
	（北京市朝阳区平乐园 100 号　邮编：100124）
	010-67391722（传真）　bgdcbs@sina.com
经销单位：	全国各地新华书店
承印单位：	三河市明华印务有限公司
开　　本：	710 毫米 ×1000 毫米　1/16
印　　张：	14
字　　数：	280 千字
版　　次：	2020 年 4 月第 1 版
印　　次：	2021 年 8 月第 2 次印刷
标准书号：	ISBN 978-7-5639-7399-6
定　　价：	56.00 元

版权所有　翻印必究

（如发现印装质量问题，请寄本社发行部调换 010-67391106）

前　言

国际会计是西方企业会计新的发展趋势，是在第二次世界大战以后，随着跨国公司的蓬勃发展，国际贸易的日益频繁和资本投资的日趋国际化而产生并日益发展起来的。国际会计的最终目标是建立一套适用于全世界的会计原则和方法，实现各国会计的标准化。国际会计一般被认为是会计的一个新的分支、新的领域。对于国际会计的研究并不是要取代目前已存在的会计思想和会计实务，而是要顺应经济全球化的发展趋势，在目前的领域里，使会计具有更大的实用性和精确性。国际会计既包括财务会计中涉及国际方面的会计问题，也包括管理会计和审计会计中涉及国际方面的会计问题，国际会计的研究领域应该是解决会计方面的国际性问题。

我国物质基础雄厚、人力资源丰富、市场空间广阔、发展潜力巨大，经济发展方式快速转变，新的增长动力正在孕育形成，经济长期向好的基本方向没有改变。综合判断，我国发展仍处于可以大有作为的重要战略机遇期，还面临着诸多矛盾和挑战，这些对于国际会计的研究工作具有深刻的意义。

笔者在撰写本书的过程中，借鉴了许多前人的研究成果，在此表示衷心的感谢。由于本书涉及范畴比较广，需要探索的层面比较深，笔者在撰写的过程中难免会存在一定的不足，对一些相关问题研究不透彻，有一定的局限性，恳请广大读者斧正。

目 录

第一章 国际会计的概念与认识 ... 1
- 第一节 国际会计的概念 ... 1
- 第二节 国际会计的目标 ... 6
- 第三节 国际会计的研究对象和内容体系 ... 12
- 第四节 国际会计与会计国际化 ... 16

第二章 会计的国际趋同 ... 21
- 第一节 会计国际趋同的认识与发展 ... 21
- 第二节 会计国际趋同的动力与障碍 ... 23

第三章 国际管理会计 ... 29
- 第一节 国际战略管理会计概述 ... 29
- 第二节 国际战略管理会计的内容和方法 ... 34
- 第三节 国际投资决策会计的内容 ... 37
- 第四节 国际责任会计的内容 ... 45

第四章 国际税收会计 ... 55
- 第一节 国际税收概论 ... 55
- 第二节 国际重复征税及其减除方法 ... 59
- 第三节 国际避税及其反避税 ... 66

第五章 国际审计会计 ... 73
- 第一节 会计和审计职业与资本市场 ... 73

第二节　全球审计服务与审计面临的挑战 ·· 79
　　第三节　全球会计师事务所与各国审计体制 ······································ 84
　　第四节　国际审计准则 ·· 92

第六章　国际财务报告 ·· 103
　　第一节　国际财务报告概述 ·· 103
　　第二节　国际财务报告的框架 ··· 106
　　第三节　国际财务报告的编制 ··· 115

第七章　物价变动会计 ·· 131
　　第一节　物价变动会计的内容 ··· 131
　　第二节　一般物价水平会计的内容 ··· 134
　　第三节　现行成本会计的内容 ··· 138
　　第四节　物价变动会计的其他问题 ··· 142

第八章　衍生金融工具会计 ·· 149
　　第一节　衍生金融工具概述 ·· 149
　　第二节　衍生金融工具的会计确认 ··· 152
　　第三节　衍生金融工具的会计计量与信息披露 ··································· 155
　　第四节　衍生金融工具的会计处理 ··· 158
　　第五节　衍生金融工具的风险防范 ··· 160

第九章　外汇风险管理 ·· 163
　　第一节　外汇风险管理的策略与程序 ·· 163
　　第二节　交易风险的管理 ··· 165
　　第三节　经济风险的管理 ··· 172

第十章　跨国公司的治理与营运 ·· 175
　　第一节　跨国公司与全球战略 ··· 175
　　第二节　全球化背景下的组织结构与公司治理 ···································· 192
　　第三节　公司战略、组织结构与会计职能 ··· 209

参考文献 ··· 215

第一章 国际会计的概念与认识

从实践中提炼的有关事物的一系列概念,是理解和掌握事物的钥匙。认识国际会计也不例外,国际会计的概念和框架,就是关于国际会计的定义、目标、对象和内容体系等基础理论要素及这些要素之间相互关系的总和。本章通过对国际会计的有关概念及其相互关系的现有认识进行系统剖析,进而也阐述一些笔者的见解,以帮助读者更好地认识国际会计,并服务于我国的改革开放实践和企业的国际化经营。

第一节 国际会计的概念

一、国际会计常见的概念

国际会计是在第二次世界大战以后,为应对跨国公司的海外扩张、国际贸易的日益频繁和资本投资的日趋国际化对会计的特殊需要而逐步发展起来的。至于国际会计的具体概念,可谓仁者见仁,智者见智,至今仍无定论。

韦里奇、艾夫里和安德森在《国际会计杂志》(秋季号)上发表了题为《国际会计:不同的定义》的论文。文中指出,国际会计包含三种不同的概念:一是世界性的制度;二是一种旨在描述或收集各国会计方法和会计准则的方法;三是母公司和国外子公司的会计实务。依照这些概念,他们进一步提出了"世界会计论""多国会计论"和"国外子公司会计论"。

(一)世界会计论

世界会计论认为国际会计是可以为所有国家所采纳的世界性会计,应制定一套世界范围内公认的会计准则、会计惯例。换言之,国际会计是世界统一的会计,是全球会计。人们从欧盟统一,经济国际化日益加强,国际会计准则被越来越多的国家，特别是一些经济强国日益认同上，看到了这种观点成为事实的某种曙光。事实上，如果将这作为国际会计的奋斗目标，是有价值的；但如果将这作为国际会计的一种客观描述，或许太过理想化了。因为要使世界上每个国家都遵守统一的会计准则，几乎是不可能的。先不论影响各国采用会计准则的重要因素——经济制度、经济发展水平、对外开放程度、文化与法律上的差异，只讲各国对自我利益的保护措施，就会使会计准则的世界统一遥遥无期。没有哪一个主权国家将本国能决定的事情让他国来左右。表面上，会计准则是用来规范会计工作的，但实际上，会计准则是用来规范不同利益主体的利益分配方式的。正如英国会计学家卡迪在《联合王国的准则》中所说的："审计师希望的是能维护他们的声誉和收入的准则，而不是那种足以使他们与希望避开这一问题的客户发生冲突的准则；产业界的会计师之所以希望有准则，是为了能迫使非会计主管去改进会计方法，但他们喜欢的却是能掩盖其公司内部可能出现的灾难的'盾牌'；证券交易所希望准则能保证证券交易所的声誉，但又不希望在执行准则时过于严格……"

（二）多国会计论

多国会计论认为要制定出一整套世界性的、完整的会计准则，是不现实的；国际会计不过是各国会计准则、方法和程序的集合；国际会计可以采取收集或比较的方法来完成对各国会计准则、方法和程序的集结。

其实，这种观点下的国际会计是典型的国际比较会计。从实际效果上看，没有对各国会计准则的收集和比较，会计就无法满足企业的国际经营对会计的特殊需要。因而，国际比较会计，是国际会计不可缺少的一部分。

（三）国外子公司会计论

国外子公司会计论认为国际会计是伴随着母公司海外业务的发展而逐步发展起来的，国际会计是关于母公司及其子公司的会计实务。有效的国际财务报告应以一个特定的会计准则为标准，编制能综合反映母公司及其子公司的经营成果、财务状况及其变化情况的财务报告。与经营仅限于一国的会计相比，国际会计的核心问题是如何把国外子公司（含国外分支机构）的财务报表纳入母公司的财务报告体系内，以实现有效的财务报告的国际陈报。

这种观点的主要缺陷是将国际会计的一部分——国外子公司会计视为国际会计的全部。随着国际资本市场的发展和地球村的逐步形成，任何有跨国经营业务的大企业，不能只关注本国的母公司或海外的子公司，而应以母、子公司的整体理念和全球战略来指导公司的生产经营活动，在会计上，只关注本国的，或者只关注海外子公司所在东道国的会计信息需求者的需要，都是不全面的。因而，会计的国际比较、协调、趋同，是国际会计不可或缺的有机组成部分。此外，国际会计不应仅将海外子公司报表的折算、合并，作为自己实务的主要内容，至少还应将物价变动影响、跨国投资与融资管理，以及跨国税务的会计策略等业务，也纳入自己的实务范畴。

此外，乔伊和米勒认为，应从如下四方面来认识国际会计：一是比较国际会计；二是准则化国际会计（主要反映在国际会计准则的工作中）；三是经营性国际会计（包括多国公司经营活动对会计的特定要求）；四是政治化国际会计（为协调各国会计主要差异而努力的世界性政治组织的会计协调活动）。可见，乔伊和米勒已经前进了一大步，在他们的眼中，国际会计是用来阐述由于跨国经营活动而引起的特定会计问题的，国际会计必须研究各国会计（特别是会计准则）之间的差异和国际间的协调，以及由多国经营而引发的特定的会计计量与报告问题。

二、国际会计再认识：关于国际企业特殊问题的会计

综上所述，国际会计既不是世界会计，也不是多国会计、国外子公司会计。但是，世界会计论、多国会计论和国外子公司会计论，都有一些合理的成分，为我们进一步正确认识国际会计奠定了基础。

我们认为，要正确认识国际会计，需要从国际会计产生与发展的根源、与其他会计之间的关系、应重点解决的问题等方面来展开。

国际会计的产生和发展是内因与外因共同作用的结果。

国际会计产生和发展的内因主要有以下方面。第一，会计技术的国际共享性。一般来说，管理会计是纯技术性的，对于任何国家的任何利益主体的效应都是无差别的，生来就是国际共享的。财务会计的技术本身并没有国界，但是否选用这些技术，会受到这些技术对该国的主要利益集团是否有利的限制。若有利，则为该国所采用；否则，就被该国拒之于国门之外。也许正是在这一意义上，人们将会计称为"国际共同商业语言"。第二，财务会计信息的投资导向性。现代财务会计信息主要来源于现代财务报告，而现代财务报告又主要是根据现代资本输出者对会计信息的基本需求来设计的，反映出受托经营者的受托经济责任的完成情况，以便为资本输出者做出有效决策提供有用信息。

国际会计产生和发展的外因主要有以下方面。第一，跨国公司，特别是资本输出的产生与发展。19世纪末20世纪初就已经产生了第一代国际化的垄断

组织。第二次世界大战以后,跨国公司得到了迅速发展,不仅资本输出取代了商品输出成为垄断资本主义的基本特征,而且资本输出更多地采用了企业形式而不是借贷形式。这样,在资本输出之前,资本输出者要充分分析资本输入者及其相关方面的财务状况,以便决定投放资本的方向、数量和时间;在资本输出以后,资本输出者要跟踪监控已投放的资本的实际运营效果和发展趋势。这就必然要求国际会计对外国企业进行必要的会计控制,从而会遇到国内会计不会遇到的特殊会计问题,如编制跨国公司合并财务报表之前的外币会计报表的折算问题,不同国家的物价变动对会计信息的影响与如何消除影响的问题,以及交互影响问题、国际税务的恰当安排问题、国际金融风险的规避与利用问题等,进而强烈要求建立一套用来处理这些特殊会计问题的专门理论与方法。第二,各国对国际合作的积极参与和支持。第二次世界大战以后,"发展经济""平等互利"和"和平共处"成为时代的主旋律。在这种主旋律下,各国(无论是发达国家还是发展中国家)间的经济合作达到了前所未有的高度。各国在引进和输出资本的过程中,加深了双方在各方面的了解程度,为会计的国际协调乃至国际趋同创造了良机。同时,各国从维护本国利益出发,为更好地适应他国资本的输入和本国资本的输出,也主动地或被动地修正本国的会计准则,努力向国际会计惯例靠拢。显然,这也为国际会计的迅猛发展注入了各国的统治者或国家意志。

纵观国际会计产生和发展的内因和外因,我们至少可以得到这样三点启示。第一,资本输出者对会计的特殊需要是决定国际会计特质的基础性因素。一般而言,资本输出者为更好地制定和实施跨国公司的全球战略,主要在如下方面对国际会计提出了一些问题:一是为在海内外筹资或解释和解除受托经济责任,应以哪国的会计准则为标准,恰当地报告本国母公司、海外子公司和海内外母、子公司整体获取现金流量顺差的能力、盈利能力和偿债能力的信息等;二是应怎样对外汇风险实施适度的会计控制;三是应怎样利用跨国税务的财务效应;四是应如何确定和评估国际筹资和投资抉择。第二,国际会计不过是一般会计(处理的业务仅限于本国)理论与实务的逻辑延伸。显而易见,乔伊和米勒主张"把国际会计置于整个会计学科的内容之中"是有益的,"它并不谋求现存的会计理论和实务",也是很有见地的。第三,国际会计应跨国经营控制的需要而产生并发展,成为跨国经营控制不可缺少的一部分。

这样,国际会计仍然是会计大家庭的一员,其既具有一般会计的一般特性,又具有其独特的性质。这种一般性主要表现在,国际会计仍然要以货币为主要量度、以财务报告为载体来传输对使用者决策有用的会计信息，仍然是一种经济控制系统。

与国内会计相比，国际会计的独特性主要体现在以下方面。第一，国际会计的主体是不同于业务仅限于本国或海外的企业，也不同于一般意义上的集团，而是一种集海内外的母公司、子公司于一体的新型集团。这种集团要求其决策者以全球经营战略为目标，着眼于世界范围内的生产要素和资源的优化组合和利益最大化。国际会计作为提供对决策有用信息的控制系统，应满足这一特定的要求。人们通常将这类集团限定在总部设在一个母国、在海外有许多分支机构或子公司、年营业额在1亿美元以上的大财团，即跨国公司中，以及由跨国公司与东道国或其他国家共同主办的合资经营企业，称为多国公司，从而将一些在海外有直接投资但规模不大的中小企业排除在国际会计的主体之外，这是不能完整地反映世界经济一体化和企业国际化的。因而，国际会计主体应从跨国公司扩充到国际企业。总而言之，国际企业不是一般意义上的在海外有经营活动的企业，而是一种以全球战略为目标，为实现生产要素和资源在世界范围内的优化组合与利润最大化而进行国际直接投资，并在海外开办从事生产经营活动的子公司或分支机构的经济组织。第二，国际会计的确认主要着眼于会计的再确认，也就是为服务于国际企业的全球战略，国际会计应对所有公司相关的经济事项是否应反映以及如何反映在国际财务报告上做出进一步的判断、分类和综合等。国际会计没有必要对国际企业的经济事项进行初次确认。第三，国际会计的计量主要不是对国际企业所发生的经济业务的初始的货币衡量，而主要是对国际企业各组成部分的报表项目的再计量。这包括外币会计报表的折算、编报合并报表时的调整、有关国家物价变动对国际财务报告影响的消除、国际融资与投资战略的确定与考评等。第四，国际会计的报告受到与主要的使用者所要求的会计准则具有较大差异的严峻挑战。国际企业的财务报告使用者分布在不同的国家，适用不同的会计准则。为加强对国际筹资、投资的管理，会计的国际协调与趋同，也成了国际会计的一项必不可少的工作。

如果我们将国际会计理解为一项工作，其就是通过提供具有全球观念的会计信息，来参与有关国际企业的国际经营战略和理财战略的制定、修正、实施与评估的国际性的企业管理活动。因此，于晓镭在专著《跨国经营与国际会计》中说，"国际会计具有预测国际经营前景，参与国际经营战略及规划的制定""参与国际经营决策""控制国际经营过程、监督国际经营活动"和"考核国际经营成果"的功能。

如果我们将国际会计理解为一门学科，其就是将一般目的的、面向本国的会计在最广泛的含义上扩展为面向全球的、服务于国际企业经营管理的新学科。应该说，这一门新学科，主要是关于国际企业经济管理对会计提出的特殊要求的能动反映。

简而言之，国际会计是会计学的新领域，主要是由国际企业经营管理对会计提出的特殊要求而产生的，是以货币为主要计量尺度的，以国际企业的主要使用者所在国所认可的会计准则为标准的，提供有益于认定国际企业经营管理者的受托经济责任的完成情况和有利于资源提供者管理决策的财务报告，并参与国际企业的有关国际经营战略和理财战略的制定、修正等工作的经济控制系统。

第二节　国际会计的目标

国际会计并不谋求取代现存的会计，在包括目标在内的许多方面，国际会计既有特殊性，也有一般性。

一、会计的基本目标

会计目标是在一定的历史条件下，人们通过会计实践活动而期望达到的结果，主要是指人们编制财务报告的目标。表面上，会计的目标具有很强的主观性，但实质上，脱离客观实际的目标是不能实现的。

20世纪各国会计的研究结果表明：20世纪50年代以前，人们对会计目标的研究是肤浅的、零星的；60年代，人们将会计理论研究的逻辑起点从会计假设转移到会计目标上来；70年代以来，人们普遍采用了以会计目标为起点，研究会计的理论框架，并就会计目标形成了经管责任学派和决策有用学派。

经管责任学派的主要代表人物是美国会计学家井尻雄士等。该学派的主要观点有：一是会计应恰当反映资源受托者的受托经管责任及其完成情况；二是会计人员应在客观的立场上参与到委托—受托责任关系中，不是"仆从"，而是"主人"；三是强调会计系统整体的有用性而不仅是强调会计报表的有用性；四是强调在提供会计信息时，应有所取舍，但这种取舍应限定在有关组织规则和法律允许的范围内；五是强调会计信息的可靠性甚于相关性，偏爱历史成本计量模式和会计信息的精确性。

决策有用学派的代表人物是罗伯特·N.安东尼等，其主张得到了美国会计学会（AAA）和财务会计准则委员会（FASB）的强力支持。该学派的主要观点有：一是会计目标就是为其使用者提供决策有用的数量化的信息；二是会计人员不过是提供有用会计信息的"仆从";三是会计的生命在于财务报告本身对使用者决策的有用性;四是由于使用者的要求各不相同,因而,为提高会计信息的有用性,强调会计人员提供的信息多多益善;五是强调会计信息的相关性甚于可靠性,偏爱非历史成本计量模式(如现行价值模式、公允价值模式等),允许会计信息有一定的模糊性。

这两大学派似乎水火不容,其实,自人类进入信息时代以来,二者既有融合的必要,也有融合的可能。

尽管在当今学术界,人们对受托经管责任的内涵认识尚不统一,但是在如下方面已有了几乎一致的认识:一是受托经管责任的制度基础是"两权分离"制度;二是受托经管责任的基本内涵包括受托财务责任与受托社会责任。其中,受托财务责任又包括受托财产保管责任、受托财产增值责任和保持受托财产变现能力责任等,并成为现代会计计量、记录和报告的主要任务,受托社会责任也越来越受到人们的关注。可见,将受托经管责任作为会计的目标是有其历史渊源的。事实上,经管责任学派的思想早在会计产生之初就已产生,并成熟于公司制度盛行之后。只要"两权分离"制度还存在、还在发挥作用,财务报告就应恰当地反映受托经管者的受托经管责任的完成情况。因为财产经管者有义务提供这种信息,同时,财产委托者也不可能不考察其托付的财产的保值、增值与变现能力等,就随意地决定其资本的投资方向,或决定是否续聘现在的受托经管人员。引发世界经济大危机的重要原因之一,就是解释、解除企业的受托经管责任不规范、不严格,因此提高了会计理论界和实务界的警觉度,并使美国着手研究、颁发旨在规范认定受托经管责任的会计程序、会计原则和会计准则。如果会计的目标不包括对受托经管责任的认定的话,各国会计准则的制定与修正就不会如此复杂和艰辛。

当然,我们所说的认定受托经管责任是会计的目标,并不意味着提供对决策有用的信息就不是会计的目标。事实上,后者成为会计的目标也有其特定的历史经济背景和理论基础。

就其历史经济背景而言,大约在20世纪60年代前后,证券市场日益发达、健全,企业的兼并、联营等活动得到了大力发展,投资前的有效预测和抉择必不可少。于是,财务报告在提供有用信息的呼声下就应运而生了。

就其理论基础而言,信息论、控制论、系统论等得到了广泛应用,为决策有用学派提供了强有力的方法论支持。学者们把对会计概念结构的研究基本上导入了"目标导向"的轨道。然而,在决策有用学派诞生后,既没有组织或机构声称要将决策有用学派替代经管责任学派,也没有事实表明应由决策有用学派取代经管责任学派。

进一步的分析发现,这两派的研究有着共同的理论前提:利益驱动机制是推动人类社会向前发展的永恒机制。无论是财产的受托人,还是财产的委托人,保护自身权益不受侵害,是人们的一种本能。对财产的委托者而言,认定受托者的受托经管责任,只是保护其自身权益的第一步,而紧随其后的是进行有效的经济决策和是否续聘经管者的决策。换言之,委托者首先必须依据历史成本信息(这正是经管责任学派所强调的)认定现在的受托者是否完成了受托经管责任,判断目前企业经营与财务状况是否良好,再依据现行价值信息(这恰好是决策有用学派所要求的)进行管理决策。

决策有用学派与经管责任学派一样,都是特定历史条件的产物。在"两权分离"制度不断完善的过程中,两派的共存与互补,也将是历史的又一种必然选择。第一,利益驱动是市场经济社会所共有的运行机制,这种机制将自发地启动人们对自身利益的维护,从而在企业中自觉地嵌入了某些约束机制,如股东大会制度、定期呈报财务报告制度和对经营管理人员实行非终身聘用制度等。第二,所有者与经管者总存在着潜在利益的冲突。这种矛盾,自受授关系存在之日起就已存在,并包含这样两个含义:一是所有者与经管者无根本利益冲突;二是在受托经管期间,因信息不对称和信息不完全,可能发生"逆向选择"和"道德风险",必然要求独立的第三方(注册会计师)提供专业的服务。

在利益驱动机制和潜在利益冲突假设发生作用的条件下,一方面人们在投资决策之前,要对有关财产投放的科学性、有效性等进行决断;另一方面在投资以后,人们又要对委托财产的运营情况进行考察,以便决定新的投资方向,或者是否继续聘用现有的经管人员。显然,前者恰好是决策有用学派所期望的,而后者恰好是经管责任学派所期望的。我们所处的这个时代并没有赋予这两个学派相互替代的任务,却赋予了二者互相配合的使命,并为此提供了更为良好的社会经济环境。

这两个学派分歧的焦点最终外化为计量属性的选择和计量信息真实性的论辩。现代信息技术的飞速发展和广泛应用,为低成本、高效率地在同一报表上既反映面向受托经管责任的历史成本信息,又反映面向决策有用的现行价值信息,提供技术支持。资本市场的成熟和日益扩展,又提高了会计计量的真实性和相关性。

至于融合这两个学派的必要性,主要理由包括以下方面。第一,这两个学派的基本内涵一致,相互融合更有益于全面并科学地认识会计的一般目标。投资者不会在不考察受托经管责任的完成情况的条件下，就决定是否继续投资，或是否继续聘用现有的经管人员。而目前的经营和财务决策又是形成新一轮受托经管责任的前提或基础。受托经管责任信息，虽然在本质上是面向过去的，与决策这种面向未来的行为是不甚相干的，但现在是过去的将来，而将来又是对现在的逻辑延伸。因此，"人们在强调财务会计报告信息必须对'决策有用'的同时，也强调'决策有用'作为财务会计报告的目标……不应排斥经管责任目标"。第二，这两个学派各有优劣，相互补充更有益于会计学科和会计实务的发展。要正确反映受托经管责任，就必须采用历史成本，强调可信性与一致性；而要对决策有用，则应具有更多的面向未来的属性，必须强调相关性，在计量属性上应采用非历史成本属性，如现行成本、现行市价、现值等一些代表未来情况的、很难估计其偏离实际的"度"。本来，两者是矛盾的，但两者的优劣正好相反，这就将两者融合起来，并显然是合乎逻辑与事理的选择。

至此，我们不妨这样来描述会计的一般目标：为现在的和潜在的使用者提供受托经管责任和对决策有用的信息，简称为有效管理信息论。

二、国际会计的基本目标

国际会计的目标就是人们通过国际会计活动所期望达到的结果。之所以要研究国际会计目标，是因为以下几方面。第一，国际会计是一种人造系统，而只要有人参与的活动，就有特定的目标。第二，虽然现代会计理论的研究方法很多，如归纳法、演绎法、实证法、事项法和社会学方法等，但演绎法仍有着不可替代的作用。在这一方法下，只要命题设计合理，推证逻辑严密，就可以得出一些有用的结论。比如，FASB应用演绎法得出的一系列财务会计概念公告（SFAC）和财务会计准则公告（SFAS）就是成功的典范，学术界称这种研究为规范研究。第三，将国际会计的目标作为国际会计理论研究的逻辑起点，将有利于构建一种结构严谨、体系合理的国际会计理论体系。在国际会计基本目标的正确导向下，国际会计理论研究将依照国际会计信息使用者的需要来规划国际会计的内容，国际财务报告的种类、结构和内容等，并使其具有发展性，从而使国际会计获得永久的发展动力。

在确定国际会计的目标时，应遵守如下基本原则。第一，要体现会计的一般目标的基本特性，就要针对财务报告主要使用者的共同需要，既反映受托经管责任信息，又提供对决策有用的信息。第二，要集中体现国际会计的特点，

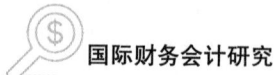

如果在目标上都不能体现国际会计与一般会计的主要差别,那么在其他方面体现出的某种差别,也就没有意义。

总而言之,国际会计的基本目标就是要提供对于国际企业的主要使用者全球战略管理有帮助的相关经济信息,现简称为全球战略管理有效信息论。显然,全球战略管理有效信息论是对有效管理信息论的国际扩展。其具体含义是,国际会计提供的国际财务报告的主要服务对象是国际企业的主要利益主体。该主体主要包括国际企业现实的和潜在的股东与债权人,以及国际企业各组成部分所在地的政府等。之所以将国际企业各组成部分所在地的政府也列入国际会计信息的主要使用者,是由于没有一个政府会放弃对外来的和本国的国际企业的生产经营和投资、融资等重要活动的监管。

三、国际会计的具体目标

为实现国际会计的基本目标,就需要国际会计的具体目标与其密切配合。若国际会计包括国际财务会计、国际管理会计、国际税收会计和会计的国际比较与协调、趋同的话,国际会计的基本目标将被分解为国际财务会计的目标、国际管理会计的目标、国际税收会计的目标和会计的国际比较与协调、趋同的目标。

国际财务会计的目标是关于国际会计对外的目标。国际财务会计作为一般财务会计的逻辑延伸,在目标上,既有继承,也有发展。具体而言,国际财务会计既要向国际企业的主要外部使用者提供有助于他们进行全球投资战略抉择的信息,又要提供便于考评国际企业的受托经管人的受托经管责任的信息。为此,要研究国际企业的财务报告的使用者是谁,谁是主要的使用者,他们分布在哪里,习惯于何种会计准则或会计制度,他们需要什么,国际财务会计又能提供什么信息。由于国际企业财务报告的外部使用者实际上就是国际投资人或贷款人,因而要从全球的角度考虑他们的投资与贷款情况,争取在保证现有财产的安全性的前提下,提高资本收益率是尤其重要的。然而,他们要面对的是比本国市场更为复杂多变的社会环境。对于一个国际企业而言,也许此时其财务报告的主要使用者在中国和美国,但彼时却在法国和日本等。从较长的时间来看,编制国际财务报告的制度基础,编制国际财务报告的内容、种类、结构与重点等,都将具有某种不确定性,而国际财务报告不可能对此熟视无睹(国际企业向外界提供主要使用者所需的国际财务报告的主要原因之一是顺利地从国际资本市场上筹集到所需的资金)。这也就是国际会计的"三大难题"(外币会计报表折算、国际报表合并、消除国际物价变动的会计影响）集中体现在国际财务会计中的原因之一。

国际管理会计主要应国际企业的内部经营管理者的管理需要而产生与发展。这些经营管理者受托于国际企业的所有者，国际企业的所有者投入国际企业的资本的保值与增值，基本上取决于这些受托经管者的经营业绩，而受托经管者为完成国际企业的所有者交付的任务，不能不依赖于国际管理会计信息。相对于一般企业的内部管理而言，国际企业的内部管理更复杂、更重要，对会计信息的利用也更必要、更困难。因为他们只有通过努力，才能使国际企业可以动用的经济资源在世界范围内得到优化组合，并使其所有者利益最大化。这些受托经管者在决定和实施战略决策时，会受到国际企业各组成部分所在国的法律、行为习惯、企业的组织结构、外汇风险、物价变动和政治风险等因素的影响。因此，国际管理会计的基本目标，就是要通过对国际财务会计信息等有关资料的深加工，向国际企业的受托经管人提供有助于他们的战略抉择和日常管理的信息。与国际财务会计信息相比，这类信息的使用者的需求更直接、更多样化。这类信息更具针对性，基本上不是某种规定范式的结果，应帮助国际企业的经管者在全球范围内做出正确决定或修正其经营模式、经营规模、经营结构、融资或筹资战略市场营销的构建与运作，加强其外汇风险管理等。

国际税收会计是关于国际企业的税收计算、缴纳和筹划情况的经济控制系统。其目标就是向有关管理层提供国际企业有关税收的信息。这具有双重性：一是向国际企业各组成部分所在国税务机关提供其应付与实付税收额等信息，以取得所在国政府的支持；二是向国际企业的内部管理者提供有助于提高国际企业在全球范围内的税收理财效益的信息，为国际企业的税收筹划提供服务。

然而，要实现国际财务会计的目标、国际管理会计的目标和国际税收会计的目标，就必须掌握有关国家的会计准则或会计制度与税收制度等，这又有赖于会计的国际比较、协调乃至趋同的帮助。因此，会计的国际比较、协调与趋同的最低目标可定位在：为国际企业管理揭示有关国家会计准则（或会计制度）、税收制度与本国的有关情况的主要差别。

第三节 国际会计的研究对象和内容体系

国际会计作为一门独立的学科,除了有其特有的目标外,还必须有其特有的研究对象和内容体系。

一、国际会计研究对象的含义与特性

作为会计"大家庭"中的成员,国际会计在其研究对象上,是对一般会计研究对象的逻辑拓展。

在我国,对一般会计对象进行研究的历史长河中,已经历了过程论、资金运动论、价值运动论和价值运动两分论。葛家澍教授的价值运动两分论有着广泛的指导意义,认为一般会计的研究对象应包含两个层次:会计的反映对象和会计的处理对象。会计的反映对象是企业的价值运动,而会计的处理对象就是企业价值运动所发出的信息(简称为价值运动信息)。

在价值运动两分论的指导下,确定国际会计研究对象要着重考虑国际企业管理对国际会计的特殊要求、国际会计的目标和国际会计本身的能力等因素的影响后综合决定。

国际企业管理对国际会计的特殊要求是影响国际会计研究对象确定的基础因素,也是决定国际会计研究对象的现实基础。其在决定国际会计产生与发展的同时,也就基本上决定了国际会计要做些什么,从另一个角度看,也基本上决定了国际会计的目标是什么。换言之,国际企业管理对会计信息的特殊要求,是对国际会计确认、计量和报告的"命令",而国际会计的研究对象就是对这种确认、计量和报告的内容的一般概括或抽象。

从一般规范性研究的逻辑出发,国际会计的目标应该成为决定国际会计研究对象的理论基础。比如,FASB 颁发的 1 至 6 辑财务会计概念公告(SFAC)完全称得上是规范性研究的典范。从整体上看,其逻辑思路是,会计的目标—会计信息的质量特征—会计报表的各种要素—会计报表各要素的确认与计量。依照这样的思路,不同的会计目标需要不同的会计信息质量特征与会计报表要素及其确认、计量和报告来实现,而会计信息的质量特征又是约束会计报表确认、计量和报告的标准,也就是约束会计所要反映和监督的具体内容的标准。因此,可以说,有什么样的国际会计的目标就相应地有什么样的国际会计研究对象予以辅助。在某种意义上看,国际会计研究对象的确定要受到国际会计目标的影响,但这种影响一般不是决定性的。其原因是,国际会计的目标是一种

无法脱离主观成分的范畴，而国际会计的研究对象与其他会计的研究对象一样，是一种客观性的因素。

国际会计本身的能力，也影响着国际会计研究对象的确定。就国际企业财务报告的使用者而言，他们总希望国际会计能反映国际企业的一切经济活动及其结果。然而，国际会计应反映的内容会受到会计计量尺度、会计计量属性、传输会计信息的技术等因素的限制，不能使国际会计信息的使用者"事事如意"。在这里，如下两点尤其需要得到重视。第一，能代表会计计量特征的是企业经济事项的货币化，然而，货币化经济事项并不总是万能的。因为有些经济事项是不能货币化的。即使在多数情况下，货币化信息特别有价值，有时定性信息和非货币化信息也同样不可或缺。因而，国际会计反映和监督的内容，主要应是能以货币计量的经济事项。第二，国际会计的研究对象会随着国际会计本身的能力的增强而发展，实际上主要就是随着信息技术的发展而发展。比如，在信息技术不发达的时代，由于人们难以判别未来经济事项的可实现程度，因此国际会计信息的主要使用者就更偏向于会计信息的可信性。于是，国际会计反映和监督的主要内容应是国际企业已发生的，而不是未发生的经济业务。而在现代技术被广泛应用的今天，人们很容易获得和验证包括未来经济数据在内的各种信息，国际会计信息的主要使用者对会计信息有用性的需求，也容易得到满足。于是，国际企业的未来发展情况，将是国际会计反映和监督的主要内容。从国际会计的发展趋势看，同时反映和监督国际企业已发生和未发生的经济事项，将变得越来越重要。国际会计将把国际企业已发生的和未发生的经济事项作为其反映和监督的内容。

因此，国际会计的研究对象是国际会计的反映对象和国际会计的处理对象的集合。前者是指国际企业价值运动的特殊问题；后者是指国际企业价值运动信息的特殊问题。

总的来说，国际企业价值运动的特殊问题主要表现在：第一，国际企业的各种资产来源于世界各国，也运用于世界各地；第二，国际企业的资本，追求的是世界范围内的价值最大化；第三，国际企业的价值运动会受到多种难以预期和控制的风险（如汇率风险、东道国经济政策变动风险、政治风险、战争风险、文化传统风险等）造成的严重影响。换言之，能体现国际会计反映对象特征的经济业务是，国外主体的日常业务与期间营运结果的集合、国际物价变动对国际资本营运的影响、东道国税收制度的财务效应、国际资本的整合和分散等。

针对国际会计反映对象的上述特征，国际会计的处理对象，即国际企业价值运动信息的特殊问题表现出如下基本特点。第一，计量单位的多国货币化和统一化。比如，一家国际企业在 A 国、B 国各有一家分公司 M、N，两家分公司在记录经济业务时，将分别以 A 国、B 国的货币为记账本位币进行初始计量，而在提供国际财务报告进行再计量时，又需使用统一的计量单位（一般为国际财务报告的主要使用者所在国的通用货币，多数情况下为母公司所在国的通用货币）。第二，确认、计量和报告标准的多样化与标准化。一方面，国际企业各组成部分在处理其各自的会计业务时，应采用其所在国的确认、计量和报告准则或制度；另一方面，为反映出国际企业这一整体的经营成果和财务状况及其变动情况，又需依照某种令国际财务报告的主要使用者可接受的会计准则或会计制度来重新确认、计量和报告。第三，计量结果的不确定性较高。虽然一般会计为降低会计计量结果的不确定性，采取了诸如设定会计假设、统一重要的会计政策等措施，但这些措施，在国际会计领域受到了空前的挑战。比如，货币计量假设就面临着应以哪种货币为主来进行计量和报告的艰难选择的考验。如果要反映国际企业这一整体的财务信息，就需要将处在正常经营状况下的各组成部分都纳入合并报表的范围，这就需要对国外主体的财务报告进行折算。而在历史成本模式下，尚找不到能使外币折算方法和合并报表编制目标没有矛盾的程序和方法，这样使国际财务报告难以真正完整地反映国际企业这一整体的情况。此外，国际财务报告的编制还要借助其他一些对不确定因素的确定化假设来确认和计量。相比较一般会计信息而言，国际会计信息具有更大的模糊性。

因此，国际会计是主要关于国际企业的价值运动的再确认和再计量的学科，实际上，也就是对国际企业的有关财务报告的转换、调整和战略性利用。

二、国际会计的基本构成与结构体系

在有关国际会计基本构成与内容体系的研究成果中，有代表意义的是乔伊-米勒模式和霍尔泽模式。前者又有早期和后期之分。

乔伊和米勒在他们的合著《多国会计导论》中指出，国际会计应包括如下九个部分：一是国际会计的类型，主要讨论会计模式的分类问题；二是外币折算和通货膨胀会计，主要讨论有关外币折算的各种方法，通货膨胀影响下的会计确认，以及对国外子公司报表合并问题的描述与分析等；三是跨国财务报告问题，重点讨论主要向股东和债权人提供的国际合并财务报表、向国际投资者提供的多样化财务报告（包括按母公司所在国的会计准则、文字和货币编制的基本会计报表，按其他国家的会计准则、文字和货币编制的辅助会计报表）和专门报告（一种依照特定的会计准则编制的、向特定的组织报送的财务报告）；四是国际会计准则和国际会计组织；五是欧洲经济共同体会计；六是多国经营活动的理财计划（包括国际财务管理、国际资本筹集方式的选择、国际风险的预计与管理）；七是管理信息系统和控制（关于多国经营活动的信息系统、职能组织、控制和管理审计）；八是多国税务和转让价格；九是当前的问题和今后的发展（多国公司的控制与社会责任、发展中国家会计、公共部门会计、各级收支等）。

后期的乔伊-米勒模式，又叫后乔伊-米勒模式。这是他们对出版的《多国会计导论》的修正。

实事求是地说，后乔伊-米勒模式与霍尔泽模式都为我们科学地研究国际会计的内容体系做出了不可或缺的奠基性工作。正如事物的发展难以一步到位一样，人们对事物的认识也需要更新。乔伊-米勒模式比较关注会计的国际比较和协调、多国公司的外币业务折算和报表合并问题、国际物价变动对国际财务报告的影响的消除、国际税务和国际财务报告信息在多国公司的管理决策中的应用等。但是，这一模式似乎把国际会计理解得过于宽泛，把会计报表分析和审计这些已独立的内容也纳入其中。而霍尔泽模式则认为国际会计应更多地关心会计的国际比较和多国企业的会计报表的合并问题，但把多国税收制度也纳入国际会计，似乎是欠妥的。同时，霍尔泽模式将国际会计的研究主体定位在"多国企业"上，现在看来，研究主体似乎更应扩充到"国际企业"这一具有包容性的利益主体上来。

在重构国际会计的内容体系的过程中，我们应坚持如下原则。第一，以满足国际企业经营管理对会计信息的客观需要为基本出发点。这集中体现在国际会计应主要为国际企业的有关利益主体的理财战略决策和经营战略决策提供有用信息上。第二，体现国际会计的特点。虽然国际会计是"会计"这一"大家庭"中的一员，但在许多方面已不同于一般会计，这正是国际会计所要体现的，也是国际会计之所以能独立发展的关键因素。如果国际会计没有自己的特点，就无法屹立于"会计之林"。简而言之，国际会计的基本特点是着重研究国际企业发生的经济业务的再确认、再计量和国际会计信息的提供及其利用问题。第三，反映国际会计的内在逻辑结构。内容体系是依照一定的逻辑结构由若干具有特定功能的要素构成的集合。依照现代会计研究的基本方法，结合国际会计所依赖的内、外部环境，应沿着这样的思路展开：国际会计信息的主要需求者的基本需要—国际会计的基本目标—报告国际会计信息的主要载体及其构成

要素—国际企业经济业务的再确认与再计量及其相关标准的确立—国际会计信息在国际企业经营管理中的应用。

这样，国际会计应是会计的国际比较、协调和趋同，国际企业经营会计的集合。其中，会计的国际比较、协调和趋同是基础或前提，若没有会计的国际比较，就无法明确应怎样满足国际财务报告的国外使用者的基本需要，也无法科学地确定国际企业经济业务的再确认与再计量的标准，国际筹资与投资将无法进行，国外经营的日常管理工作也将无法开展。同样，没有会计的国际协调，将增加获取和利用国际会计信息的成本，降低国际会计的应有效应。国际企业经营会计的集合是国际会计的核心或重心，又可进一步分为国际财务会计、国际管理会计和国际税收会计三个有机组成部分。

第四节 国际会计与会计国际化

从表面上来看，国际会计与会计的国际化，似乎是对同一事物的两种不同的称谓。其实，这二者是两种不同的事物，既有区别，又相联系。

一、对会计国际化的一般认识

对于会计国际化，学术界认识不一，主要的分歧表现在：会计国际化的本质、会计国际化的基本目标、会计国际化所依据的标准、会计国际化的另一面。

（一）会计国际化的本质

会计是随着经济发展及其管理的需要而产生并发展的，当然，会计国际化也会随着各国经济的国际化而国际化。但学术界对什么是会计的国际化，认识尚不统一，代表性的观点有以下几种。一是"沟通观"，认为会计国际化就是通过对各国会计方法、程序等的比较，以明白其中的差异，最终达成相互了解的过程。二是"趋同观"，认为会计国际化就是通过有关国际组织的国际协调，尽量缩小差异、增强财务会计信息的可比性的过程与结果。协调的最终目的是尽可能地一致，也就是趋同。三是"统一观"，会计国际化就是实现各国会计的统一化和标准化。

显然，之所以产生会计国际化，是因为各国在国际经济交往中存在着由于会计的确认、计量和报告差异而导致的国际资本流动不畅的事实。

然而，在"沟通观"下，会计国际化并不能消除会计信息差异给国际资本流动带来的障碍，不能体现现代经济发展对会计国际化的基本要求，是人们关于会计国际化的"朴素"的认识。

"统一观"希望消除世界各国会计的差异。愿望虽好，但会给各国经济、政治、法律、文化的发展带来严峻挑战，但使各国在国际经济交往中的受益程度产生差异。这有违现实，但作为会计国际化的"最高理想"，显然很有价值。

相对而言，"趋同观"更科学、更理性。因为这一观点综合地考虑了支持和阻碍会计国际化的各种因素。虽然其不能满足国际资本所有者对会计信息的全部需要，但对于国际资本投资决策提供了有效的可选择的基础。对一些暂时不能趋同的重要差异，可另用国际资本投资者所惯用的会计准则为标准，以某种更有效的形式予以补充。因此，会计国际化的本质是对各国重要会计差异的趋同而不是消除。

（二）会计国际化的基本目标

从操作机制上看，财务会计是关于特定会计主体的财务数据的"输入—储存—输出"的过程和结果，但在这些财务数据的背后却蕴藏着有关利益主体的财务关系的规范与协调。因而，会计国际化主要是关于财务会计的国际化，财务会计信息的"多国共享"便成了国际资本顺畅流动的必然要求，但这种"多国共享"有时却与"于我有利"相矛盾。

在会计国际化的初期，各国为将国际资本引入本国而有意识地将其会计报表按其使用者指定的会计准则重新表述；在会计国际化高度发达的今天，各国又为"留住"现有的国际资本和"引来"新的国际资本而尽可能地按照国际公认的会计标准进行会计循环。换言之，"于我有利"始终是推动会计国际化的第一动力，并总是在与"多国共享"的矛盾运动中发展。因此，各国会计准则的制定者在制定本国的会计准则时，总是审慎地对待国际会计惯例，总期望在"与我有利"的前提下尽可能地实现"多国共享"。

（三）会计国际化所依据的标准

会计国际化，主要是财务会计的国际化，进而主要是会计准则的国际化。从词义上看，"国际化"就是慢慢地向某种已存在的先进标准看齐的过程。在会计国际化的漫长过程中，发展中国家由于其经济及其管理上的落后性，致使其会计准则不能成为各国会计准则看齐的标准。在世界范围内，各国会计国际化的历史主要是各国会计准则或会计制度向发达国家的（特别是美国的）会计准则靠拢的过程。但这种以国家主义为特征的国际化，毕竟是有限的，因为国家主义的本质是"排外的"。因而，这一标准逐渐为国际会计准则所代替。

从实际运作效果上看，国际会计准则想成为各国会计准则看齐的唯一标准，还有很长的路要走。第一，要彻底地抛弃"亲美主义"和"完全统一全球会计"的思想。第二，应尽可能地取得各国会计准则制定机构的广泛合作与支持。第三，要设法使得国际会计准则的灵活性与统一性实现复杂平衡。

（四）会计国际化的另一面

如前文所述，会计国际化就是某国会计标准慢慢地向国际公认会计标准看齐的过程。在这一过程中，从总趋势上看，一方面，国际公认会计标准对各国会计的规范作用越来越大；另一方面，具有各国会计特色的问题又日益突出。前者就是会计的国际化，后者就是会计的国家化。这样，会计的国际化与会计的国家化，是同一事物——会计的科学化的两个方面，两者相辅相成。因此，讨论会计的国际化，就离不开当时的国际与国内环境。只要有利于各国经济发展，有利于完善各国的经济管理，就不应去争论会计标准是本国特色的还是国际特色的，都应被认为是应该的、科学的；相反，就是错误的、伪科学的。

综上所述，会计国际化，主要是指财务会计的国际化，是特定的主权国家在"于我有利"的前提下，为扫除本国财务会计信息对国际资本顺利流动的障碍，逐渐地、尽可能地向国际公认会计标准看齐的过程和结果。

二、国际会计与会计国际化的区别与联系

依照前文的有关论述，我们不难发现，国际会计与会计国际化之间的主要区别有以下方面。第一，主体不同。国际会计的主体是国际企业，是在国内外都有直接投资，并期望在全球范围内获取最大利益的特殊集团；会计国际化的主体是特定的主权国家的会计管理机构，如我国的财政部、美国的证券交易委员会（SEC）和财务会计准则委员会（FASB）。对每一个会计主体而言，是无所谓会计国际化的。这就是说，会计国际化实际上就是各国会计的国际化。第二，客体不同。国际会计的客体，即国际会计的研究对象，也就是国际企业价值运动的特殊问题；会计国际化的客体，从结果上看，应是会计信息，特别是财务会计信息的国际化，但从本源上看，应是会计准则或会计制度的国际化。这是因为，财务会计信息是会计人员依照法定的会计准则或会计制度运作的结果，蕴藏着各种财务关系，最重要，也最复杂，最难国际化。要实现国际资本的顺畅流动，就必须实现各国会计信息的国际化，而实现各国会计信息的国际化最便捷的方式就是，实现各国会计准则或会计制度的国际化。第三，目标不同。国际会计的目标就是向国际企业的主要利益主体提供有关其进行全球战略

管理所需的有效信息；会计国际化的目标就是要在"与我有利"的前提下实现财务会计信息的"多国共享"，也就是各国要尽可能地使其会计准则或会计制度向国际公认会计标准看齐。

国际会计与会计国际化，也有某些联系。这主要表现在：都为特定国家的国际经济合作而展开，国际会计受益于会计国际化。严格地讲，人们对外提供财务报告的主要动机，这主要有两方面。一是为向现有的出资人解释其受托经管责任的完成情况，以"留住"现有的资本、保住现有的经管权力。二是为"引来"新的资本。在资本运营日益国际化的今天，筹资者的这些愿望能否实现，在很大程度上取决于其提供的财务报告能否为现实的和潜在的投资者所理解和接受。而这种理解和接受，又在很大程度上受到了编制财务报告的依据，即相关会计准则的约束。这样，本国的会计国际化程度越高，企业（包括国际企业）财务报告为国外使用者所理解和接受的可能性越大，换言之，国际会计对会计国际化的受益程度也越高。这就是为什么在会计国际化水平越高的国家，其国际企业的经营做得越好，其国际会计也越先进的一个重要原因。

国际会计随着经济国际化而发展起来，并不谋求替代业务范围仅限于本国的一般会计。国际会计与一般会计相比，既有共性，也有其自身的特点。国际会计应该是关于国际企业特殊问题的会计，由会计国际比较与趋同、国际经营会计共同构成。其中前者是基础，为国际企业经营管理提出的特殊会计问题揭示相关国家和地区的重要会计差异，并尽可能地从制度层面缩小差异，实现会计的国际趋同；后者可进一步细分为国际财务会计、国际管理会计和国际税收会计。其中，国际财务会计是难点，也是重点，包括外币交易会计、外币会计报表折算、国际合并会计报告和国际物价变动会计等。

第二章　会计的国际趋同

第一节　会计国际趋同的认识与发展

"趋同",原意指线条、运动的物体、意见等从不同方向朝同一点的汇合、收敛和聚集,引申为一种渐进的、逐步向统一标准靠拢,并最终达到完全统一的运动过程。"趋同"在会计准则中的应用,起源于国际会计准则理事会(IASB)。该理事会提出了会计准则全球趋同的目标,即制定一套单一的全球会计标准,使各个国家会计准则向单一的全球会计准则趋同。对于会计准则国际趋同的含义和本质问题,我国有许多学者进行了探讨。

一、会计国际趋同的本质

盖地等指出,会计准则的国际趋同是一个公共选择的复杂过程,涉及主体、程序、目标、内容和形式等多个因素。曲晓辉指出,会计准则国际趋同是指在经济全球化的推动和国际强势集团的主导下,各国国内会计不断进行国际比较、协调并向建立全球通用的会计准则目标发展的动态过程。王军则认为,会计准则的国际趋同是未来进步的方向,但趋同并不等于相同。綦好东等认为,会计标准的国际趋同是各国寻求会计领域的制度合作以保护本国经济利益的必然选择。曲晓辉还认为,会计准则国际趋同的本质理念是本质上相同的经济业务,无论发生在何时何地,会计处理方法都应该相同。

综合上述关于会计国际趋同的认识,我们可以总结出以下几个要点:一是会计国际趋同是国与国之间会计准则差异不断缩小的过程;二是世界各国为实现各国会计信息的相互可比,提高会计信息的决策相关性,应制定一个国际公认的会计准则,即国际会计准则;三是会计国际趋同的本质是会计准则的国际趋同,是一个在经济全球化趋势下由国际强势集团主导的世界范围内的各国利

益博弈的过程,是必然的趋势和发展方向,但又具有相当的长期性和复杂性。

会计准则的国际趋同已经成为世界各国的共识,并正在转化为实际行动。据统计,世界上已有将近120个国家和地区要求或允许采用国际财务报告准则或与国际财务报告准则实现趋同,国际财务报告准则的国际影响力可见一斑。目前各国或地区在会计国际趋同的策略上总体可以分为直接采用模式、趋同模式和认可模式三类。

其中,直接采用模式是一国或地区的会计准则一字不改地完全采用国际财务报告准则,不再保留会计准则制定权。该国家或地区在采用国际财务报告准则的过程中不需履行任何审批或修订程序。目前世界上仅有极少数国家或地区的会计准则建设采取直接采用由国际会计准则理事会发布的国际财务报告准则的模式。而采用趋同模式的国家或地区,在趋同策略上不会完全照搬国际财务报告准则,而是在会计处理原则和方法上与国际财务报告准则保持一致,并保留一些具有本国特色的内容。印度是趋同模式下的典型代表之一。欧盟和澳大利亚则采用认可模式,即其法定机构对拟采用的国际财务报告准则做必要修订后采用。若一国或地区保留本国对会计准则进行制定的权力,对现行国际财务报告准则进行逐项认可,并根据本国的实际情况进一步发布指南、解释或其他披露要求。这类缩小会计准则国际差异的方式,就是认可模式。

二、会计国际协调与会计国际趋同

(一)会计国际协调

学者对会计国际协调的认识,主要围绕会计国际协调的主体、客体和主要目标三个方面展开。其中,会计国际协调的主体,即由谁来协调各国会计差异,是国际性组织或专门机构;会计国际协调的客体,是一定地区或全世界各国的会计准则或会计制度;会计国际协调的目标,是要实现有关各国在会计实务上的标准化或增强会计信息的可比性。基于以上认识,我们认为,会计国际协调就是与管理跨国经营业务有关的国际组织与机构,为了各类国际经济交易与事项的顺利进行,通过一定的方式或途径,尽可能地缩小地区或世界范围内各国会计准则的重要差异,以增强会计信息的国际可比性的一系列过程。

(二)会计国际协调与会计国际趋同的异同

会计国际趋同对会计国际协调提出了更严格的要求,是会计国际协调的新阶段。会计国际协调主要是指,在没有先入为主的时候,各国之间在平等、独立、自愿的条件下,通过各方沟通、谈判、协商,采取放弃(或部分放弃)、改进、接受、退让、提高、重建等方式,来实现各国会计标准和实务向国际会计准则尽可能地看齐的协调。会计国际协调是一个富有弹性和开放性的调节国别会计差异的过程。协调的结果,可能是国别差异不断缩小,甚至使某些国别差异消失,进而在结果上与会计国际趋同有某种相同含义。

与会计国际趋同相比,会计国际协调实际上就是利益相关国家或地区对存在分歧的会计规范(特别是会计准则)向双方认可的会计规范看齐的过程。但这里的双方认可的会计规范不一定是国际会计准则,也可能是其他国家或地区的会计准则,甚至是若干国家或地区的会计准则中某些要素的综合。这样,虽然某两国通过会计国际协调缩小了会计的国别差异,但这两国认同的会计准则依然与其他国家的会计准则有重要差异,与会计国际趋同不同,没有明确要求所有的会计国际协调都要向国际会计准则看齐。因此,从全球角度看,会计国际协调若不事先确定一个世界统一的会计准则,其效果的世界普适性是非常有限的。

第二节　会计国际趋同的动力与障碍

一、推动会计国际趋同的动力

一般来说,动力来自利益和某种无法回避的压力。会计国际趋同的动力正是源于各国需要通过会计的国际趋同改善投、融资环境,提升国家和地区的形象,提高国际资本市场效率的经济利益。另外,动力还包括经济全球化给各国带来的巨大压力。会计国际趋同,不仅十分必要,而且是现实可能的。

(一)会计国际趋同的必要性

1. 会计信息的投资导向性

会计信息本身就具备一定的投资导向性。企业作为被投资者,需要向投资者提供必要的会计信息以解除其受托经济责任,并获取投资者的信任与支持,保持他们现有的投资,并期望他们能追加投资。同时,被投资者也向潜在的投资者展示预期投资收益,以引入新的财务资本,进一步壮大企业规模。而投资者在进行投资决策时,必须认真分析被投资者提供的财务报告,并从中获取关于企业偿债能力、盈利能力、变现能力和应变能力等方面情况的事实性信息。在以国际筹资与投资为主的国际资本输出活动中,会计信息同样具有国际性的投资导向作用。要使会计信息的这种投资导向作用能够顺利地发挥，就必须缩小，甚至消除用来规范会计工作、指导生成会计信息的会计准则和会计制度之间的国际差异。

2. 各国会计准则和会计制度的差异性

会计准则和会计制度是由各国民间职业团体或者政府机构制定的用以指导会计工作的规范。其内容和结构取决于各国的经济发展状况、经济体制、政治体制、法律制度、管理水平、教育状况、其他文化习惯等影响因素。这些因素在各国之间存在较大差异，加之会计准则和会计制度的制定涉及各国的国家主权问题，因而每个国家的会计准则和会计制度都会或多或少地带有本国特色，几乎没有任何两国之间的会计准则和会计制度完全相同。会计信息是国际筹资和投资决策必不可少的信息，为了增强各国会计信息的可比性并降低各国提供国际会计信息的成本，就必然要求尽可能地缩小世界各国会计准则和会计制度之间的差异，实现会计国际趋同。

3. 资本全球流动的加剧

经济一体化从最初的资源流动到产品全球化，发展至今已形成了资本全球化流动的局面。全面、真实、透明、可比的会计信息能使金融市场上的决策者做出正确决策，从而规避因资本市场全球化流动带来的高风险。由此，会计国际趋同便成为国际资本流动的前提和最大需求。随着全球范围内竞争的加剧、技术进步的加速、产业结构调整的加快以及市场风险的加大，出于优势互补、节约成本、降低税负和风险、增加利润乃至战略防卫和发展等目的，跨国公司的发展形式也在逐渐演变。当代跨国公司的最基本特征是在国外拥有对企业资产的控制权和对企业经营的决策权。会计国际协调的初衷就是规范跨国公司的财务报告，这是东道国乃至居住国政府对跨国公司实施监管的必然要求，也是跨国公司内部提高经济和财务决策、管理成本与效率、业绩评价等方面的工作水平的需要。

4. 各国间经济合作的互利性

任何一个国家都不可能在自然资源、劳动力、技术、资本等所有经济要素上都占据绝对的优势地位，因而国际合作的开展是必要而有益的。第二次世界大战以后以"和平与发展""平等与互利"为主要特征的国际政治环境为各国的经济国际化发展创造了前所未有的有利条件。国际社会各界都顺应时代潮流，在经济全球化的过程中付出了不懈的努力。正确的国际资本投资决策必须建立在国际投资对投资国（投资方）与筹资国（筹资方）提供的会计信息具有国际可比性、相关性、可信性的基础之上，也就对会计国际趋同提出了更深、更广的程度上的要求。

（二）会计国际趋同的可能性

会计国际趋同不仅是十分必要的，而且存在实现上的可能性。会计作为国际通用的商业语言，在经济全球化过程中扮演着越来越重要的角色。推进会计标准的国际化，可以为全球经贸往来和资本流动减少或者消除"语言"上的障碍和成本，无疑是经济全球化的必然要求。在当今世界经济加速发展和科技发展日新月异的背景下，会计国际化已是大势所趋、潮流所向，是不容回避的客观事实。会计国际趋同之所以由客观必要走向现实可能，主要得益于以下两个方面的因素。

1. 会计方法本身的国际互享性

在世界范围内，会计方法的运用本身是没有国界限制的，如复式簿记技术、历史成本计量等方法。之所以有的会计方法在一国允许使用而在其他国家被禁止，是因为在禁止国看来，该方法与本国的会计环境不符，或者使用该方法不利于本国的经济和管理。会计方法本身的国际互享性是会计在国际上的传播和会计国际趋同的必要前提。

2. 国际性及地区性会计职业团体的努力

在会计国际趋同的过程中，有许多国际性和地区性的会计职业团体付出了艰辛的努力，为会计国际趋同创造了有利条件，从而推动了会计国际趋同的发展。这些国际性的会计职业团体主要有国际会计准则理事会、国际会计师联盟、欧洲财政经济会计专家联盟、泛美会计师联合会、亚太地区会计师联盟、东南亚会计师联合会、西非会计团体联合会等。会计国际趋同的最大优势在于会计信息的国际可比性。国际可比的会计信息打消了投资者对外国财务报告可靠性方面的顾虑，排除了国际资本流动的一大障碍，同时又为投资者有效管理国外资本提供了强有力的会计手段。另外，会计国际趋同极大地降低了跨国公司生产会计信息的成本，节约了大量的时间和金钱。跨国公司的各个子公司广泛分布于各个国家和地区，这些子公司必须遵循所在国的法律和惯例，从而形成多套财务报告，而在跨国公司整体的经营战略上，又不得不把所有的财务报告合并起来，这是非常困难的。会计国际趋同无疑会极大地降低跨国公司提供会计信息的难度。会计国际趋同还可以使世界各国的会计准则和会计制度发展到一个尽可能高的水平上，与当地的经济、法律和社会环境发展保持一致，进而提高各国的经济管理水平，更好地服务于经济社会发展。

二、支持会计国际趋同的主要力量

各国经济、政治、法律与习俗等方面的差异，不可避免地导致了各国的会计理论、会计实务之间存在种种不同。随着国际经济交往的日益发展，会计国际趋同的呼声越来越强烈。于是，国际上逐渐出现了许多寻求减少会计间的国际差异、积极推动会计国际趋同的重要力量，为国际筹资、投资与贸易的等决策提供可比、可信、相关的国际会计信息。总的来说，世界范围内的支持会计国际趋同的力量主要来自以下方面。

（一）跨国公司的日益壮大

科技的进步为高速发展的跨国公司带来了国际商业格局的重大变革。跨国公司的经营管理必须借助会计信息，而各国会计准则的差异不利于跨国公司信息的收集和利用，降低了会计信息的可比性、有用性，影响了母公司的全球战略管理和资金运营。因此，跨国经营者迫切需要一个双方或多方共同认可且遵循的会计准则，进而更好地开展跨国经营活动。跨国公司联合了众多的进行跨国经营的小公司，具有坚实的经济基础，成为推动会计国际趋同的重要力量。

（二）资本市场主体的国际化

国际贷款代理人的活动在于鼓励发展中国家的借款人采用国际认可的会计与审计准则、惯例。跨国公司的成长和美国证券交易委员会坚持要国外子公司采用一般公认会计原则，特别是美国也逐步接受了国际会计准则。会计师事务所的合并及其在发达国家和发展中国家举办的培训等，极大地推动了会计准则在国际间的传播和协调，从而成为推动会计国际趋同又一重要力量。

（三）国际性会计职业团体和组织机构的努力

联合国设立了跨国公司委员会和跨国公司中心，并成立了国际会计和报告准则政府间专家工作组，为会计国际趋同做出了重要贡献。经济合作与发展组织等国际性组织、机构和欧洲财政经济会计专家联盟、泛美会计师联合会、亚太地区会计师联盟等地区集团组织则对会计国际趋同做了大量工作。

（四）国际性的会计教学与科研活动

一些商学院（如伦敦商学院、曼彻斯特商学院、欧洲工商管理学院等）在创建和指导海外商学院的办学活动，会计学教科书的国际适应性和应用等都在很大程度上促进了会计技术和方法的国际转移。此外，某些学生在其他国家取得会计学位后再回到本国从事会计实际工作或教学，以及一些国家对本国以外的报考者进行考试与授予资格的某些机构所从事的活动，也在不同程度上为会计国际趋同提供了帮助。全球性的专业报纸、杂志是及时报道会计国际趋同的主力，在会计国际化的过程中发挥了不可替代的作用。国际性的会计教学与科研活动在很大程度上成为推动会计国际趋同的重要力量。

与此同时，科技的发展、信息技术的发展，尤其是互联网的迅速普及和应用，深刻影响着会计信息从输入到加工和处理，再到传递和使用的全过程。可以说，信息技术革命为会计国际化的发展提供了有力的技术支持，并加速了会计国际趋同的进程。

三、阻碍会计国际趋同的主要因素

会计国际趋同是经济全球化和资本市场国际化的必然结果，也是世界各国会计协调的必然要求，但会计国际趋同的过程并不是一帆风顺的，更不是一蹴而就的。经济后果观认为，会计准则对企业、政府、工会、投资者和债权人的决策有影响，这些影响又反过来影响会计准则的制定。在资本市场里，会计准则不再是一种纯粹的技术规范，而是利益关系的调节器。会计准则的经济后果引起了各利益集团的关注和参与，尤其是可能会受到会计准则的不利后果影响的利益集团。这些利益集团必然试图对会计准则的制定或修订施加影响，从而使得会计准则的制定过程成为一个政治程序，而会计准则也相应地成为一个各方利益斗争与妥协的政治结果。因此，在会计国际趋同的过程中，准则制定机构必须承受来自不同方面的各种压力，协调不同集团的各种利益冲突，以期寻找可获得相关利益方都能够接受的准则。会计国际趋同不仅在准则的制定过程中存在着各种阻力，在准则制定后的执行过程中同样也是困难重重。

会计准则在制定过程中的阻力主要是来自政治、经济、文化等因素的影响。在政治方面，任何全球化的合作都离不开各个国家之间的相互妥协和配合，在这一合作过程中，各国都希望利用自己的相对优势，获得政治博弈的利益，给会计国际趋同带来有形或者无形的阻力。在经济方面，会计国际趋同背后隐藏着巨大的经济利益的转换和分配。这种转换和分配会对企业管理者、投资者、债权人产生一定影响的同时，也与政府、职工和社会公众之间有着密不可分的联系。面对巨大的经济影响压力，任何国家都不会轻易妥协和退让，在会计国

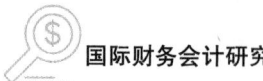

际趋同中利益将受到损害的国家是反对会计国际趋同的最为顽固的中坚力量。在文化方面，会计是一个受到国家社会意识形态、经济发展状况与历史文化背景等多方面因素影响的复杂事务，世界各国在社会制度、价值观念和风俗习惯方面都不可避免地存在着这样或者那样的差异。会计作为一种商业语言，本身就属于一种特色化了的国家文化或地区文化的一部分，而文化上的特色实质上就是文化的国别或地区差异的核心。各国在彼此协调时，本质上是排他的，从而对会计国际趋同造成阻碍。

会计准则在执行过程中的困难则主要来自各国的会计"外环境"。环境因素是一个既能影响会计准则的制定，也会影响会计准则的执行的基础性因素。严格地说，会计国际趋同只有在资本市场高度国际化的环境中才能充分地显现出来。然而，各国资本市场的国际化程度仍然存在很大差异。会计准则国际趋同的目标所围绕的国际会计准则主要是以发达国家高度繁荣的市场经济为基础制定的，广大发展中国家、不发达国家在经济发展水平、管理制度与管理水平，甚至会计目标、会计职业习惯和会计从业人员素质等方面都与发达国家存在着较大差距。这就注定了会计国际趋同会遭遇一定的障碍。此外，国际会计准则理事会从性质上看属于会计职业界的民间组织，缺乏权威性。

第三章 国际管理会计

第一节 国际战略管理会计概述

一、国际战略管理会计产生的背景

国际战略管理会计概念的界定,国内外学者的认识尚不统一,然而都反映出战略管理会计的一些基本特征,即重视外部环境和市场、注重整体等。战略管理会计是指为企业战略管理服务的会计信息系统,即服务于战略比较、选择和战略决策的一种新型会计,它是管理会计向战略管理领域的延伸和渗透。具体说,战略管理会计是指会计人员运用专门的方法为企业提供其自身的和外部市场的以及竞争者的信息,通过分析、比较和选择,帮助企业管理层制定、实施战略计划以取得竞争优势的手段。国际战略管理会计的形成和发展不是对传统管理会计的否定和取代,而是为了适应社会经济环境的变化,并对传统会计理论进行丰富和发展。国际战略管理会计的宗旨是,立足于企业的长远目标,以企业的全局为对象,将视角更多地转向影响企业经营的外部环境。

最早提出战略管理会计概念的是管理学家西蒙,他提出战略管理会计是"对企业及其竞争对手的管理会计数据进行搜集和分析,由此来发展和控制企业战略的会计"。他认为,战略会计应该侧重于本企业与其竞争对手的对比,收集竞争对手关于市场份额、定价、成本、产量等方面的信息。

国际战略管理会计的形成是以企业生存环境的不确定性加剧为背景的,是经济快速发展的新形势下对传统管理会计的弥补和开拓。随着人类跨入21世纪,这种不确定性还在进一步加剧,国际战略管理会计也必将会有长足的发展。导致当代企业所处的竞争环境不确定性加剧的主要因素体现在两个方面:一是在经济全球化方面;二是在技术方面。

（一）经济全球化方面

"经济全球化"这个词，至今没有一个公认的定义。从生产力运动和发展的角度分析，经济全球化是一个历史过程：一方面，是指在世界范围内各国、各地区的经济相互交织、相互影响、相互融合成统一整体，即形成"全球统一市场"；另一方面，是指在世界范围内建立了规范经济行为的全球规则和经济运行的全球机制。在这个过程中，市场经济几乎一统天下，生产要素在全球范围内自由流动和优化配置。因此，经济全球化是一个生产要素跨越国界，在全球范围内自由流动，各国、各地区相互融合成整体的历史过程。

20世纪90年代以来，以信息技术革命为核心的高新技术迅猛发展，不仅冲破了国界，而且缩小了各国和各地之间的差距，使世界经济越来越融合为一个整体。

资源配置的全球化使企业的战略管理会计系统在分析自身及竞争对手的资源情况时，不能仅仅是静态地分析其所处时刻、所处狭小地域的资源状况，而要动态地分析资源的未来流动趋势。这种考虑可能是区域性的，也可能是全球性的。

市场机遇的全球化还要求企业的战略管理会计系统关注全球的市场动态，以便更早地进入市场，获取利润。一方面，网络交易的推广将使企业更直接地面对客户，获取有关的需求信息；另一方面，人们需求层次的提高，造成需求个性化发展趋势的加强，这促使"利基市场"（即空缺市场，在市场经济条件下，一些企业专注于市场的某一细分环节，或以满足消费者个性化的需求为目标，通过专业化经营、见缝插针地占据有利的市场位置，这部分市场就可称为利基市场）的开发将成为企业未来争夺的焦点。战略管理会计系统就要一方面加强收集此类信息，另一方面注意分析企业产品或服务被消费的全球性变化情况，以尽快调整其全球的战略部署和寻找新的客户需求方向。

（二）技术方面

第一，技术创新和传播的速度大大加快。信息产业著名的"摩尔定律"认为，信息技术产品平均每6～9个月完成一代更新。而目前有迹象表明，"摩尔定律"的有效时间跨度还在缩短。技术创新速度的提高是与其传播速度的提高密切相关的。传播速度的提高起到了推波助澜的作用，促进了技术的不断更新。这种快速变化使产品的寿命周期缩短，市场竞争也更为激烈。

第二，随着知识经济时代的到来，人们更加强调知识对企业保持其持续竞争力的重要意义，并日益重视信息的价值。这在实务中表现为对软件（人、技术）和硬件（信息工具、网络）的管理和运用的不断加强。从其对战略管理会计的影响分析，可以有以下两方面的发现。

一方面，信息工具的大量使用，使信息收集、处理及传递的速度和效率大大提高，传统的"维持财务会计和管理会计两个信息系统过于昂贵"的观点将会改变，建立并维持一个能同时提供财务会计和管理会计两个信息的系统，将普遍为各种规模的企业所接受。这种变化为战略管理会计的发展提供了物质条件。企业管理人员将更有机会和能力从战略角度分析企业的经济状况。结合下面所述的经济全球化趋势，战略管理会计系统将为企业的全球化运作提供有价值的信息。

另一方面，人和知识要素对企业发展的重要性日益凸显，这就要求战略管理会计提供充分的信息，以使决策者确定是否对人力及技术进行投资，并评价其所做出的人力及技术投资决策的投入—产出效率和效益。这些信息包括研究与处在同一技术革新方向的合作者或竞争对手的有关信息，并要结合分析决策前后客户需求的变化等战略信息，以判断投入是否有利于企业获取或增强其核心竞争力。

二、国际战略管理会计产生的条件

现代管理会计的前身是成本会计，历史上，管理会计之所以取代成本会计是因为成本会计的理论对企业经营决策缺乏相关性，不能满足企业经营管理的需要。近年来，企业生存环境的改变和竞争压力的加大，使战略管理登上历史舞台。现代管理会计难以提供与战略管理相关的信息，国际战略管理会计则从更高的起点重新界定了管理会计的内涵，为企业的战略决策寻找方向、把握契机。因此，国际战略管理会计的产生源于管理会计自身的传统业绩评价体系的缺陷及企业适应激烈市场竞争的需要。

（一）传统业绩评价体系的缺陷

传统业绩评价体系在进入知识经济时代之后，暴露出种种缺陷。例如，重视对财务指标的评价，忽视对非财务指标的评价；重视对过去的评价，忽视对未来的评价；忽视对企业创新能力的评价；忽视对企业外部竞争力的评价等。现代管理会计只顾企业内部而忽略环境变化的影响，用静态的目光看待问题，只重视短期利益，忽略长远利益。这些缺陷往往导致企业经营决策短期化、呆板化，缺乏高瞻远瞩的能力，导致企业发展长期处于被动局面。

（二）企业适应激烈市场竞争的需要

现代企业的竞争实质是人才的竞争，尤其是高层经营管理人才的竞争，一个具备丰富管理经验、掌握现代管理知识的高级管理者对一个企业的生存和发展起着至关重要的作用。现代市场经济中的企业都是在竞争中求生存，在竞争中求发展的。这就要求企业高层管理人员既要有战略意识、具备战略思想、了解掌握战略管理理论，也要熟悉现代管理会计知识，且能把这些知识融为一体，上升到一个更高的境界，这无疑将给企业竞争能力的提高提供一种必要的武器。

国际战略管理会计应运而生正是基于上述两点，其从全球范围和长期发展来看待企业的行为和目标，时刻关注与企业息息相关的市场环境变化以及这种变化对企业的影响。国际战略管理会计不仅收集、加工、整理、报告企业和其竞争对手的信息，更注重研究企业与其竞争对手相比的优势。通过研究本企业产品和劳务在企业生命周期中所能实现的、客户所需求的价值以及价值在企业内部的形成过程，从长远的观点来看待企业的总收益。

三、国际战略管理会计的特征

（一）国际战略管理会计应着眼于长远目标、注重整体性和全局利益

现代管理会计以单个企业为服务对象，着眼于有限的会计期间，在利润最大化的目标驱使下，追求企业当前的利益最大。其所提供的信息能对促进企业进行近期经营决策、改善经营管理起到作用，注重的是单个企业价值最大和短期利益最优。

国际战略管理会计则着眼于企业长期发展和整体利益的最大化。当企业间的竞争已上升到高层次的全局性战略竞争时，抢占市场份额、扩大企业生存空间、追求长远的利益目标已成为企业家最为关注的问题。国际战略管理会计适应形势的要求，超越了单一会计期间的界限，着重从多种竞争地位的变化中把握企业未来的发展方向，并且以最终利益目标作为企业战略成败的标准，而不在于某一个期间的利润达到最大。战略管理是制定、实施和评估跨部门决策的循环过程，要从整体上把握其过程，既要合理制定战略目标，又要求企业管理的各个环节密切合作，以保证目标的实现。企业管理是由不同部门完成的，必须以企业管理的整体目标为最高目标，协调企业各部门运作，减少企业内部

职能失调。相应地，国际战略管理会计应从整体上分析和评价企业的战略管理活动。

（二）国际战略管理会计是外向型的信息系统

现代管理会计服务于企业的内部管理，是一种内向型的信息系统，在市场竞争不激烈时，企业只要努力降低成本、提高劳动生产率，就能在市场上立足。因而现代管理会计致力于企业内部信息的收集、分析和各种指标的纵向比较。现代管理会计不太关注外部环境和竞争对手的情况，其所提供的只是单个企业自身的数据，而不是企业在市场中的相对优势。

国际战略管理会计站在战略高度，关注企业外部环境的变化，不局限于本企业这一个环节，而是研究在整个产业价值链中企业上家和下家的信息，努力改善企业的经济环境，强调企业发展与环境变化的协调一致，以求得产业的最优效益。国际战略管理会计围绕本企业、顾客和竞争对手形成的"战略三角"，收集、整理、比较、分析竞争对手有战略相关性的信息，向管理者提供关于本企业与竞争对手间竞争实力的信息，以保持和加强企业市场上的相对竞争优势。国际战略管理会计强调比较优势，从相对成本到相对市场份额，其所关注的是相对指标的计算和分析，向管理者提供的是比较竞争成本和比较竞争优势的信息。国际战略管理会计通过对企业内外部信息的比较分析，了解企业在市场中竞争地位的变化。国际战略管理会计扩大了会计对象的范围，是一种外向型的信息系统。

（三）国际战略管理会计是对各种相关信息的综合收集和全面分析

现代管理会计研究的是货币信息，对于企业的决策只能提供从财务分析中获取的信息，忽略了其他信息对企业的影响，因而现代管理会计的研究是不够完整、不够充分的。

国际战略管理会计为适应企业战略管理需要，将信息的范围扩展到各种与企业战略决策相关的信息，其中包括货币性质的、非货币性质的，数量的、质量的，物质层面的、非物质层面的，以及有关天时、地利、人和等方面的信息。多样的信息来源和信息种类需要多种信息分析方法，因此，对于财务指标的计算，结合了环境分析法、对手分析法、价值链分析法、生命周期分析法、矩阵地位分析法、预警分析法、动因分析法、综合记分法等，这无疑是对现代管理会计的丰富。国际战略管理会计突破了现代管理会计财务信息的局限，在提供信息的内容和处理信息的方法上都进行了拓展，帮助企业管理层掌握更广泛、更深层次的信息，全面研究分析企业的相对竞争优势，以使企业做出正确的决策。

（四）国际战略管理会计体现了动态性、应变性以及方法的灵活性

任何战略决策都不是一成不变的，要根据企业内外部环境的变化及时进行相应调整，以保证企业战略决策与环境相适应。为了适应这种需要，国际战略管理会计采用了较为灵活的方法体系，不仅要联系竞争对手进行"相对成本动态分析""顾客营利性动态分析"和"产品营利性动态分析"，而且采取了一些新方法，如产品生命周期法、经验曲线和价值链分析等。

第二节 国际战略管理会计的内容和方法

一、国际战略管理会计的内容

所谓战略，是指为了实现预定的目标，对组织全局的、长远的重大问题进行的规划。企业战略是指企业为自己确定的长远性的主要目的与任务，以及为实现此目的和完成此任务而选择的主要行动路线与方法。企业战略所涉及的是企业的远期发展方向和范围。基于社会经济发展的新形势，企业战略管理及为其提供智力支持的战略管理会计的兴起就成为历史的必然。国际战略管理会计不仅收集企业竞争对手的信息，更应该要研究与竞争对手相比企业自身的竞争优势和创造价值的过程，研究企业产品或劳务在其生命周期中所能实现的、客户所需求的价值，以及从企业长期决策周期看，对这些产品及劳务的营销能给企业带来的总收益。

国际战略管理会计的内容应当从服务于企业战略管理的角度出发来构建，其体系内容应围绕着战略展开，具体来讲，应当包括进行战略分析、实施战略决策分析、编制平衡计分卡、编制全面预算、战略成本管理等内容。

（一）进行战略分析

国际战略管理会计首先要协助高层管理者制定战略目标。企业的战略目标可以分为三个层次，即公司战略目标、竞争战略目标、职能战略目标。公司战略目标主要是确定经营方向和业务范围方面的目标；竞争战略目标主要研究的是产品和服务在市场竞争上的目标问题；职能战略目标所要确定的是在实施竞争战略目标的过程中，公司各个职能部门应发挥什么作用，达到什么目标。国际战略管理会计要从企业外部和内部收集各种相关信息，进行系统分析，并以此为基础提出各种可行的战略目标，供企业管理当局决策时参考。

（二）实施战略决策分析

标准的战略决策制定模式是指，管理者仔细考察公司的外部环境和内部条件，利用分析得来的一系列的目标标准，最终确定战略的过程。这种建立在理想标准基础上，突出管理者对战略决策效果的战略变革称为战略选择。对于企业而言，外部环境是企业生存的条件，企业要利用有利的条件，避免不利的威胁，就必须十分熟悉其外部环境，并了解和掌握其发展变化的基本趋向。关于企业外部环境的分析重在"知彼"，而关于企业内部条件的分析则属于"知己"。企业经营环境分析的基本方法是 SWOT 分析法，企业盈利能力大小的分析要依据迈克尔·波特所提出的六种竞争力量进行分析。为了保证目标和行动的一致性，企业可能必须选择成本领先战略、差异化战略、目标集中战略三种战略之一。

（三）编制平衡计分卡

平衡计分卡起源于美国诺朗诺顿研究所的一项研究，其内容在于探讨未来组织的业绩评价方法，主要目标在于寻求更适当的业绩评价模式，以取代传统业绩评价中对于单一财务指标的依赖。平衡计分卡从四个重要方面来对企业进行考察。这四个方面包括顾客角度、内部业务角度、学习与成长角度、财务角度。虽然平衡计分卡也包含财务指标，但必须明确财务指标是一种综合性指标，财务指标的改进与提高根植于许多非财务性因素。平衡计分卡是从企业全局和战略的高度出发，为实现企业战略目标，把握一系列相关的行动过程，最终实现企业长期经营目标。

（四）编制全面预算

现代企业的全面预算是市场导向型的预算，其以销售预算为起点，进而包括生产、成本和现金收支在内的经营活动的各个环节，最终集中反映于预计利润表和预计资产负债表。全面预算为企业整体及其各个方面发展确立了明确的目标和任务，同时也是评价企业生产经营各个方面工作的基本尺度。在生产过程中，把实际成果同预算目标进行对比，考核和分析实际成果同预算之间的差异，有助于促进各有关方面及时采取有效措施，消除薄弱环节，保证预定目标更好地完成。

（五）战略成本管理

成本管理是传统管理会计和国际战略管理会计共同关注的焦点。战略成本管理是一个对投资立项、研究开发与设计、生产与销售进行全方位监控的过程。传统管理会计主要考虑对企业内部生产过程中各种耗费的控制，而战略成本管理主要是从战略的角度来研究影响成本的各个环节，从而进一步找出降低成本的途径。

二、国际战略管理会计的方法

最近几年，一些学者进行了有关国际战略管理会计方法的研究。其中，比较具有代表性的研究有作业成本法、竞争对手分析、价值链分析以及战略性绩效评价等作为国际战略管理会计的方法。

（一）作业成本法

为了适应制造环境的变化，作业成本法应运而生。作业成本法是一个以作业为基础的信息加工系统，着眼于成本发生的原因即成本动因，依据资源耗费的因果关系进行成本分析。即先按作业对资源的耗费情况将成本分配到作业中，再按成本对象所消耗的作业情况将作业分配到成本对象中。这就避免了传统成本计算系统下间接费用责任不清的缺陷，使以前许多不可控的间接费用，在作业成本系统中变成可控的。同时，作业成本法大大拓展了成本核算的范围，改进了成本分摊方法，及时提供了相对准确的成本信息，优化了业绩评价标准。

（二）竞争对手分析

对原有管理会计理论的思考得出一个重要观点：即通过管理会计体系反映处于现实竞争状态和竞争关系中的对方企业的竞争力，从而制定出战略决策和策略。因此，国际战略管理会计提出利润不仅来自企业内部的效率，而且来自竞争对手的观点。分析竞争对手首先应明确谁是企业的竞争对手。企业实际的和潜在的竞争对手包括：向目标市场提供相似产品或服务的企业；经营具有相互替代性的同类产品或服务的企业；在市场上试图改变或影响消费者的消费习惯和消费倾向的企业。由于产品的性能相同，在第一类竞争对手之间的竞争主要表现在价格和服务质量上，竞争的核心是营销手段和成本。第二类和第三类竞争涉及消费者的消费习惯和消费能力，价格的差异会使消费者在不同的消费市场之间转移。在明确所要分析的竞争对手之后，国际战略管理会计还要识别竞争对手的价值链，判断竞争对手是怎样进行价值活动的。

(三）价值链分析

价值链分析是美国学者波特首先提出的。价值链其实就是作业链的价值表现，作业的推移，同时表现为价值在企业内部的逐步积累与转移，形成一个企业内部的价值传递系统，最后通过产品转移给企业外部顾客形成顾客价值。只有顾客价值才能形成企业的经济效益。价值链分析的目的就是在生产过程中尽可能地消除"不增加价值的作业"，对可能"不增加价值的作业"要尽量地提高其工作效率。通过最大限度地优化价值链来促进顾客价值的提高，通过顾客价值的提高来提高企业的整体竞争力。

（四）战略性绩效评价

战略性绩效评价是将绩效评价指标与企业所实施的战略相结合。例如，企业要采取低成本战略，则评价指标侧重于内部制造效率、品质改进、市场占有率及交货的效率；采取产品差别战略，则应侧重于新产品成本、新产品收入占全部收入的比率等指标。战略性绩效评价不仅改变了原有管理会计只重"结果"不重"过程"的做法，而且将业绩评价由财务指标系统扩展到了非财务指标系统。非财务性绩效评价内容一般包括质量评价、交货效率评价、企业应变与创新能力评价、雇员评价、产品市场占有份额评价、机器运转情况的评价等。由此可见，战略性绩效评价渗透到了企业的方方面面，能更好地为生产经营和战略管理提供有效的决策信息。

除上述方法外，国际战略管理会计还有战略成本分析、预警分析法、目标成本法、平衡财务与非财务业绩表法等。

第三节　国际投资决策会计的内容

一、国际投资概述

国际投资是指一个国家的政府、企业或个人将资本（包括货币资产、有形资产、无形资产等）投放到另一个国家，以期获得收益的经济行为。

间接投资是指投资者在国际金融市场上购买外国的股票、债券等，其目的是获取证券投资的股息或债息，其意义在于可获得一定的收益，为剩余资本找出路。直接投资是指投资者在国外经营企业，通过直接控制或参与国外企业的生产经营管理以取得利润的投资活动。目前，直接投资在国际投资中占有越来越大的比重。

二、国际投资环境的评估与决策

国际投资环境是指在国际投资过程中影响国际资本运行的东道国的综合条件。国际投资环境一般由硬环境和软环境两个基本因素构成。其中，硬环境是东道国城市和工业基础设施、自然地理条件等。软环境是东道国的政治、经济、法律、文化和教育等因素。这些因素制约和影响着国际投资项目的选择、效益的评价。因此，研究和分析国际投资环境的基本因素，并运用各种系统评价方法对国际投资环境做出评估，最终做出最优的决策，成为国际投资决策会计的重要工作内容。

国际投资环境分析方法主要有"投资障碍分析法""冷热分析法""多因素评分分析法""三因素评估分析法"和"体制评估法"等。

（一）投资障碍分析法

这种分析法是将有关国家阻碍投资的不利因素（如政局动荡、经济停滞、外汇短缺、劳动力成本高、基础设施不良、资金融通困难等）列出并加以比较，如果某一国的阻碍比另一国少，则该国的投资环境被认为较好。

1. 政治环境

这包括一国政府对外国投资的态度和控制力，如政治制度、政局稳定性以及政策和措施等。政治制度是国家政权的组织形式及其有关制度。不同社会制度国家的政治制度相差甚远。有的国家暴动、骚乱、政变、战争不断、政治极不稳定，给国际投资活动带来很大的政治风险。有的国家国泰民安、政局长期稳定，有利于国际企业进行投资活动。在政策措施方面，如国有化政策，外汇管理、进口限制和税收政策，价格政策等都会使国际投资面临政治风险。

2. 经济环境

经济环境因素是影响国际投资活动的众多因素中的一种最直接、最基本的因素。一国或一地区居民的收入水平，该国或该地区所处的经济发展阶段、经济制度与市场结构、基础设施或经济基础结构、自然与人力资源、地理条件以及各项经济政策和金融环境因素，常常是国际投资决策中首先要考虑的因素。

3. 社会文化和教育环境

世界各国由于文化背景不同而形成各种不同的风俗习惯、教育水平、宗教信仰、价值观念等。国际投资对各国社会文化因素的敏感性比国内投资更大些。这是因为一国的生活方式、消费倾向、购买态度、经常所用的物品种类、所爱好的形式与色彩、流通路径，易接受的宣传方法等都是一国（或一地）特别的文化和社会的产物，所有这些都在不同程度上制约或影响着国外投资者的行为。了解并尊重当地的文化习俗、宗教信仰并适当地加以利用是许多国际投资成功的重要因素之一。一国国民教育水平的高低，也会影响该国投入资本的收益。一国教育水平较低，必然导致该国劳动力素质较差、技术落后、生产力低。反之，一国的教育水平高，能促使该国的劳动力谋求改善生活的欲望及能力较强，对最新技术极易掌握，具有较强的生产能力。

4. 法律环境

分析国际投资法律环境是至关重要的。法律是解决纷争的一系列法则。国际投资必须在所在国既定的法律构架下才能从事，才能通过法律途径解决各种经济纠纷。就法律体系而言，有的国家采用普通法系，重视社会习惯；有的国家采用大陆法系，遵循法律条文；有的国家采用所谓的神权法律系统，如伊斯兰国家以《古兰经》为执法依据。即使在同一法律体系下，各国活动的具体内容和意义也有不同。因此，法律环境对国际投资环境有很大的影响。

5. 社会服务环境

这主要包括城市与工业基础设施、公共服务等因素。城市与工业基础设施主要包括能源、交通运输、通信设施、原材料供应、仓储、供水、供电、供热系统等。公共服务则主要包括政府机构的行政工作效率、社会保障、社会治安、卫生及其他服务等。

6. 自然环境

这主要包括自然条件和自然资源两个方面。自然条件主要包括地理位置、面积、地形、都市分布、气候、人口分布等因素。自然资源则主要包括生物资源、水资源、土地资源、矿产资源、旅游资源等因素。自然条件和自然资源对于跨国公司的国际投资方向有着重大影响。

（二）冷热分析法

这种方法是美国学者伊西阿·利特法克和彼得·班廷首次提出的。该方法是将影响国际投资环境的七个因素，按照由"热"至"冷"依次排列，"热"国的投资环境优良，"冷"国的投资环境恶劣。对于"热"国，可以选择独资建立子公司、设立制造装配的分厂或设立营销及维修的分支机构等三种投资形式。对于"冷"国，仅能以合资、授权或委托市场的方式进行投资。现将七大因素分析如下：

1. 政治稳定性

一国的政治稳定性高,该国政府就能够鼓励且促进企业的发展,创造出良好的适宜企业长期经营的环境。这一因素被称为"热"因素,反之则称为"冷"因素。

2. 市场机会

一国有广大的顾客群体,对外国投资生产的产品或提供的劳务有尚未满足的需求,并且具有切实的购买力,当市场机会大时,这就被称为"热"因素,反之则称为"冷"因素。

3. 经济发展与成就

一国的经济发展程度、效率及稳定形式是企业投资环境的另一个因素。一般应根据投资项目的有关情况,具体分析其"冷""热"程度。

4. 文化一元化

一国国内各阶层的人民,他们之间的相互关系、处世哲学、人生的观念和目标等,都要受到其传统文化的影响。文化一元化的程度高,就是一个"热"因素。

5. 法令阻碍

一国的法令繁复,并有意或无意地限制和束缚现有企业的经营,会影响今后企业的投资环境。若法令阻碍大,就是一个"冷"因素。

6. 实质阻碍

一国的自然条件,如地形、地理位置、气候、降雨量、风力等,往往会对企业的有效经营产生阻碍。如果实质阻碍大,就是一个"冷"因素。

7. 地理及文化差距

两国距离遥远,其文化、社会观念、风俗习惯及语言上的差别会阻碍两国间的思想交流。如地理及文化差距大,就是一个"冷"因素。

在上述多种因素的制约下,一国投资环境越好,即"热国",外国投资者在该国的投资参与成分就越大;相反,一国投资环境越差,即"冷国",则该国的外国投资成分就越小。

(三)多因素评分分析法

这是美国学者罗伯特·斯托鲍夫首次提出的,即从东道国政府对外国投资者的限制和鼓励政策着眼,具体分析影响投资环境的八大因素及其若干子因素,并根据各子因素对投资环境的有利程度给予评分。评分是按八大因素各自在投资环境中所起的作用大小确定不同的评分，从而消除了对不同因素平等对待的缺陷。根据此法，总分越高，投资环境越好。一般情况下，外国投资者就可以较容易地对不同的投资环境进行合理评估、择优选择。这八大因素包括资本抽回、外商股权、对外商的管制程序、货币稳定性、政治稳定性、给予关税保护的意愿、当地资金可供程度、近五年的通货膨胀率等。

（四）三因素评估分析法

三因素评估分析法指依照不同的国际投资动机，跨国公司对东道国投资环境因素的侧重点会不同，将重要的环境因素排列出来，即可构成重要因素系统。世界各国或地区投资环境的客观条件是存在差异的，各有其优势和劣势，把这些优势找出来，即可构成优势因素系统。此外，由于东道国对本国各个环境因素改善的情况不同，跨国公司对各因素的评价也不同，以致各因素继续改善后，对外资的吸引力大小不同。改善后对外资吸引力大的，称为敏感性因素，将这些因素归纳在一起，即形成敏感性因素系统。要明确投资环境的诸因素中，哪些是重要因素，哪些是优势因素，哪些是一般性因素，哪些是敏感性因素，可采取以下三项指标来评价。

1. 重要性

这项指标对投资因素的评价带有普遍意义，是指跨国公司对东道国投资环境不同因素的重视程度。

2. 吸引力

这项指标是针对某一具体国家或地区而提出的，是指由于某一国家或地区在某项因素方面占有优势或具备很好的条件，从而对外商所产生的吸引程度。

3. 满意程度

这项指标是主观评价指标，是指在投资后，投资者对投资环境中某因素的满意程度。

这三项指标的评估均采用评分的方法，通常采用五分制评分，然后用平均法或加权平均法对结果加以整理，可以得到各因素各指标的评分值。三因素评估分析法既考虑了宏观因素，又考虑了微观因素，是一种较为全面的、完善的投资环境评估方法，尤其对发展中国家投资环境的评估具有重要意义。

（五）体制评估法

体制评估法认为，一国的政治、经济、法律体制对外国投资是否具有吸引力，可采用五项评估标准。

1. 稳定性

这包括政府的稳定性、改革和法令的稳定性、经济发展的稳定性、社会发展的稳定性、生产因素及资源供应的稳定性。

2. 灵活性

这包括企业在针对市场需要做转变调整时，并未受到政治、经济与法律体制上的阻碍；生产因素的价格能反映出有关市场的供需情况；产品价格也能反映出有关市场的供需情况；原材料及元件市场的发展已完善。

3. 经济性

这包括当地的劳动生产力与工资在国际上具有竞争力；当地的原材料及元件的供应价格具有国际竞争力；土地费用具有国际竞争力；其他租税率较低；外资公司的经营成本低等。

4. 公平性

这包括政府对待外资企业与本国企业是否一视同仁，无歧视态度，不会多征收税费；向外资企业所收取的有关费用应与向本国企业收取的相同；各地方政府对待外资企业的改革及法令应保持一致性等内容。

5. 安全性

这包括投资国无国有化的风险；合资经营的外国投资者在与本国合资经营者发生争执及利益冲突时，有法律保障，法院判决按客观情况处理，不偏袒本国合资经营者；外国投资者在与本地供应商、劳动者、银行、中间商等发生争执时，当地法律的判断具有客观性；资金与利润的外调有保障；产品设计与新技术的发展受到专利权的保护。

根据这五条标准，可请相关专家分析某些国家的环境，给出风险比重指数并评分，即可得出对这些国家的投资环境的评价结果。

以上介绍了国际投资环境的评估方法，跨国公司国际投资的决策者应该善于在以上各种方法中选择最适于本公司投资项目特点的方法，来识别对本公司国际投资有利的投资环境，并结合对具体投资项目的评估，进行综合分析和总评分后，再做出最终的国际投资决策。

三、国际投资项目的决策分析

投资决策是长期性的战略决策,对企业生产经营的盛衰、成败关系极大。跨国投资对比一般国内投资,涉及的可变性因素更多,情况更加复杂。因而通过对国际投资环境的分析,确定向哪个国家投资后,要进一步对投资项目进行可行性研究,即对各种投资方案的实施可能性、技术先进性和经济合理性进行研究分析、计算和评价,以期获得最佳的投资效益。

(一)国际投资项目可行性研究的步骤

国际投资项目的可行性研究有其阶段性,可依其深度分为四个步骤。

1. 机会研究

这一阶段的任务是鉴别投资环境,以便确定投资方向。机会研究又分为一般机会研究和项目机会研究。一般机会研究主要根据前面提到的国际投资动机与目标策略、国际投资环境的评估与决策等所介绍的方法来进行;而项目机会研究则主要是根据国际投资方式策略,对可能收购国外企业、创建独资企业、兴办合资经营企业等国际投资机会或项目所进行的评价和分析。

2. 初步可行性研究

这一阶段是介于投资机会研究和详细可行性研究的中间阶段,是投资项目确定和投资方案选择的阶段。其任务有三点:一是判断投资机会是否有希望,在此阶段,就要收集有关资料进行详细阐述,以便确定是否应该进行最终可行性研究;二是弄清投资项目可行性的关键所在和哪些问题要做专题研究,是否需要通过市场调查、实验室试验等;三是预测可行性研究的结果,如方案一经否定,则不必再继续进行。初步可行性研究有利于避免在详细可行性研究上造成的损失。

3. 详细可行性研究(最终可行性研究)

这一阶段为项目的投资提供技术、经济和财务上的依据,进行完整的详细分析,进行多方案的比较,寻求在一定生产条件下,完成同样国际经营战略目标的投资最少、成本最低、收益最大的最优方案。

4. 评价报告

可行性报告最终的目的是,在详细分析可行性研究所提供的情况和数据的基础上,进行多方面的评价,从而得出是否应该投资的结论。

在国际投资项目可行性研究中,最为重要的工作是对投资项目的经济效益做出评价,这是国际投资项目决策的核心内容。

(二)国际投资项目经济效益评价的角度

一个总公司向国外投资,设立子公司,要判断其投资项目是否可行,除研究技术上的可行性外,还要进行科学的经济评价,着重研究经济上是否可行。在这里,首先碰到的一个问题,是经济评价的主题问题,也就是说,以总公司为主体进行评价,还是以子公司为主体进行经济评价。

1.从母公司的角度评价投资项目

持这种观点的人认为,母公司从国外投资项目中所能得到的现金流才是至关重要的,这也是大多数母公司进行国外投资的根本目的。但是,这部分现金中既包括投资项目的经营现金流量,也包括财务性现金流量(如母公司对子公司的贷款利息),这会违背资本预算的一个基本原则——财务性现金流不应与经营性现金流混为一谈。另外,项目评价还需要将外币按一定汇率折算为本国货币,这就将面临汇率的确定问题。由于这些缺点,有人认为不应该从母公司的角度来评价对外投资项目。

2.从子公司的角度评价投资项目

持这种观点的人认为,这不仅能避免从母公司的角度评价的缺点,而且有利于将目标项目的收益与东道国国内的其他竞争性项目的收益相比。当目标收益率低于东道国的政府公债收益率时,应放弃该项目,转向其他方面的投资。

在一般情况下,无论是从母公司还是从项目本身进行评价,区别并不重要。但在有些时候,对于国际投资的评价,应从全局性、战略性的角度来分析,考虑其利害得失,这样就要求项目的评价要从母公司的角度进行评价。以母公司为主体进行跨国投资项目的经济评价,需要调整、确定有关问题。例如,现金流量的换算、原始投资额的确定、子公司现金流量中"可汇额"的确定、子公司所在投资国给予的优惠问题、母公司因设立子公司而导致的出口额丧失的调整问题、税负问题、因风险因素而追加折现率问题、跨国投资项目终值的预计问题。

第四节 国际责任会计的内容

经济责任制是为了加强公司的经营管理，提高公司的经济效益而建立的责、权、利相结合的一种经济管理制度。经济责任制是建立责任会计的基本前提。国际责任会计是以跨国公司内部的各种责任实体为基础，以保证跨国公司国际战略和规划的顺利实施，并实现其在国际范围内利润的最大化为目的，通过建立各级责任中心、目标责任控制、业绩评价、编制责任报告和报表等方法，针对跨国公司内部各责任实体的国际生产经营过程所开展的一种管理活动。

一、国际责任会计的特点、原则与作用

（一）国际责任会计的特点

1. 国际责任会计与跨国公司的国际经营责任制不可分离

国际责任会计担负着跨国公司国际经营责任中责任落实、责任控制与责任考核的重任。因此，国际责任会计是跨国公司经济责任制的基础。同时跨国公司国际经营责任决定着国际责任会计有效作用的发挥，制约其所采用的方法。

2. 国际责任会计以激励为重点

国际责任会计采取不同办法激励各国雇员的创造力、积极性及工作热情，促进跨国公司内部责任实体相互关系的协调和完善，合理组织各种有效资源在国际范围内的优化配置，实现全球利润的最大化。国际责任会计划分责任实体，使其明确责任，增强其责任感；实施责任控制，制定责任指标，为责任实体设立目标，使其有明确的奋斗目标；进行业绩评价，根据成绩进行奖惩，能使各国雇员的热情和创造性更持久。

3. 国际责任会计是跨国公司根据其自身具体特点和情况制定的特有制度

不同的跨国公司都具有其自身的特点，不要求有统一的制度和标准。为了能有效地控制各类责任实体，国际责任会计以价值指标为主，并采用非价值指标和定性指标，将会计核算与控制、统计核算与控制、业务核算与控制有机地结合成一体。

4. 国际责任会计以会计方法为测定业绩的主要方法

国际责任会计主要采用会计方法，兼用统计方法，如会计核算、预算控制、

定额比较、成本分析、差异对比等。这些方法的有机结合使用，使跨国公司内部各责任实体承担经济责任的大小及完成工作的好坏得以数量化，将经济责任与会计方法紧密地结合起来。量化责任者的经济责任，将测定的实绩与经济责任的承担者有机地联系起来，这是贯彻实施经济责任制的关键所在，也是国际责任会计的本质特征。

（二）国际责任会计的原则

国际责任会计制度的建立，因跨国公司的特点及其实际情况的不同而各异。但是，无论采用什么方法，均需遵循以下几项原则。

1. 整体原则

跨国公司内部实体的确定要充分考虑跨国公司自身的规模和经营特点，符合公司目标管理要求。范围划分要保证公司各项工作都有人负责，职责归属分明，防止发生责任不落实的现象。指标分解从跨国公司国际经营总目标出发，层层分解落实，形成一种纵横交叉的国际目标责任体系。评价各责任实体的业绩要考虑各责任实体对公司整体利益的实际影响，有利于提高全公司的活力和合力。

2. 目标一致性原则

国际责任会计是企业内部的一种控制制度，而有效的控制是建立在责任单位上下级之间的目标一致基础上的。因此，目标一致性原则是衡量跨国公司责任会计制度是否有效的重要标准。目标一致性原则主要体现在选择恰当的考核与评价的指标上。在编制和执行责任预算时，要求各责任单位的目标与公司的整体目标相一致，从而在责、权、利相结合的条件下促使各责任单位为了公司总目标的实现而协调地工作。值得注意的是，单一的考评指标往往会导致上下级的目标相背离。因此，选定的考评指标要具有综合性和完整性。

3. 可控制原则

国际责任会计的特点是，将各种数值目标同国际经营责任有机结合，这一内部控制制度的正确贯彻，要求最大限度地消除公司内部各责任实体之间的相互影响，突出这些责任实体各自的相对独立性，避免是非不清、责任不明。因此，在建立国际责任制度时，必须明确区分有关责任实体、责任者的职责范围，使其在自己能真正地实现控制的条件下承担一定的国际经营责任，完成相应的工作任务。

4.协助性原则

国际责任会计在各内部责任实体的职责划分、责任控制的指标分解、业绩评价时，必须认真分析和考核各责任实体原有的各种有效资源的情况，包括所处东道国的外部环境、东道国的政策、各国市场条件、价格水平、生产条件、技术力量、机器设备以及管理水平等因素，使这些因素处于同一起跑线上，评价指标才能够充分反映各责任实体的主观努力程度和工作成果，防止指标因划分不均而不具有可比性。

5.反馈性原则

国际责任会计为了有效地控制各责任单位的经济活动，需要建立反馈系统。只有坚持反馈性原则，国际责任会计才能促使各责任单位遵守良好的、完善的记录及报告制度。从而便于国际责任会计掌握预算的执行情况及形成差异的原因，为及时控制和调节经济活动提供依据，以确保预定目标和任务得以实现。

（三）国际责任会计的作用

国际责任会计的主要作用表现在以下两个方面。

1.有利于贯彻跨国公司内部经济责任制

实行国际责任会计制度，可使公司各级管理人员目标明确、责任分明，且责任者有责有权，把各自该管的和能控制的各种财务成本指标严格地管理起来，并能做到管好、控制住，同时以责任单位为主体记录和归集会计信息，以此考评各责任单位的业绩。这样可以实现跨国公司内部奖惩分明、科学合理，从而有利于贯彻内部经济责任制。

2.有利于保证经营目标的一致性

实行国际责任会计制度以后，每个责任单位的经营目标就是整个跨国公司经营总目标的具体体现。因而，在日常的经济活动过程中，必须注意各责任单位的经营目标是否与公司的总目标相符。若有矛盾，就应及时协调，使各责任单位的具体目标与整个企业的总目标统一起来，促使各个责任单位为保证总目标的实现而协调地工作，从而保证经营目标的一致性。

当然，国际责任会计除上述两方面主要作用外，在公司的经营管理活动中，还可以起到为决策者提供较为准确可靠的经济信息，便于决策者科学决策以及协调公司内部各方面、各环节经济关系的作用。

二、国际责任会计的责任控制和责任预算

国际责任会计的实施过程中,跨国公司应根据公司的国际经营战略、策略和目标规划的要求及自身国际生产经营的特点和管理体制的实际情况,设置和划分内部责任实体,明确各责任实体应承担的经济责任和应拥有的经济权力及经济利益。跨国公司内部责任实体是指其内部各自独立经营、独立核算、独立承担经济责任的各种类型的组织机构和形式。母公司通过对内部责任实体的合理设置以及对各自经营责任和业务绩效的正确评估,以有利于理顺跨国公司内部各方面、各环节、各责任实体之间的经济关系,充分调动各方面的积极性和创造力,以有利于将有效资源在全球范围内的合理配置及优化使用,以有利于跨国公司全球经营战略的实现和全球利润的最大化。

(一)跨国公司的内部责任控制

跨国公司的内部责任控制是对跨国公司国际经营全过程的控制与全方位控制的有机统一,其纵贯跨国公司各种内部责任实体的生产、经营、投资活动的全部循环过程,渗透在跨国公司管理的各个方面。

1.跨国公司内部责任的全过程控制

①跨国公司国际经营战略确定以后,董事会反复酝酿今后一个时期内(3~5年)全公司的财务目标,主要是利润目标和投资目标;②根据跨国公司的中期财务目标,内部各责任实体制订中期生产、经营、投资滚动计划;③根据各内部责任实体中期生产、经营、投资滚动计划,制定内部责任实体中期财务预测与下年度预算;④母公司汇总各内部责任实体的中期财务预测与下年度预算,与全公司财务目标对比,修正平衡后制定全公司财务预测与下年度预算;⑤在预算执行过程中进行严格控制,使之尽可能达到预算指标;⑥将预算执行结果与中期财务目标要求相比较,如客观条件确实发生变化,实属必要的话,修正中期财务目标,为预测下期中期财务目标提供可靠数据;⑦研究中期财务目标,修正对贯彻跨国公司国际经营战略的影响因素及其程序。

2.跨国公司内部责任的全方位控制

①建立与应用国际会计信息系统,包括法人地位基础上的国际财务会计信息系统与内部管理基础上的国际管理会计信息系统。跨国公司法人结构的复杂性,给贯彻实施公司集团战略和集中控制带来很大的困难,母公司决策当局往往抛开法人结构的躯壳,完全按照跨国公司内部管理与控制的要求,建立起内部管理所用的国际管理会计信息系统。②预算的制定,预算执行情况的反馈、

分析、监督与考核。③统一筹集和调度资金、实行全面控制。资金控制是跨国公司实行全球战略的一个重要方面,为了减少资金在国外流动的风险,利用各所属单位所在国利率的差异,最大限度地节省利息支出,加快跨国公司集团内部的资金周转速度,统一平衡债务偿还,必然要在全球范围内实行统一筹集和调度资金,进行全面控制。④开展外汇风险统一控制和管理,努力降低外汇风险。由于母公司管理总部比任何内部责任单位更了解各种汇率变化情况、发展趋势和世界各大外汇市场情况,并且也只有总部才能掌握各内部责任实体的外汇使用情况。因此,必须要由总部通观全局,对外汇资金实行统一控制与管理。⑤在现金和银行借款方面,跨国公司实行高度集中控制,同时给予各内部责任实体必需的自主权。总部一般规定所属责任实体的银行业务必须集中在总部指定的跨国银行;所有在本国的所属内部责任实体的银行账户余额于当天汇交总部账户,由总部统一掌握调度和经营;海外各内部责任实体有权按照预算规定的金额进行经营性的收付;海外所属内部责任实体的暂闲资金,可由总部统一划拨借给其他所属单位,从而降低全公司的资金成本;所有在本国的所属内部责任实体的借款一般由总部统一负责;海外各内部责任实体的经常性投资借款,由各单位按批准的预算金额自己实行,其他贷款一般由总部负责。由于总部统一借款金额大、条件优惠,故资金成本较低。⑥在销售货款与信贷方面,跨国公司总部实行周密指导。总部通过制定销售信贷预算控制跨国集团销售信贷的总水平,各单位不得突破预算指标;总部制定集团销售信贷方针,并制定各项管理的标准与程序,通过详细指导和监督,确保各内部责任实体正确贯彻;总部通过对银行的报告,各内部责任实体所拥有客户的资产负债表、损益表及现金流量表的分析、专门调查等综合分析,对客户信用进行评价,划分等级,作为对各内部责任实体发放销售贷款的依据;总部制定一套完整的严格按时序采取逐步升级措施的程序表,专门对付拖欠还款或坏账。⑦编制纳税计划并提出运用转让价格进行国际避税而使集团公司的税负降低到最低限度。⑧参与各种国际投资项目的可行性研究与论证,从财务方面进行审查和把关。

(二)跨国公司的内部责任预算

内部责任预算的制定与过程控制是跨国公司国际经营战略、策略,与其国际生产、国际经营和国际投资等具体活动的接合部与中心点。只有紧紧抓住这个接合部与中心点,才能使战略得到全面、稳步地贯彻。

①根据中期生产经营投资滚动计划制定中期财务预测和年度生产经营投资计划,据此制定年度内部责任预算。②由于内部责任预算是建立在中期财务预

测基础上的,凡是两者有较大差异的方面都必须做出详尽说明,提供充分根据,这样才能使预算的制定有相当强的连续性。年度内部责任预算的内容包括生产经营投资的所有主要方面,包括销售、利润、净资产、投资、利息、还贷计划、现金来源与流向、通货膨胀带来的影响、税收、雇员、工资等十几个方面、几百个指标,使预算能制衡所有的生产、经营、投资活动,从而保证跨国集团战略的全面、稳步实施。③年度内部责任预算的制定,建立在大量、充分的调查和研究的基础上,具有较高的科学性。在制定年度预算的过程中,有许多重要因素是很难估测的,从管理总部到各内部责任实体都要进行大量的调查研究工作,特别是市场、价格和汇率的变化。④对内部责任预算执行情况积极进行反馈、分析和监督。⑤内部责任预算一经确定,就是硬性的,一律不得更改。每年据此对每个内部责任实体及其在职人员从上到下进行层层考核,并根据完成情况的好坏,确定奖励或惩罚。

三、国际责任会计的内部结算价格与内部经济仲裁

(一)内部结算价格

内部结算价格,亦称内部转让价格或内部转移价格。这是指当跨国公司内部各责任实体之间相互提供产品或劳务进行结算、转账时选用的价格标准。对于提供产品或劳务的生产部门而言,表示收入;对于使用产品或劳务的购买部门而言,则表示成本。因而,内部结算价格会影响到这两个责任实体的获利水平,定价时需十分慎重。

1. 制定内部结算价格的必要性

正确制定内部结算价格,妥善处理公司内部有关责任实体之间的各种业务联系是实行责任会计制度、加强内部管理所必不可少的工作内容。制定内部结算价格的必要性主要表现在以下几方面。

①制定内部结算价格,使各责任实体的经济责任可以用货币的形式表现出来,便于划清各责任实体的经济责任。同时,有了内部结算价格,有利于增强各责任者的核算和竞争意识,即有利于充分调动各责任实体的工作积极性。②制定内部结算价格,可以建立起公司内部各责任实体之间等价交换的经济关系,从而使管理当局对各责任实体的业绩评价与考核能建立在客观、公正和可比的基础上。③制定内部结算价格,便于及时提供各责任实体的有关会计信息,

使管理当局能据此进行正确决策,如是否扩充、缩小或停止某一责任实体的业务经营,是否采取某种特殊政策等。

2. 制定内部结算价格的原则

尽管内部结算价格的制定因跨国公司不同的特点而有差异,但在内部结算价格的制定过程中均应遵循下述原则。

①公平合理原则。制定内部结算价格,要公平合理地反映各责任实体的工作绩效,不影响其各自的经济利益。②等价交换原则。制定内部结算价格,要使责任实体真正实现责、权、利的统一,能充分调动员工的工作积极性。这就要求内部结算价格制定要符合等价交换原则。③灵活多样原则。制定内部结算价格应根据不同责任实体的不同特点采取各种不同的形式,如成本中心之间相互结算可选用标准成本或预计分配率作为内部结算价格;有一方涉及利润中心或投资中心,则可采用市场价格、协商价格或双重价格作为内部结算价格。总之,价格标准灵活多样,才便于搞活企业。④相对稳定原则。内部结算价格一经制定就对有关责任实体有一定的约束力,在该责任实体发生较大变化之前,如无特殊情况,尽可能不随意取消或更换价格的标准。这样,便于跨国公司进行有效的计划管理与控制。

3. 内部结算价格的制定

内部结算价格的计价方法很多,主要有以下几种。

(1)以成本计价

凡成本中心相互提供产品或劳务以及有关成本中心责任成本的转账,一般应以"成本"作为内部结算价格。这里的"成本"通常是指"标准成本"或"预计分配率",其优点是简便易行、责任分明,不会把供应单位的浪费或无效劳动转嫁给耗用单位去负担,有利于激励双方积极努力地降低成本。

(2)以市场价计价

凡跨国公司内部产品或劳务的转移,有一方涉及利润中心或投资中心,则采用市场价格作为计价的基础。因为市场价格比较客观,不偏袒买卖双方的任何一方,而且能促使卖方努力改善经营管理,不断降低成本。同时,选择市场价格作为计价基础,能在公司内部营造一种竞争氛围,使每一个责任实体在实质上都成为独立的机构,各自经营、相互竞争,最终再通过利润指标来评价各个责任实体的经营成果。

必须指出,凡属跨国公司内部转让的产品或劳务是专门生产的或具有特定规格的。在此情况下，因没有市场价格可作为准绳，而使按市场价格计价带有局限性。

（3）协商价格

协商价格简称议价，即买卖双方以正常的市价为基础，定期共同协商，确定出一个双方均愿接受的价格作为计价的标准。在一般情况下，协商价格可以比市场价格稍低一些。其主要原因有三个方面。①内部结算价格中包含的促销费用和管理费用，通常要比由外界供应的市场价格低。②内部转移的数量一般较大，致使单位成本就比较低。③售出单位因为拥有多余的生产能力，使得议价只需略高于单位变动成本即可。

由此说来，市场价格一般只适宜作为制定内部结算价格的上限，至于具体价格应由买卖双方参考市场价格协商议定。在没有市场的情况下，也可由双方协商，确定出一个双方都能接受的价格。

（4）双重价格

内部结算价格主要是为了对公司内部各责任实体的业绩进行评价考核之用，故买卖双方所采用的内部结算价格并不需要完全一致，可分别选用对自己最为有利的价格作为计价基础。所谓双重价格，就是买卖双方分别采用不同的计价基础的内部结算价格。双重价格通常有两种形式。①双重市场价格。即当某种产品或劳务在市场上出现不同价格时，买方采用最低的市价，卖方则采用最高的市价。②双重内部结算价格。即卖方按市价或议价作为计价基础，而买方则按卖方的单位变动成本作为计价基础。由于双重价格实属区别对待，这可以较好地满足买卖双方在不同方面的需要，同时也可激励双方在生产经营方面充分发挥其主动性和积极性。

（5）成本加成计价

成本加成计价是指在没有正常市价的情况下，可在产品或劳务的制造成本的基础上，加上一定比例的利润而形成的内部结算价格。通常，成本加成计价有两种做法——实际成本加成计价和标准成本加成计价。

（二）内部经济仲裁

实行国际责任会计制度，各责任实体之间难免会产生一些有关责、权、利方面的纠纷，如指标核算、资金调拨、利益分配以及内部结算价格等争议事项。对于跨国公司内部经济合同履行过程中的纠纷或其他经济责任纠纷，都需要有一个内部中立机构合理进行调解、裁决，并监督裁决结果的执行。通常，跨国公司内部要设立"仲裁委员会",由跨国公司董事会或监事会人员组成,对各责任实体之间的经济纠纷进行仲裁。

仲裁方式有两种:一是调解;二是裁决。仲裁机构在处理经济纠纷时,应在查明事实、分清责任的基础上进行调解,促进纠纷双方互相谅解、达成协议。调解达成的协议,必须双方自愿,不得强迫。如果调解失效,就由仲裁机构进行裁决。仲裁机构的裁决,必须坚持遵循秉公而断、仲裁有据、裁决合理、维护双方正当权益的原则。

为了便于分清经济责任,尽量减少经济纠纷,应将国际责任会计中有关责、权、利的关系和要求以及各责任实体之间的结算原则、结算价格等,通过规章制度的形式加以明确,以此作为评价和衡量跨国公司内部各责任实体实际工作效果的标准。

第四章 国际税收会计

随着国际商务活动和国际投资活动的增加,国际税收对跨国经营和投资产生深刻的影响。跨国公司的组织形式、投资决策、筹资渠道、资金转移等跨国经营问题都与国际税收密切相关。因此,掌握国际税收的基本知识,对于解决跨国经营与投资中的重大决策问题和相关的会计问题是非常必要的。

第一节 国际税收概论

一、国际税收的实质

国际税收通常是指两个或两个以上的主权国家或地区,由于对参与国际经济活动的纳税人行使税收管辖权而引起的一系列国家之间的税收活动。其实质是国家与国家之间的税收关系。这种税收关系主要表现在两个方面。

(一)国家与国家之间的税收分配关系

一般的税收活动反映的是国家与纳税人之间的征纳关系,进而反映两者之间的分配关系。而国际税收虽然是依附于国家凭借政治权力对跨国纳税人的课征行为,但本质上反映的是国家之间的财权利益分配关系。在开放的经济条件下,纳税人的经济活动会跨越国界,相应会产生来自其他国家的收益。对这种跨国收益就涉及由哪个国家征税或者征多少税的税收权益的划分。当一个国家征税而导致另一个国家不能征税,或者一个国家多征税而导致另一个国家少征税时,两个国家之间便会产生税收分配关系。

(二)国家与国家之间的税收竞争和税收协调关系

征税是一个国家主权的表现形式,一个主权国家有权决定对什么征税、征多少税。但在经济开放的条件下,一个国家的征税情况会影响到其他国家的征税情况，其他国家为了本国的税收利益会采取相应的措施，形成国家之间的税收竞争关系。例如，美国、加拿大在20世纪80年代中期开展了大规模的减税运动，从而在国际资本与公司税基的竞争中处于主动，大多数发达国家都纷纷效仿。这一时期，以新加坡、韩国、墨西哥为代表的国家已开始了减税改革。减税竞争使得企业所得税税率平均由50%降低到了35%左右的水平。国家征税自主权和税收竞争的加剧，必然会导致国家之间的税收冲突，造成两败俱伤。因此，对国家间的税收关系加以协调和适当制约，使之走上良性的发展轨道，就构成了国家之间的税收协调关系。

二、国际税收与国家税收的关系

国际税收与国家税收是既有联系，又有区别的两类活动。

从二者的相互联系来看，一方面，国家税收是国际税收的前提和基础，如果没有国家税收，不同国家之间就不可能出现任何税收关系，自然也就不会产生国际税收，所以国际税收不能脱离国家税收而独立存在。另一方面，在不同国家之间社会经济关系日益紧密和高度依存的情况下，国家税收又会受到国际税收的影响，国际税收中的规范和惯例总是会影响到一个国家税收制度的制定和改革，并在其中有所体现。

但国际税收和国家税收又是不同的概念和活动。二者的区别在于：第一，国家税收是以国家政治权力为依托的强制性课征形式，而国际税收则是在国家税收基础上产生的税收关系，国际税收不是凭借国家政治权力进行的强制课征形式，国际上也没有超越国家政治权力的强制征税权力；第二，国家税收涉及的是国家在征税过程中形成的国家与纳税人之间的利益分配关系，而国际税收涉及的是国家与国家之间税收制度相互作用形成的税收分配关系和竞争与协调关系；第三，国家税收按课税对象不同存在不同的独立税种，而国际税收既然不是一种具体的课征形式，也就没有其单独的税种，只涉及各国实际征税中的某些税种。

除了上述关系外，在国际税收与国家税收的关系方面还应区分以下几种关系。一是国际税收与涉外税收的关系。涉外税收是指一国政府专门为在本国境内的外国人、外国企业或外商投资企业单独设置的税收制度。如我国现行的外商投资企业和外国企业所得税就属于我国的涉外税收。涉外税收是针对涉外纳税人的，是把国家税收制度中的涉外部分单设税种进行管理，但其仍然属于国家税收，不是国际税收。事实上，多数国家对外国纳税人都不单设独立税种，本国纳税人与外国纳税人适用统一的国家税收法律。二是国际税收与外国税收的关系。外国税收是站在某一国家角度而言的其他国家的税收，其也同样属于国家税收，而不是国际税收。三是不应把一个国家对外国居民在本国境内的所得和本国居民在本国境外所得的征税视为国际税收。因为这种对跨国纳税人的跨国所得的征税是一个国家在其税收管辖权范围内实施的，是国家与纳税人之间的征纳关系，从性质上讲仍然是国家税收，而不是国际税收。当然这部分对跨国纳税人的跨国所得的征税最容易与其他国家的税收制度发生矛盾，极易引发国际税收问题，所以研究国际税收问题时对这部分国家税收的内容需要给予较多的关注。

三、国际税收的产生

国际税收是在国家税收的基础上产生的，但国际税收的产生比国家税收要晚相当长的时间，国际税收问题与国际经济活动的发展密切相关。

在18世纪中期以前，世界各国的社会经济活动主要限于本国的地域范围内，跨国界的国际经济活动很少，因此在这一时期几乎没有什么国际税收活动。

从18世纪后期开始到19世纪中期，资本主义工业革命和殖民地政策的发展，也使国际贸易活动得到迅速发展。为了发展本国的工业，欧美各国纷纷实行保护关税制度，竞相抬高对外国工业品的进口关税。"关税战"时有发生，关税对峙形势严峻。保护关税制度和"关税战"与工业化要求扩大国际市场的愿望产生了尖锐的矛盾，也制约了各国工业的发展。欧美各国越来越需要通过关税的协调，在互惠互利的基础上结束"关税战"，发展工业，扩大国际市场份额。英法两国签订《科布登－谢瓦利埃条约》，标志着关税国际协调活动的开端。此后，许多欧美国家也签订了类似的关税条约。关税的国际协调和关税条约，成为国际税收活动的最初形式（通过协商、谈判和签订协议方式解决税收争端）。关税协调最终以关税及贸易总协定的法律协调机制存在下来。

19世纪中期以后，资本主义国家在对外经济关系上开始由商品输出为主向资本输出为主转变，跨国投资特别是跨国直接投资活动迅速发展，跨国公司到国外投资办厂已成普遍现象。同时，在政治上独立的发展中国家为了发展本国经济，很多都实行了对外开放、引进外资的政策，也促进了跨国投资的发展。跨国投资的不断扩大促使跨国投资所得日益增多，跨国拥有财产普遍化。凡此种种都使得一个国家的征税对象超越了国界，使相关国家的征税权开始发生矛盾和冲突。另外，由于社会经济环境的变化，资本主义国家的税制结构从19

世纪末 20 世纪初开始由以商品课税为主向以所得税课税为主方向发展，所得税地位上升。例如，在第一次世界大战之前，英国的所得税比重已超过 20%，而美国到 1922 年联邦政府的所得税比例更高达 56%。在投资国际化和所得税普遍化的双重作用下，对跨国所得和财产的双重征税问题越来越突出。一些国家虽然通过本国税法条款的规定可以减轻或者解决一些双重征税问题，但就世界范围内来看双重征税的矛盾仍然突出。一些国家开始通过双边谈判或多边谈判签订避免重复征税协定的方式来解决国际重复征税问题。从此国际税收开始拓展到对国家间税收分配关系问题的研究。随着国际避税和反避税、国际税收竞争、国际税务行政合作等活动的进一步开展，国际税收的相关机制也更加规范，形成了一些通行的国际惯例和规则，国际税收的内容更加丰富，理论更加完善。近年来，随着经济国际化、区域经济一体化以及世界范围内减税浪潮的快速发展，商品税的国际协调又呈现蓬勃发展的态势。建立自由贸易区，取消两国间或者区域内的关税，实现零关税通关；协调增值税、消费税政策，完善出口退税，健全消费地征税等方面都逐渐发展成熟，国际税收又进入了一个新的发展阶段。

目前，国际税收的研究领域涉及税收管辖权、国际重复征税及其减除、国际避税和反避税、国际关联企业的收入和费用分配、国际税收协定、电子商务条件下的税收、国际税收负担、国际税收竞争与协调、商品劳务税的国际协调等方面。

四、各国税收征管制度比较

世界各国在税收征管制度上存在着一定程度的差异。当前全球流行的税收征管制度主要有古典税收征管制度、转嫁税收征管制度和税率分割税收征管制度三大类。

古典税收征管制度是指企业所得税按照单一的税率进行征收，分配给股东的股利不从应税收益计算中扣除，股东在收到股利时需要全额纳税。古典税收征管制度在应用中产生了两种结果。第一，古典税收征管制度将促使企业少分股利，多提留存收益。这是由于企业的收益和分配收益都需要纳税，因此，股利分配越多，企业及股东们支付的税款总额就越多。目前，世界范围内采用古典税收征管制度的国家包括美国、瑞士、荷兰、新西兰、西班牙、卢森堡、澳大利亚和中国。

第二节 国际重复征税及其减除方法

国际重复征税是不同国家税收管辖权交叉重叠的结果,因此要了解国际重复征税问题,首先要清楚税收管辖权问题。

一、税收管辖权及其类型

税收管辖权是一个主权国家在税收管理方面所行使的在一定范围内的征税权力,属于国家主权在税收领域中的体现。税收管辖权并不是在国际税收形成后才出现的,而是在税收产生的同时就存在了,只不过在国际税收形成以前,税收管辖权是一个国家对本国国内的人和物来行使的。在国际税收形成以后,出现了两个甚至两个以上的国家对同一征税对象征税,税收管辖权交叉重叠的现象,使得税收管辖权问题在国际上变得日益突出和复杂了。

根据国际法的相关规定,主权国家的管辖权包括四项基本原则——领土原则、国籍原则、保护性原则和普遍性原则。其中,领土原则是指一个国家对其所属领土内的人、物和发生的事件,都有权按照本国的法律实施管辖。这是由属地最高权原则引申出来的管辖权,所以又称为属地原则。国籍原则指一个国家有权对一切有本国国籍的人实行管理,而不管这个人是居住在国内还是国外。这是由属人最高权原则引申出来的管辖权,所以又称为属人原则。税收管辖权就是基于属地原则和属人原则而产生的。

税收管辖权有三种具体形式。

(一)地域税收管辖权

地域税收管辖权,又称收入来源地管辖权。即一个主权国家有权对来源于本国境内的所得征税,不管该所得是本国人的所得还是外国人的所得。这里的所得包括经营所得(营业利润)、劳务所得、投资所得和财产所得。对不同类型的所得有不同的来源地判定标准。①经营所得有常设机构标准和交易地点标准。常设机构是一个企业进行全部或部分经营活动的固定营业场所。如果一个非居民在本国有常设机构,并且通过该常设机构取得了经营所得,则判定该经营所得来源于本国,本国可以对这笔所得征税,反之则本国不能征税。交易地点标准则是按交易或经营的地点判断经营所得的来源地。我国采用常设机构标准。②劳务所得有劳务提供地标准和劳务所得支付地标准。我国采用劳务提供地标准。③对投资所得中的股息、利息有支付者所在地和受益人所在地标准;特许权使用费则有使用地、所有者居住地和支付者居住地等不同的标准。我国

采用使用地标准。④财产所得有财产所在地标准和转让者所在地等不同标准。

（二）居民税收管辖权

居民税收管辖权即一个主权国家有权对符合本国税法中规定条件的居民（自然人或法人）的所得征税。这里的居民概念不同于行政管理法中居民的概念，其是税法上根据住所、注册地、居住意愿等因素确定的。

各国判定居民身份的标准主要有以下几点。

1. 对自然人有住所标准、居所标准、停留时间标准

（1）住所标准

住所作为民法上的一个概念，一般是指一个人固定的或永久性的居住地。如果一国采用住所标准判定自然人居民身份，凡是住所设在该国的纳税人即该国的税收居民。目前，多数国家采用客观标准判定个人的住所，即当事人在本国是否有定居的事实（具体包括家庭所在地、经济利益中心所在地或经济活动中心所在地），也有少数国家采用主观标准确定个人的住所，即如果个人在本国有定居的意愿，就可以判定其在本国有住所。

（2）居所标准

居所一般是指一个人连续居住了较长时期但又不准备永久居住的居住地。

（3）停留时间标准

许多国家规定，一个人在本国即使没有住所或居所，如果在一个纳税年度中其在本国实际停留的时间超过了规定天数，也要被视为本国居民。多数国家采用半年期标准，也有的国家采用一年期标准。

目前，各国在税收实践中通常同时采用住所（居所）标准和停留时间标准判定一个人的税收身份，只要符合其中的一个标准即可将该纳税人判定为本国的税收居民。但也有的国家或地区只采用一种标准。我国同时采用住所标准和停留时间标准判定自然人税收居民身份。《中华人民共和国个人所得税法》规定，在中国境内有住所，或者无住所而在境内居住满一年的个人（为中国居民），从中国境内和境外取得的所得依法缴纳个人所得税。《中华人民共和国个人所得税法实施条例》第二条规定，在中国境内有住所的个人是指因户籍、家庭、经济利益关系而在中国境内习惯性居住的个人。

2. 对法人有注册地标准、管理和控制地标准、总机构所在地标准

（1）注册地标准

注册地标准是指依照本国法律在本国注册登记组建的为本国的法人居民，

而不论该法人的管理机构和业务活动的地点是否在本国，所以该标准又被称为法律标准。

（2）管理和控制地标准

管理和控制地标准是指只要法人的管理和控制地设在本国，无论其在哪个国家注册成立都是本地的法人居民。这里所谓的管理和控制地一般是指公司权力掌握者的居住地或行使这些权力的地方（如董事会开会的地方），而不是看公司章程对权力运用的规定，或者公司具体业务的开展地。

（3）总机构所在地标准

即凡是总机构设在本国的法人为本国的法人居民（其强调的是法人组织结构主体的所在地）。

在对法人身份标准的判定上，各国最常用的是注册地标准和管理与控制地标准。我国同时实行注册地标准和总机构所在地标准，但需说明的是，我国税法中的总机构是指企业法人设立的负责该企业经营管理与控制的中心机构，所以等同于其他国家的管理和控制地标准。

判定纳税人是否是本国的居民有重要的现实意义。居民要承担无限纳税义务，非居民只承担有限纳税义务，即居民就全球所得在本国纳税，非居民仅就其来源于本国的所得纳税。

（三）公民税收管辖权

公民税收管辖权即一个主权国家有权对拥有本国国籍的公民的所得征税。

一个独立的主权国家有权选择其中的一种、两种或者三种形式行使本国的税收管辖权，多数国家同时行使收入来源地税收管辖权和居民税收管辖权。

二、国际重复征税及其影响

当两个或两个以上的国家对同一跨国纳税人的同一跨国所得（或财产）征收两次或两次以上性质相同的税款时，就出现了国际重复征税的现象。所以不同国家税收管辖权的交叉重叠是造成国际重复征税的根本原因。这种税收管辖权的交叉重叠有两种基本类型。一是不同国家的不同税收管辖权的交叉重叠。这种类型有三种可能的方式，即居民管辖权与地域管辖权的交叉重叠、公民管辖权与地域管辖权的交叉重叠和居民管辖权与公民管辖权的交叉重叠。由于多数国家同时行使居民管辖权和地域管辖权，这两种税收管辖权交叉重叠的现象比较普遍。二是不同国家相同税收管辖权的交叉重叠。一般而言，当不同国家行使相同的税收管辖权时，不应该产生重复征税的现象。但在税收实践中，由于各国对居民身份认定标准的不同，对收入来源地判定标准的不同，以及个别双重国籍人员的存在，不同国家即使在行使相同的税收管辖权时，也会导致重复征税。例如，某人在甲国拥有永久性住所，但被因公派遣到乙国工作了一年以上，甲国根据住所标准认定该自然人为本国的居民，乙国根据停留的时间标准（停留满365天为居民）认定该自然人属于本国的居民。这样该自然人就受到甲、乙两国居民管辖权的管辖，其本年度所得就会被两国重复征税。

上述国际重复征税一般被称为法律性重复征税。此外，国际社会对跨国经营的企业征收企业所得税和对跨国自然人股东的企业所得税税后股息征收个人所得税的情况一般被为经济性重复征税。一些国家通过"双税率"的方法来减轻经济性重复征税的程度，但更多国家对此没有采取措施，本书对该问题不再做进一步分析。

国际重复征税不仅导致了纳税人的额外税收负担，违背了税收公平的原则，而且阻碍了国际资本、技术和人员的自由流动，阻碍了世界经济的健康发展。所以，解决国际重复征税的问题是世界各国的重要任务。

三、避免或消除国际重复征税的方法

（一）避免同种税收管辖权重叠所造成的国际重复征税的方法

同一种税收管辖权重叠造成的国际重复征税是由各国对征税标准的认定不同造成的。因此，国际社会有必要在相关标准发生冲突时，通过对相关国家的税收管辖权进行适当的约束，以避免相关国家对同一跨国纳税人的同一笔跨国所得同时行使相同的征税权。目前，国际上已通过《经济合作与发展组织关于避免所得和财产双重征税的协定范本》（以下简称《经合组织范本》）和《关于发达国家与发展中国家间双重征税的协定范本》（以下简称《联合国范本》）对约束居民管辖权和地域管辖权形成了比较成熟的国际规范。

对自然人居民最终身份的判定标准顺序为，永久性住所、重要利益中心、习惯性住所、国籍。即判定一个人是哪个国家的居民，由哪个国家征税，首先要看其在哪个国家有永久性住所，其永久性住所在哪个国家，就是这个国家的居民；如果某个自然人在两个国家都没有永久性住所，则要看其重要利益中心在哪个国家。依此类推，对法人居民最终身份的判定，根据实际管理机构所在地标准最终确认。

对收入来源地的最终判定方法有以下几点。①对经营所得，在常设机构标准和交易地点标准中，最终以常设机构为标准；②对劳务所得，非独立劳务所得部分由居住国征税，独立劳务所得倾向于居住国征税；③对投资所得、股息、利息一般采用支付人所在国与所得受益人所在国共享征税权，对特许权使用费倾向于共享征税；④对财产所得、不动产所得由不动产所在国征税，动产所得除特殊情况外，由转让者的居住国征税。

（二）减除不同种税收管辖权交叉所造成的国际重复征税的方法

鉴于大量的情况是居民管辖权与地域管辖权的冲突，因此，解决的办法一般是实行居民管辖权的国家承认所得来源国的优先征税地位，并在行使本国（居住国）征税权的过程中采取适当的方式来减除国际重复征税。居住国在采取这些减除措施时，既可以采取单边方式，也可以采取双边方式。所谓单边方式是指，一国在本国税法中规定一些措施以减除国际重复征税的方式；所谓双边方式是指，两个国家签订避免双重征税的协定、条约，通过协定或条约中相关条款的执行来减除国际重复征税。

在世界各国的税法和税收协定、条约中，减除国际重复征税有四种基本方法。

1. 免税法

免税法是指一国政府对本国居民的国外所得免于征税，仅对来源于国内的所得征税。这种方法可以有效消除国际重复征税，两个税收协定范本都有推荐。

一些实行单边免税的国家（如德国、法国、奥地利、芬兰、荷兰等国）为了防止一笔所得在国内外都不被征税，或只被征收较低的税，对国外所得的免税都有严格的限定。一般规定享受免税的国外所得应为本国纳税人在国外的分公司利润或从参股比重达到一定比例的国外企业分得的股息和红利（后者称之为"参与免税"）。纳税人从国外取得的利息、特许权使用费等消极性投资所得，以及股权比重达不到"参与免税"要求的股息，一般都不给予免税。

在实行累进所得税的国家中，免税法有两种方式。一是全部免税法。即一国政府对本国居民的国外所得免予征税，并且在确定对其国内所得征税的税率时也不考虑这笔免予征税的国外所得。二是累进免税法。即一国政府对本国居民的国外所得免予征税，但在确定对其国内所得征税的税率时，汇总国内外所得一并考虑。后者被实行免税法的多数国家所采用。

2. 扣除法

扣除法是指一国政府在对本国居民的国外所得征税时，允许其将该所得负担的外国税款作为费用从应税国外所得中扣除，只对扣除后的余额征税。这种方法可以减轻但不能消除国际重复征税，所以两个税收协定范本都不主张用扣除法来解决国与国之间的所得双重征税问题。美国、德国、法国、荷兰、泰国、智利等国家允许纳税人在一定条件下采用扣除法。

3. 低税率法

低税率法是指一国政府对本国居民的国内所得按标准税率征税，对国外所得按较低的税率征税。这种方法能在一定程度上缓解重复征税的矛盾，但不能消除这种矛盾。两个税收协定范本中也没有推荐使用这种方法，只有个别国家的国内税法中有采用。

4. 抵免法

抵免法是指一国政府在对本国居民的国内外所得征税时，允许其用国外所得已缴纳的税款冲抵在本国应缴纳的税款。这种方法既保证了来源国和居住国的征税权，有利于维护各国的税收权益，又能彻底地解决国际重复征税的矛盾，被各国普遍采用，我国税法中也有相关的规定。《中华人民共和国企业所得税法》中规定，企业来源于中国境外的所得已在境外缴纳的所得税税款，准予在汇总纳税时从其应纳税款中扣除。

（1）抵免限额

为了保护本国的税收利益不受侵犯，各国在实行税收抵免制度时都采用限额抵免的做法，即规定应抵免限额。抵免限额为纳税人来源于国外的所得依照本国税法规定计算的应纳税额。在国外实际纳税额小于或等于该抵免限额时，按国外实际纳税额全额抵免；在国外实际纳税额大于该限额时，只能按限额数进行抵免。对实际纳税额大于抵免限额的部分，多数国家允许用以后年度抵免不足的部分继续抵免。

（2）直接抵免和间接抵免

直接抵免是指居住国的纳税人用其直接缴纳的外国税款冲抵在本国应缴纳的税额的方法。纳税人在国外直接缴纳的个人所得税、分公司缴纳的企业所得税和子公司在外国缴纳的预提税三类国外税款可以适用直接抵免。

间接抵免是指居住国的纳税人用其间接缴纳的国外税款冲抵在本国应缴纳的税款的方法。这种间接缴纳的税款是指子公司在国外缴纳的企业所得税。纳税后子公司将税后利润按母公司的股权比重分配给母公司，母公司分得的这部分股息负担了子公司所在国的企业所得税税款，这部分税款应给予抵免。但母公司可以抵免的税额不是子公司缴纳的全部企业所得税税额，而只是依据股息间接计算（折算）出的部分子公司的企业所得税税额。

相比较而言，直接抵免法在各国的采用更为普遍，采用间接抵免法的国家相对较少。因为实行间接抵免的国家往往对公司间的股权比重有限制标准，达不到该标准时，本国公司就不能将外国公司的纳税进行间接抵免，达到该标准时，许多实行"参与免税"国家的本国公司来自国外公司的股息在国内可以享受免税，也无须再实行间接抵免。所以间接抵免法主要适用于符合股权控制标准的非"参与免税"国家内的公司法人。

（3）税收饶让抵免

税收饶让抵免是指一国政府对本国居民在国外得到减免的那部分所得税，视同其已经缴纳，也可以用来冲抵其在本国应缴纳的所得税的一种方法。这种方法实际上是居住国政府对从事跨国经营活动的本国居民的一种税收优惠措施，而不是避免国际重复征税的一种方法。只是因为要借用税收抵免这种方法，所以我们将其放到这里来进行分析。

税收饶让抵免制度产生于20世纪50年代，由西方发达国家首先倡导，以后更为发展中国家所青睐。税收饶让抵免制度的产生有其必然的社会经济和政策背景。这一时期，一方面，西方国家在经济理论上奉行凯恩斯的政府干预理论，注重国家税收政策对经济的鼓励，在经济活动中，为了抢占国际市场，积极鼓励商品和资本的对外输出；另一方面，许多发展中国家为了加快本国经济的发展，往往采取一些诸如减税、免税等优惠措施以吸引发达国家的资金投入。但在实行税收抵免制的情况下，这些优惠并不能真正落到纳税人的身上，来源国优惠的税收会被居住国补征。为了使发展中国家的优惠真正落实到纳税人身上，许多发展中国家要求（提议）发达国家政府对发达国家的投资者在发展中国家投资得到的减免税款视同已征税款，不再补征。发达国家与发展中国家的愿望在税收饶让抵免制度下得以实现，所以，后来经济合作与发展组织成员国与非成员国签订的税收协定中，绝大多数程度不同地包括了税收饶让抵免的条款。

税收饶让抵免的情况因各国税收管辖权、消除重复征税的方法以及国内税法的不同而有区别。税收饶让抵免的形式分为对营业所得或收益减免税的饶让和对股息、利息、特许权使用费所得优惠的饶让。有些协定包括两类，如《中日税收协定》；有些协定只有一类，如《中英税收协定》为前一形式，《中法税收协定》为后一形式。税收饶让抵免的受让国税收优惠措施的范围，有些限于签订协议时有效的税收优惠，有些还包括以后的税收优惠变动、补充。许多税收协定规定有税收饶让抵免期限的限制，以便缔约国根据未来情况的变化进行调整,如中国与澳大利亚、瑞典、比利时等国签订的税收协定有效期为协定生效后十年内。

近些年来,由于国际环境的变化,许多发达国家和组织鉴于税收饶让抵免制度存在的缺陷,反对继续给予税收饶让。这些缺陷包括破坏资本输出中性、侵蚀税基、易导致税收恶性竞争、不利于资本在来源国再投资和增加逃避税的可能性等。

第三节 国际避税及其反避税

一、国际避税及其成因

国际避税是指跨国纳税人利用国与国之间税制的差异以及税收法规中的漏洞在从事跨国经营活动中,通过种种合法手段规避或减少有关国家纳税义务的行为。国际避税虽然与国际偷税都有减轻纳税人纳税义务的共同点,但二者的根本不同之处在于前者是合法的,后者是违法的。对于前者,政府需要通过完善税法和加强国际协调来应对;对于后者,则需要通过严厉的法律给予打击。

国际避税产生和存在的原因,从主观来看,在于跨国纳税人为追求自身利益最大化形成的减轻税收负担的强烈动机;从客观来看,国与国之间社会经济条件千差万别,在税收制度方面也存在较大差异,以及在国际税收关系中法律和行政等方面存在着漏洞,为跨国纳税人的国际避税活动创造了必要的条件。

二、国际避税地

国际避税地是指可以被人们借以进行所得税或财产税国际避税活动的国家和地区。国际避税地是跨国纳税人进行经常的国际避税活动的重要条件。

一般可按征税的程度将国际避税地分为以下几种类型。①不征收任何所得税的国家和地区。其中有的国家不仅不征收所得税,还不征收任何财产税。这类避税地包括巴哈马、百慕大群岛、瑙鲁、开曼群岛、瓦努阿图、汤加等。②征收所得税但税率较低的国家和地区。如瑞士、列支敦士登、所罗门群岛、英属维尔京群岛等。③仅实行地域管辖权征收所得税的国家和地区。如巴拿马、利比里亚、哥斯达黎加等。④对一般企业征收正常的所得税,但对某些特定企业提供特殊的税收优惠的国家和地区。如卢森堡、塞浦路斯、荷属安的列斯群岛等。⑤与其他国家签订有大量税收协定的国家,如荷兰。

三、国际避税的基本方法

跨国纳税人可以通过人（自然人和法人）的转移和物的转移进行国际避税，从避税方法的角度分析，主要有以下几种。

（一）利用跨国关联企业间的转让定价避税

利用关联企业在企业集团内部转移利润，使企业集团的利润尽可能多地在低税国（或避税地）关联企业中实现，降低整个企业集团的总体税负，是跨国关联企业最常用的一种国际避税手段。转让定价是指企业集团内部机构之间或关联企业之间以内部交易价格相互提供商品、劳务或财产的定价方式。这种内部作价往往有悖于市场公平交易价格。

转让定价可能用于跨国关联企业之间的各项交易，包括销售产品、提供劳务、设备投资、发放贷款、转让技术、保险费、管理费、运输费、佣金等方面。例如，高税负国的企业在向低税负国销售商品时，以低于市场价销售，使利润转移到低税负国实现，高税负国企业减少了利润，甚至亏损，以达到少缴所得税的目的。

在现实中，跨国公司的母公司一般都设在税率较高的发达国家，其关联子公司有许多设在避税地（这类公司称为基地公司），母公司要实现避税的目的，就把企业集团的利润尽可能多地向基地公司转移。但基地公司的利润要按照股权比例分配到跨国母公司名下，如果母公司的居住国没有延迟课税的规定，即母公司来源于避税地子公司的股息、红利无论是否汇回国内都要申报纳税，跨国公司利用转让定价向避税地子公司转移利润就达不到避税的目的。因此，利用转让定价避税的关键是，母公司所在的居住国是否对母公司的海外利润实行延迟课税。以前，发达国家的税法中往往规定有延迟课税的条款，并且适用范围很广，使跨国公司利用转让定价成为可能。虽然这些海外利润将来汇回母公司时仍要被征税，但跨国公司还是获得了许多好处。首先，延迟纳税的部分相当于公司得到的一笔无息贷款；其次，在通货膨胀条件下，几年后的同数额税款实际上降低了公司的税金；最后，子公司留存利益（权益）增加的收益更多的是按较低税率的资本利得征税，同样对公司有利。

（二）滥用国际税收协定避税

一个第三国居民利用一定方式获得其本来得不到的其他两个国家签订的国际税收协定的税收利益被视为滥用国际税收协定避税。国际税收协定中一般都有所得税，尤其是预提所得税的优惠。这种优惠依照协定规定只给予缔约国的居民，非缔约国的居民（即第三国居民）没有权利享受这种优惠。如果一个第三国居民通过在任何一个缔约国设立受控子公司而成为当地的居民公司，该子公司就可享受协定中缔约国一方给予缔约国另一方的税收优惠，并通过子公司与母公司之间的关联交易间接使该第三国居民享受相关税收协定的优惠。就国际范围来看，荷兰是签订国际税收协定较多的国家，从而荷兰被认为是利用国际税收协定避税的理想国家。

（三）利用信托转移财产避税

英、美等普通法系的国家一般将信托关系视为法律关系，委托人把自己的财产委托给受托人管理，在法律上就切断了委托人与其财产之间的所有权关系，国家不能向委托人就该财产征税。所以，普通法系国家的居民可以通过与避税地的委托人建立全权委托关系避税。法、德等民法法系的国家往往将信托关系视为合同关系，在这种关系下，委托财产与委托人之间依然保持着法律上的所有关系，委托人要就其委托财产及收益承担纳税义务。所以，在民法法系的国家中纳税人难以利用信托关系转移财产的方式避税。

（四）其他国际避税方式

除上述方式外，自然人居民可以通过从高税负国移居到低税负国，缩短在某个国家的停留时间避免成为某个国家居民的方式避税；法人居民可以针对某些国家按照注册地或实际管理和控制中心地确定居民身份的情况，通过改变其注册地、改变董事会开会地点等方式避税；新开业的公司一般初期亏损较大，可以通过建立分公司，用其亏损冲抵总公司盈利的方式来减少纳税，当分公司盈利后改为子公司形式，避免与原总公司合并纳税增加税负（累进税率制度下）；利用国际上对自有资本与债务资本财务处理方式的不同，企业还可以通过减少自有资本金注入，减少运营中的自有流动资金，增加从关联企业的贷款这种资本弱化的方式，以增加企业的利息支出，增大经营成本，减少经营利润，最终达到避税的目的。

四、反国际避税的措施

国际避税尽管不是一种违法行为，却会减少政府的税收收入，造成纳税的不公平，所以许多国家采取了一系列相关措施进行反避税。利用转让定价在跨国关联企业之间进行收入与费用分配转移利润是跨国公司进行国际避税最常用的手段，也自然成为各国反避税工作的重点。

（一）制定转让定价法规

1. 对关联企业的判断

转让定价法规针对的是跨国关联企业之间的交易作价，准确判断交易双方是否是关联企业是正确运用转让定价法规进行反避税的必要前提。企业之间的关联关系因管理、控制和资本关系而形成。《经合组织范本》和《联合国范本》都规定，凡符合下述两个条件之一者，便构成跨国关联企业的关联关系：一是缔约国一方企业直接或间接参与缔约国另一方企业的管理、控制或资本；二是同一人直接或间接参与缔约国一方企业和缔约国另一方企业的管理、控制或资本。即一个企业对另一个企业经营、购销、筹资等经营管理有控制权，有权任命另一个企业的董事或高级管理人员，有权为另一个企业制定基本的或主要的经营决策，或者掌握另一企业一定的股权。各国税务部门往往都规定了构成关联关系的控股比例，如美国、瑞士、韩国、新加坡为50%，德国、西班牙为25%。

2. 收入和费用分配的原则

关联企业之间应按照公正的市场交易规则来确认其收入和费用的分配方式，确认其利润实现地，否则税务部门有权进行合理调整。调整的原则有两种。

（1）总利润原则

这一原则要求按照一定标准将跨国公司的总利润分配给各关联企业。即税务当局并不直接审核关联企业之间的每一笔收入与费用，只是在年终把该集团内各关联企业的利润汇总，再按照资本、销售和劳动等因素重新给各关联企业分配利润，据以征税。其优点是简化了征税工作，减少了征税成本，缺点是很难找到一个能被各方所普遍接受的分配公式。美国采用该原则，英国、荷兰等许多国家则反对采用该原则。

（2）正常交易定价原则

这一原则又称为独立竞争原则、独立核算原则，是指跨国关联企业之间发生的收入和费用应按照无关联关系的企业之间以市场竞争原则进行交易时的价格进行分配。这种原则能真实反映企业的经营情况，比较合乎实际，故为各国税务当局普遍接受。其缺点是，运用这种原则征税花费时间长、成本高，在复杂多变的经济现实中，找到一个能为征纳各方所接受的标准交易价格是非常困难的。

3. 转移定价的调整标准及方法

各国税务部门调整跨国关联企业转让定价时，一般采用如下四种标准及方法。

（1）市场标准

市场标准即以非关联的独立竞争企业在市场上进行同类交易的市场价格作为关联企业之间进行交易所应适用的价格。该标准适用于跨国关联企业之间有形资产的交易、贷款、劳务提供、财产租赁和无形资产转让等。根据市场标准调整不合理转让定价的方法称为可比非受控价格法。

（2）比照市场标准

比照市场标准即在无法得到关联企业间交易市场价格的情况下，以购入方关联企业将物品再出售给非关联企业时的市场销售价格，减去再出售应得的合理销售毛利后的余额，作为关联企业之间该项交易应采用的价格。这种定价的方法称之为再销售价格法，其一般适用于跨国关联企业之间工业产品的销售。

（3）组成市场标准

组成市场标准即以经营成本加合理利润计算的价格作为关联企业间交易的价格依据，该方法称为成本加利润法，其广泛应用于特殊商品的销售、无形资产转让、研究开发费用分摊等方面转让定价的调整。

（4）成本标准

成本标准即以实际发生的费用作为关联企业之间正常计价的依据，不包括利润因素在内，反映关联企业之间的某种实际业务往来关系，如培训费、交际费等。

除上述几种转让定价的调整方法外，这些年来，美国、日本、和中国等国家都开始采用预约定价协议的办法来解决税务部门与企业在转让定价问题上的纠纷。

预约定价协议是税务机关和纳税人就其关联交易的价格和利润的确定方法、原则所达成的预先约定。跨国公司根据其经营管理的情况，向主管税务部门提出本企业的转让定价方法，双方协商一致后签订预约定价协议。今后如果本行业与关联企业业务往来所采用的交易价格与预约定价协议一致，税务部门就予以认可，否则要进行调整。这种方式能使双方事先做到心中有数，减少征税费用和征税矛盾，正在被越来越多的国家所采用。预约定价协议分单边预约定价协议和双边或多边预约定价协议两种。单边预约定价协议是指在纳税人及其税务管理部门之间签订的关于纳税人与关联企业进行转让定价交易时所享受的税收待遇和纳税要求的预约定价协议。双边或多边预约定价协议是跨国关联交易双方的纳税人,事先就同一跨国交易内容同时向关联交易双方所在国的主管税务机关提出关联交易的定价原则和计算方法,两国主管税务机关分别审核并共同确认后,同意双方纳税人据以核算该关联交易的应纳税所得额或者确定合理的营业利润区间的一种国际税收管理方法。

(二)其他反避税措施

纳税人不仅利用转让定价方式避税,还有其他避税方法,相应反避税措施也有其他不同方法。

1. 制定对付避税地的法规

如果跨国公司的基地公司无论是否将股息、红利汇给母公司,母公司居住国都要对其征税,跨国公司利用避税地基地公司避税的计划就不能得逞。这种取消推迟课税规定是以阻止跨国纳税人利用其在避税地拥有的基地公司进行避税的立法,称为对付避税地的法规。美国是实行该方法的典型代表。美国规定,那些极易被利用作为避税工具的受控外国公司的某些类型的所得——非主动性投资所得,不能再适用推迟课税的规定。所谓受控外国公司一般是指本国居民在该外国公司中直接或者间接拥有的股份达到一定比例以上的外国公司。例如,美国为有投票权的股票在50%以上,英国、日本等国为股权50%以上,法国、德国为股权10%以上。受控外国公司所在地一般为低税负区,有些国家还规定本国每一股东应达到一定的持股比例。受控外国公司的股息、利息、特许权使用费以及部分与关联企业交易取得的经营利润,即使作为保留利润未分配或未汇回国内,仍应向本国申报纳税,不能适用延迟课税的规定。此外,经济合作与发展组织明确列出避税地名单的做法也是限制纳税人利用避税地避税的重要手段。

2. 防止滥用税收协定

为防范第三国居民滥用税收协定避税,许多国家在协定中规定了相关防范条款。有些国家规定,税收协定提供的税收优惠不适用于某一类纳税人,如为避税目的设立的中介公司。只有真实的商业经营才能享受税收优惠,单纯为谋求税收协定优惠的纳税人,不得享受税收协定提供的税收优惠;在注册成立的国家没有纳税义务的公司不能享受税收协定的优惠;税收协定提供的税收优惠的最终受益人必须是缔约国的居民时纳税人才能享受税收优惠等。

3. 限制避税性移居

为防止自然人通过移居手段逃避高税负国的税收管辖,许多国家规定,移居者移居国外后的一定年份,如与本国仍有实质性联系,仍然属于本国的居民。

对于法人居民的移居,许多国家通过采取多种居民标准,或通过移居后企业清算纳税的方式加以限制。

此外,通过限制企业组织形式的任意改变,限制债务融资成本计入成本的比例,修订某些信托法规的规定以及加强纳税申报制度,把举证责任转移给纳税人,加强税务调查审计,加强国际税收情报交换等方法,都能有效地防止跨国纳税人的国际避税活动。

第五章 国际审计会计

审计在当今知识经济、高科技的背景下，为适应现代信息需要而不断向前发展。本章重点讨论审计环境的变化对审计的影响，包括对审计基本概念、审计目标、审计对象等的影响。本章内容包括会计和审计职业与资本市场、全球审计服务与审计面临的挑战、全球会计师事务所与各国审计体制，以及国际审计准则等。

第一节 会计和审计职业与资本市场

一、会计和审计职业概述

（一）审计的概念以及审计与会计的区别

1. 审计的概念

审计是独立于被审计单位的机构和人员，对被审计单位的财政、财务收支及其有关的经济活动的真实、合法和效益进行检查、评价、公证的一种监督活动。中国的审计包括三种类型，即国家审计、内部审计和社会审计。国家审计是指国家审计机关和审计人员通过审查被审计单位的会计凭证、会计账簿、会计报表，查阅其有关的文件、资料，检查其现金、实物、有价证券，向有关单位和个人调查等方式，依法对被审计单位的财务收支的真实、合法和效益进行审查和评价的经济监督活动。内部审计是指部门、单位内部的审计机构和审计人员对本单位及下属单位的财务收支及有关的经济活动，进行内部审查和评价的活动。社会审计是指依法成立的社会审计机构和审计人员接受委托人的委托，对被审计单位的财务收支及有关经济活动，进行公证、评价的服务活动。

2. 审计与会计的区别

审计与会计是两种不同的但又有联系的社会活动。审计与会计的联系主要表现在以下方面。审计主要是对被审计单位的会计凭证、会计账簿和会计报表等财务会计资料及其所反映的财政、财务收支活动的真实、合法、效益进行审查和评价。审计需要以会计资料为前提和基础,离开了会计资料,审计工作就很难进行。会计活动是经济管理的重要组成部分,其本身是审计监督的主要对象。在审计产生之初,审计人员主要从审查会计资料入手,对会计资料中所反映的问题进行审查。中国古代有审计是"听其会计"之说,西方国家的"audit"一词也有"听审"的含义。从审计的产生过程可以看出,审计和会计不是一回事,审计也不是从会计中派生出来的。检查会计资料只是审计的一种手段和方式。随着审计的发展,审计和会计的区别越来越突出地表现出来。这种区别主要表现在产生的基础不同、性质不同、对象不同、方法和程序不同、职能不同等方面。

(二)会计和审计职业与资本市场的相关概念

1. 会计和审计职业与资本市场相互联系的背景

传统的会计和审计是与传统的经济环境及在此背景下对信息的需求程度相适应的。现在人类已经步入了知识经济时代,技术也得到空前的发展,会计和审计是在经济全球化、资本市场一体化、知识经济和高科技空前发展的背景下,适应现代信息需要而不断向前发展的。在企业全球化背景下,跨国公司越来越多地对其财务咨询师们或咨询服务机构提出了相应的跨国化的要求,如跨国上市、跨国收购及跨国投资等。因此,会计师和审计师们成立了国际化的组织,在世界范围内提供广泛的服务。

2. 知识经济的概念

所谓知识经济,根据经济合作与发展组织《以知识为基础的经济》一书中的解释,是指直接根据知识和信息的生产、分配和使用的经济。在知识经济背景下,知识成为经济发展和企业发展的首要资本,而传统的货币资本与劳动力这两种生产要素不再是第一要素。这样,知识经济就导致了企业资产结构的深刻变化,在企业的全部资产中,无形资产所占比重越来越大,如专利权、商誉、软件及人力资源的投入和运用等。同时,知识的不断更新、迅速扩散和运用,也使得企业的经营风险和财务风险都大大增加了。

3. 资本市场一体化的概念

所谓资本市场一体化包含两方面的内容：一方面是指资本流动的自由化和证券交易的全球化；另一方面是指金融中介所从事的各项业务的整合，其中包括商业银行与投资银行的混业化经营。资本市场是金融市场的组成部分。几年来，由于技术进步，特别是计算机和网络技术的发展导致互联网的商业化运用，资本市场管理放松，以交易所为代表的各国证券市场由会员式自律机构向公司制、机构化方向发展。如美国证券交易所与纳斯达克合并、各国交易所纷纷上市、国与国之间的交易所纷纷合并或联盟，朝着证券交易所全球化的目标发展。这加速了资本市场一体化的进程，并有力地推动着整个金融市场的一体化发展乃至全球经济的一体化发展。

二、环境的变化对审计的影响

与知识经济相对应的是技术的空前发展。这些技术包括互联网的发明和广泛地运用。以网络为基础的经济环境对企业的影响越来越深刻。这种经济、技术等审计环境的变化，必然对审计产生多方面的影响。

（一）对审计基本概念、审计目标及审计对象的影响

1. 对审计基本概念的影响

传统的审计是对上市公司财务报表进行的审计。但在现代知识经济和高科技背景下，审计的对象不再仅仅是财务报表了，现代审计要对整个财务报告发表审计意见。由于财务报告除了财务报表外，还包括许多不包括在财务报表中的信息，因而对于财务报告的审计势必导致审计范围的扩大，如前瞻性信息审计、不确定性信息审计、非财务信息审计等。这些审计是传统财务报表审计的基本方式所不能适应的。因此，之前相关的审计基本概念和审计假设等基本不能适应现代信息使用者的需要。

2. 对审计目标的影响

注册会计师审计最主要的目标是对企业财务报表是否能公允地展示其财务状况、经营成果以及财务状况变动情况发表自己的意见，以便使信息使用者不至于因使用了经注册会计师审计后的财务报表而引起误解。但是，审计环境的变化使得财务报告成为审计的对象。又由于财务报告的发展增加了其中内容，这些内容既包括货币性的信息，也包括非货币性的信息，既有定量信息，也有非定量信息，还包括有关企业未来的现金流量的金额、时间及其不确定性等信

息。这些内容许多是过去的财务报表所不曾包括的。这样，建立在对财务报表进行审计基础上的审计目标，就不再适应发展后的社会对审计的需要了。因此，在此情况下，注册会计师就需要重新确定其审计目标，以提供更有效的服务。

3. 对审计对象的影响

这方面的影响主要体现在以下几点。第一，被审计单位的变化。网上实体也将成为审计的对象，这样就使得审计的对象由在工业经济下审计对象的清晰可辨性变为在知识经济下审计对象的模糊性。第二，被审计内容的扩展。由于现代审计已经从对财务报表的审计扩展到了对财务报告的审计，从而增加了许多新的审计内容。第三，信息载体的变化。过去信息载体以纸张为主，审计往往是对载有财务信息的账簿、凭证、报表等进行审计；而现在信息的载体则由过去的以纸张为主变为以磁质媒介为主，从而增加了信息载体的不确定性。

(二) 对审计风险认识及注册会计师责任认识的影响

1. 对审计风险认识的影响

审计环境的变化，使得审计范围扩大了，审计对象越来越复杂，审计目标也走向多元化，所有这些必将增加审计风险。因此，对审计风险的防范是国际审计的共同趋势。这些风险主要包括以下几点。第一，来自可选择信息的增加、实时报告和数据安全的风险。第二，现在和将来不仅越来越多地通过网络来传递财务报告信息，还可能利用网络生成财务报告信息。因此，来自系统网络及其安全性的风险将会增加。第三，财务报告内容的增加所带来的风险。如因为无形资产在其价值的计价上本身就具有不确定性，从而对审计造成了新的风险。第四，来自社会责任报告的风险。为了促使企业认真履行其社会责任，仅仅依靠企业对外提供社会责任报告还不够，如果没有审计的监督，其可靠性值得怀疑。但企业的社会责任并没有统一的标准可供衡量。所以，这就给审计的取证、对比、判断和表达意见带来困难和风险。

2. 对注册会计师责任认识的影响

注册会计师业界认为，只要遵循了审计准则，做到了其职业应有的严谨就行了，但法学界则注重结果而非过程。法学界往往强调的是财务报告的真实和公允，从而对于注册会计师更强调其鉴证作用，这种情况在对财务报表的审计时就大量存在。现在审计内容的扩展，势必会增加注册会计师的审计责任。

(三)对审计独立性及审计国际化的影响

1. 对审计独立性的影响

审计之所以能够在经济生活中起着非常重要的作用,其原因就在于审计的独立性,独立性贯穿于审计的始终。但是,审计内容增加了,注册会计师对预测的财务报告也要进行审计,发表审计意见。这样,审计人员就不得不更多地依赖于企业管理当局,因为只有企业管理当局对企业的未来计划及发展前景具有权威的发言权。这就导致了人们对注册会计师独立性问题的重新思考。虽然我国企业提供预测财务报告的还不是很普遍,但是,对财务报表组成部分的报表附注的审计,同样需要审计人员依赖企业管理当局,即同样会带来对审计独立性重新思考的问题。

2. 对审计国际化的影响

由于企业跨国经营和国际合并财务报表及跨国公司财务报告的发展,审计也必然面向全球而展开跨国审计。在国际审计方面主要存在以下有待解决的问题。第一,审计概念的差异。由于发达国家和发展中国家之间,甚至发达国家之间,对审计的基本概念尚存在着差异,这也导致了各国审计准则和审计要求的不同。这样在国际审计实务中就会出现行动上及其结果上的差异。第二,审计报告的多样性问题。由于在国际审计过程中常常会存在着如审计报告的格式和语言的多样性的现象,而这种多样性最容易引起误解。第三,审计的多国化问题。在国际审计准则的制定过程中,审计组织也不再局限于本国范围内,也将走向国际化,尤其是发展中国家的审计组织更是如此。

三、审计职业与资本市场

(一)审计职业概述

1. 审计机构提供的服务内容

外部审计是一项独立的职业,外部审计师与其客户,如集团公司、跨国公司、上市公司、政府机构、投资者、债权人等,相互配合以提供全球化的增值服务,如审计、鉴证、认证、税务咨询服务、顾问和管理咨询服务、培训服务、财务控制体系的评价等。

2. 审计职业及审计行为的标准

审计是为了获得评价经济活动和经济事项的有关证据,并明确这些证据

和已存在的标准之间的相关程度,以及把结果传递给感兴趣的使用者的系统过程。根据这一定义,成功的审计行为必须满足三个条件——审计的客观性、可以验证的计量信息和确定的标准。

3. 影响审计质量的因素

审计师们在全球范围内提供审计服务,上述的三项条件不仅要在国内的组织中得到满足,而且要在跨国组织中也得到满足。由于各国在审计师的确定方式、财务报告的内容和形式以及审计准则等方面的差异,跨国审计需要解决的问题包括各国公认会计准则的差异、审计师的资格要求不同、审计准则的差异等。因此,归纳起来影响全球范围内各国审计工作质量的主要因素包括:第一,会计师事务所的信誉;第二,教育体系的质量;第三,职业资格的认证过程。

(二)资本市场与审计

全球资本市场一体化的发展趋势,使得跨国投资、上市融资和收购、贸易及经营等活动成为现实。各国资本市场的发展使得各国的投资者、跨国公司、集团公司、全球公司等需要大批审计专家及审计职业人员为其提供优质服务。尽管审计职责在为国内和国外的上市公司提供财务报告、合并财务报告或分部报告时有许多相似之处,但是,在全球范围内从事审计服务,还应该认识到存在着的一些差异,即语言习惯和文化,会计专业术语、格式和会计惯例,外汇、法律和商业环境,不同资本市场对上市公司的具体要求,不同国家资本市场的发展阶段,不同国家的审计准则,会计从业人员的素质等方面的差异。充分认识这些因素,将能够有效地降低审计风险,提高审计质量,更好地为各国资本市场、跨国公司、海外上市及海外投资等活动提供优质服务。

1. 语言习惯和文化的差异

审计师从事跨国审计业务,在与懂两种语言的客户沟通时,应该重视其母语的语言习惯和文化的差异。因为许多国家的财务报告必须采用当地的语言和货币编制。因此,懂得该国的语言,在审计过程中能够及时获得审计相关的信息,减少误解,提高审计质量。

2. 会计专业术语、格式和会计惯例的差异

上市公司对于使用其公司财务报告的外国使用者,会考虑使其财务报告适应外国使用者的要求。但是,对于一些没有考虑到这方面因素的公司,它们像对待本国使用者一样发送同样的年报,如果财务报告的编制者和使用者之间存在语言差异,那么财务报告的使用者(审计师)就必须掌握不同国家会计专业

术语、财务报告格式和会计惯例的差异，以便更好地理解公司的财务报告内容，提高审计质量。

3. 会计准则和审计准则的差异

发展中的国际和国内资本市场需要职业的会计人员。全球性会计师事务所对于上市公司财务报告的客观、独立的看法，外部投资者是十分关注的。类似于会计准则和惯例，国际审计也强调审计准则和惯例，因此各国之间的差异是十分明显的。

第二节 全球审计服务与审计面临的挑战

一、社会经济发展的变革，使传统审计受到挑战

在知识经济时代，科技是第一生产力将得到充分体现，人类经济社会的各个方面将发生重大变化。如生产力结构将由传统的物质主要因素主导型转向智力主要因素主导型，将出现无人车间、无人办公室，数字化信息技术使得一切都可以虚拟化，经济增长不是靠投资和就业的增加而是靠技术和知识的投入来实现等。这些由知识经济发展带来的种种变革和客观要求，必然给传统审计带来很大的冲击。比如，审计的内容将不再是以有形资产要素为中心，涉及无形资产要素的审计内容将越来越多；审计的对象将不再是单一的账本和报表，而更重要的是与计算机软件、硬件、网络等相关联。

二、政府经营范围的调整，使审计重点受到挑战

在知识经济时代，资本市场不断发展和完善，政府与企业的关系将进一步调整并逐步呈淡化趋势。政府经营的范围将向基础产业和公益性事业发展，国家的社会福利和社会保障制度将得到空前的重视和完善，生态环境保护及可持续发展战略将引起全社会的更大关注并真正成为衡量政府与企业经营业绩的重要指标。与此相适应，金融业会计、社会保障会计和环境保护会计将成为今后会计领域研究的重点，进而使政府审计的重点更具有政府色彩。审计的重点除政府财政审计外，金融业审计、基础产业投资审计、社会保障审计、环境保护审计等将成为今后政府审计的重点。

三、企业经营模式的变化，使审计方式受到挑战

在高度信息化的知识经济时代，企业可以通过电子金融吸引资金，通过电子商务开展贸易活动，通过电子咨询使用人才。企业不一定越大越好，只有大市场、没有大企业将是未来企业的规模特征。从企业经营方式来看，由于现代信息处理技术和网络技术的高速发展，世界的空间距离大大缩短了，大范围地组织跨国投资、贸易、金融、保险业务成为可能。未来的经济将呈现企业经营方式集约化和组织形式集团化、业务活动和资本流动国际化、筹资渠道和投资方向多元化以及企业运作方式复杂化等特点。企业经营将以集团经营、跨国经营、股份化以及合伙制四者融为一体的方式进行。在这种情况下，企业集团会计、跨国公司会计、股份制会计以及合伙制会计将实现"四位一体"，并在会计工作中占据主体地位。这种企业模式的发展趋势将对国有独资企业和国有控股企业多年来实行就地审计的方式带来巨大冲击，即审计人员可以不出门，坐在办公室实施网上审计。新送达的审计资料，不再仅仅是一捆捆账本和凭证，而是被一张张小小的软盘所代替，这也将成为审计的主导方式。当然，这种审计方式的变化不仅仅是针对企业，在政府方面，如对财政、税收、海关、国库等审计的方式也将面临同样的挑战。

四、财务管理内涵的演变，使审计评价标准受到挑战

知识经济社会，专利权、专利技术、商标、商誉、信息等以知识为基础的无形资产对经济增长起着决定性作用，与此相联系，企业资产结构中无形资产的比重迅速上升，甚至成为企业的主要资产（在经济发达国家中，科学技术对经济增长的贡献率已高达 60%～80%）。这不仅对企业未来现金流量的影响越来越大，而且无形资产的收益和风险对企业价值的影响也越来越大。同样，有形资产和无形资产地位的变化，对审计评价标准的影响也越来越大。在知识经济社会，企业的投资主要是以智力资本投入为主，而且对投资方案效益的评价标准是从企业全局利益、长远利益出发，以是否能给企业带来人力资源的积累、提高人力资源的质量、增强企业创新能力及持续发展的动力为标准。因而，目前建立在传统的投资方案评价标准之上的审计评价标准面临着巨大的挑战。

五、会计账目载体的扩展，使审计技术受到挑战

随着计算机硬、软件水平的提高及现代通信技术和网络技术的日益发展，

在会计电算化日益深入的条件下，客观上存在着审计可视线索自然消失的趋势。会计账目纸面信息化变成了磁性介质上的代码信息化。审计技术、审计手段面临着挑战，要求审计人员不仅要适应传统纸面信息化的需要，而且要适应代码信息化发展的需要；不仅要熟悉会计电算化的技术，而且更要会用现代审计技术方法进行会计电算化审计，即无纸化审计技术。

六、知识经济推动经济全球化，使审计风险加大

知识经济表现为全球经济。随着网络的不断扩展和延伸，形成了世界性的生产网络，知识产品在网络里流动，贸易无边无际，没有国界。生产活动的全球化使传统的国际分工正在演变为世界性分工，世界多边贸易体制不断形成，各国金融活动日益融合在一起，全球化的投资规模框架开始形成，跨国公司作用进一步加强。因此，经济全球化将会加速审计国际化。这无疑拓宽了审计活动的空间，改变了审计活动的方式，增加了审计实施的难度，难免会出现更大的审计风险。如何去适应这一情况，并构建符合国情的具有可操作性的防范国际审计风险的实施准则就显得十分重要和紧迫。

七、全球审计服务的新机遇与发展趋势

知识经济不仅对审计工作提出了挑战，也提供了发展的机遇和动力。审计服务应从以下几个方面来进行观念转变和创新。

（一）审计观念和知识的创新

第一，推进审计观念的创新，是适应知识经济下的社会经济和审计事业发展的需要。第二，审计知识的创新。审计知识是经济知识体系的重要组成部分。审计知识创新是通过专门的审计科学研究，获取新的审计科学知识的过程。在知识经济时代，知识概念更强调能力部分，要求人们不能停留在储存知识上，而要将知识应用于实践，不断进行知识创新，并将这种创新物化为生产力，只有不断增强选择和有效利用知识和信息的能力，才能实现知识创新。因此，我们必须充分认识到审计知识创新的价值所在，确立审计知识创新的新价值观。

（二）审计技术与方法创新

第一，知识经济的新技术就是高科技，就是人类科学研究的最前沿。其中电算化、数字化、信息化、网络化等高科技对会计领域和审计工作影响最大、最深刻。因此，把当今世界上最先进的计算机技术、信息技术和网络技术等与

审计工作的需要相结合,革新技术手段,是审计技术创新最核心的部分。第二,知识经济是一个多元化的经济,审计的内容也具有多元化的特点,审计的空间和时间得到了大大的扩展和延伸。在这种环境下,审计方法的创新,即用系统论和信息论的观点和方法来研究、指导审计显得十分重要。这就要求审计人员在审计工作中树立系统论、信息论的观念,具备较强的宏观意识和方法创新意识。第三,审计队伍建设的创新是知识、技术创新的基础。在知识经济中,知识、信息、技术成为社会经济发展的决定性因素。但无论是知识、信息、技术的生产、传播、运用,都依赖于高素质的具有创造才能的劳动者,需要大批的科技人才和管理人才。从审计角度上讲,迎接知识经济时代,队伍是基础,人才是关键。审计在知识经济时代的发展,需要有一大批掌握丰富知识和先进科技的审计人才。

(三)为了更好地指导审计业务,需要制定新的审计准则

这一方面是审计内容的扩展所必需的,另一方面这种需要也是信息生成和传递手段变化的必然。如美国、英国和日本等国家均制定了有关计算机审计的准则,国际审计准则中也对计算机审计的范围、目标、程序、技术等进行了规范。《中国注册会计师独立审计准则》中也对有关这些方面的内容做出了规定。但相对于日益发展的电算化会计信息系统,现有规定尚不能满足审计工作的需要。为了更好地指导现代审计工作,还需要制定和完善许多新的审计准则。

(四)研究和运用新审计方法或审计手段,实现审计目标

第一,利用计算机进行审计成为一个必然的趋势,尤其是对联机系统或数据库系统的审计。因此,现代审计人员若不借助于计算机及其网络进行审计,而仅使用常规的审计方法,就很难达到审计的目标。第二,在审计方法上应更加注重预测分析方法的运用,更加注重对企业管理当局财务预测基础进行分析和验证。因为,在未来的会计信息中,财务预测数据必将大大增加。而这部分信息用传统的审计方法和技术进行审计是很难实现的。因此,应该运用新的方法来开展这部分审计工作,这些新的方法中,最适当的方法就是分析技术的运用。

(五)不断扩展、增加新的审计内容

在新的技术环境下,审计应增加的内容可以概括为以下几点。第一,审计除了对现行企业财务报表所提供的信息进行审计外,还要对分部信息、非财务信息、前瞻性信息、知识产权、创新工具等方面的内容进行审计。第二,审计

更加注重对内部控制制度的研究。注册会计师为了能够真正地发挥其应有的作用，就不得不想方设法将审计风险降低到最小的限度。另外，会计信息内容的大量增加和通过网络传输会计信息，不仅使得财务报告所提供信息的可靠性受到质疑，而且信息是否安全也同样值得人们关注，所有这些又都使得审计比过去更加困难。因此，内部控制制度对保证会计信息的质量具有非常重要的意义。第三，对不确定信息的审计。由于现代财务报告中包括了或有事项、衍生金融工具的确认、计量和信息披露以及无形资产等有关内容，因此，也需对这些内容进行审计。第四，在审计报告中应增加分析性评价的意见，尤其是有助于评价企业收益质量的信息。根据美国注册会计师协会的调查，绝大多数会计信息使用者认为，注册会计师在审计过程中掌握了丰富的资料和有关企业的情况，因此，他们要求注册会计师在其审计报告中增加有关分析意见。这些信息一般包括：①审计范围和发现的问题；②在备选的会计原则中，企业所选择的会计原则，特别是一个行业的其他企业所采用的会计原则；③企业管理当局在编制财务报表时所做出的重大假设及估计的合理性；④与现有资产进行变现有关的风险。

（六）开展安全审计

安全审计是指审计人员对计算机网络环境及其有关活动所进行的系统审计，并进行评价的活动。计算机及网络技术使得会计信息可以通过网络迅速地在世界各地传输，甚至直接传输原始会计资料，从而使得企业的信息能够最大限度地被信息使用者共同享有，但这种共同享有的基础是安全。由于受计算机技术及人文方面的影响，网络信息的风险将会增加，如利用网络及安全管理的漏洞获取用户口令或账号，冒充合法用户作案，或通过网络远距离盗取企业的商业秘密等。因此，现代审计必须积极开展安全审计工作，并将其作为审计的中心内容之一。

（七）开展预测信息审计

因为现代财务报告中将大量增加有关企业未来的信息，其中包括大量的财务预测信息，而对这些预测信息必须要有相应的质量保证机制。在这方面，完全可以充分发挥注册会计师的作用。

（八）开展对财务报表附注的审计

现在及未来，财务报表附注内容将会大大增加，因此，对这部分内容的审计也是不可避免的。目前，在审计工作中针对有关财务报表附注的编制与审计

的规范是相当欠缺的,也正是由于对财务报表附注没有相应的会计准则和审计准则的制约,所以在实务上对会计报表附注部分的审计,不仅没有得到应有的重视,更存在许多不合理的做法。为此,应制定财务报表附注的会计和审计准则,完善法规制度,加强对财务报表附注的审计,只有这样才能使得审计的任务得以更好地完成。

(九)从重视有形资产的审计到重视无形资产的审计

在知识经济中,以知识、人力资源为主的无形资产的信息在财务报告所披露的信息中所占的比重必将大大提高。这也就导致了审计的重点由重视存货等有形资产的审计向重视知识、人力资源等无形资产的审计转变。

(十)扩大审计组织的规模,增强其抗风险的能力

为了增强自身的风险防范能力,审计组织应适应审计国际化的要求,适当扩大其规模。扩大审计组织规模最主要的也是非常有效的途径就是审计组织的合并,如美国会计师事务所的合并。可以说,会计师事务所合并将是中国会计师事务所在未来一段时间内发展的重要内容。当然,与国外大的会计师事务所合作,也是一条具有发展前途的路径。

第三节 全球会计师事务所与各国审计体制

一、世界四大会计师事务所简介

世界四大会计师事务所按排名先后依次为普华永道、德勤、毕马威、安永。从英国、美国、德国、加拿大、日本,到印度、南非、爱尔兰,四大会计师事务所基本涵盖了世界主要公司的审计业务。在发达国家和一些地区,四大会计师事务所的业务量一般占市场的80%～90%。

(一)普华永道会计师事务所简介

普华永道是由原普华国际会计公司和永道国际会计公司合并而成的。

除了在世界主要城市建立成员事务所以外,普华永道会计师事务所还在每个国家吸收当地的会计师事务所。这就导致在同一个国家的不同地区产生更多的事务所并达到其分布范围的临界点,从而能为快速增长的跨国公司提供服务。无论在何处开展工作,会计师事务所的成长同样受到不断增长的审计需求和日益复杂的纳税申报的冲击。

（二）德勤会计师事务所简介

世界四大会计师事务所之一的德勤会计师事务所是德勤全球在美国的分支机构，德勤全球在 126 个国家内共有 59 000 名员工。该公司的咨询部门德勤咨询在全美有 2 900 名员工，是业内最大的公司之一。其特长在于国际商务。德勤咨询无疑完善了母公司的业务范围。该公司所强调的是维持与客户之间的长期业务关系，其 75% 以上的业务都来自老客户。

（三）毕马威会计师事务所简介

毕马威会计师事务所是网络遍布全球的专业服务机构，设有由优秀专业人员组成的行业专职团队，致力于提供审计、税务和咨询等专业服务。毕马威会计师事务所的成员机构遍及全球 148 个国家，拥有超过 113 000 名员工。与普华永道、安永以及德勤合称为四大国际会计师事务所。

（四）安永会计师事务所简介

安永会计师事务所是世界四大会计师事务所之一，同时也是全美第二大会计师事务所，世界第三大专业服务公司。

二、世界各国审计体制简介

（一）国际审计体制概述

1. 审计体制的概念

审计体制是指机构（管理体制）、职权设置及其运行效率的总称。世界各国审计体制的形成与其政体有着密切联系。世界上已有 160 多个国家（地区）建立了适合自己国情的国家审计制度。由于各国的历史、政治体制及经济发展水平的不同，形成了各种不同类型审计体制。

2. 审计体制的分类

从目前情况看，各国的国家审计体制大体划分为以下几种模式。

第一类，立法型。立法型是指审计机关隶属于立法部门，直接对议会负责并报告工作，完全独立于政府，主要审计政府财政。这种模式在西欧、北美等发达国家和许多发展中国家十分普遍，是目前世界审计制度的主流。美国除了在国会设有审计机构外，在联邦政府各部门还另设有监察长办公室，相当于政府部门的内部审计，主要负责审查所在部门的业务活动、经济效果以及本部门官员行为的合法性。

第二类，司法型。司法型是指审计机关属于司法系列。即审计机关除具有审计职能外，还拥有一定的司法权限，显示了国家对法治的强化。因而，这一模式被西欧和南美一些国家所采用。法国、意大利、巴西是其典型的代表。审计机关设立审计法院，享有最高法院的某些特权，可以对违法或造成损失的事件进行审理并予以处罚。审计人员多为法官，审计的主要对象是国家财政。同时，审计机关还负责管理财政部派出的公共会计。

第三类，独立型。独立型是指审计机关不隶属于任何权力部门。以德国为典型代表，德国设立了联邦审计院，独立于立法、司法和行政部门之外，直接对法律负责。这种模式从形式上看独立于"三权"（即立法权、行政权、司法权）之外，实际上其更偏重服务于立法部门。

第四类，行政型。行政型是指审计机关在体制上隶属于国家行政系列，是国家行政机构的一部分，对政府负责并报告工作。但从发展趋势看，其也越来越多地在为立法部门服务。目前，实行这种模式的主要有瑞典、沙特等少数国家。

其他类型还包括审计和监察职能合一型，如韩国、蒙古等。韩国设立了独立于政府的审计监察院，受总统直接领导，具有独立的法律地位。主计审计长型（模式），如印度等国，设立了独立的主计审计公署，负责财政决算编制、国家财政审计。

在上下级审计机关领导体制方面，各国也有较大区别。印度、葡萄牙等少数国家只设一级审计机关，地方不设相应的审计机关，对地方的审计工作由一级审计机关派出机构负责。在分级设立审计机关的国家，最高审计机关与地方审计机关的关系也不尽相同。美国、英国、日本等国家最高审计机关与地方审计机关之间一般没有领导与被领导的关系，也没有业务指导关系，两者是完全平等的。韩国审计监察院与地方自治团体监察机关之间是业务指导与合作关系。法国的审计法院可以接受对地方审计法庭判决不服的上诉，并做出终审判决。菲律宾的最高审计机关对地方审计机关实行垂直管理。

（二）英国的审计体制

1. 英国的审计体制概述

英国的政治体制是三权分立并且相互制衡，即议会行使立法权，内阁行使行政权，法院行使司法权。因此，英国的审计体制是一种立法型体制。英国国家审计产生于对王室收支的监督。

2. 英国国家审计署的管理体制

关于英国国家审计署的管理体制、职责及权限，主要包括：审计长是一名议会下院的官员并依法独立地履行职责；审计长代表议会行使职权，向议会提交审计报告；为保证审计人员的独立性，英国国家审计署禁止其职员参与各级政党机构的政治活动，防止将政党的观点和立场带入审计工作；透明度高，英国国家审计署的检查结果，有权自行或通过媒体公布。

总之，立法型的审计体制产生于英国，其后进一步的发展和完善是在美国。这是现代政府审计机构中比较普遍的一种形式。其他国家，如加拿大和澳大利亚等英联邦国家也属于这一类型。

（三）美国的审计体制

美国国家审计体制由立法型和行政型两部分构成。立法型审计机关包括美国国会所属的审计总署和各州议会、地方议会所属的审计长办公室。行政型审计机关包括联邦政府各部门设立的监察长办公室和各州政府及地方政府下设的审计局或州政府部门的监察长办公室。为了适应美国审计管理体制的需要，美国经过不断地总结经验，逐步建立起国家审计、民间审计、内部审计三大体系的审计机构。仅就国家审计而言，其机构包括美国审计总署、美国监察长办公室和州、地方政府审计局。

1. 美国审计总署

美国审计总署是美国联邦国会之下的国家最高审计机构，担负着审查、监督美国联邦政府的所有收入、支出及项目效率、效果的重要职能，向国会直接负责并报告工作。审计长由国会特别委员会提名3人，总统从中确定1人，经参议院表决通过后，由总统任命。审计长任期15年，除犯有罪行由国会革职外，不得罢免，副审计长和审计长助理由审计长提名，总统任命。美国审计总署除设置人事和行政机构外，在审计长的领导下，还设有两大业务工作系统：一是计划和审计报告系统，由3个局级单位组成；二是审计作业系统，由7个局级业务机构组成（7个局各设局长1人，局长助理若干人，由审计长任命）。审计业务计划由美国审计总署统一制定，各分部贯彻实施。审计报告报送美国审计总署审核，经审计长签发，上报国会并公开披露。各分部在美国审计总署审计长的统一组织和领导下进行工作，人事、经费和审计业务都由美国审计总署直接管理。分部的正、副主任由美国审计总署审计长任命，一般职员同政府文职官员一样，由联邦政府人事部审查合格后，批准各部门聘用，报美国审计总署备案。只要无违法行为，可终身任职。美国审计总署和各分部的经费，由国会预算委员会直接拨给美国审计总署，统一分配使用。

2. 监察长办公室

监察长办公室隶属于政府部门，是审查、监督各部门的业务活动和经济效果，以及本部门官员行为合法性的机构。美国联邦政府所属的各部门一般均设有监察长办公室，有些州和地方政府所属的部门也设有监察长办公室。联邦政府各部门的监察长，由总统提名经国会讨论任命，负责主持各部门业务工作的监察，职位相当于副部长。审计结果，通过部长向总统和国会报告。但是，各部的部长一般不得改变监察长签发的审计报告，若有不同意见，可向总统或国会加以说明。由于联邦政府一些部门的业务范围遍及全国各地，有的还涉及驻国外机构，因此，一些部门监察长办公室在各地设立派出机构。监察长办公室除设监察长1人外，通常还设有副监察长和监察员若干人。副监察长和监察员根据监察长的指示，协同开展审计活动。监察长办公室所有人员的聘用与解聘均须经监察长批准。监察长职务基本上是终身制的，除非由国会或州议会投票表决同意，任何人无权罢免其职务。

3. 各州和地方政府审计局

各州和地方政府审计局是直接向各州和地方的议会负责的，有权对该州政府和地方政府的任何官方事务或与政府有关的事务进行审查、监察的审计机构。各州政府的审计局局长由州长任命，负责对州政府各部门的业务进行审计；州下属的地方政府的审计局局长由地方政府行政长官（如市长）任命，负责该地方政府及其部门的业务审计。各级政府审计局所从事的部门审计，有时可能会与州议会或地方议会所属的审计长办公室发生重复审计的情况，因此需要做好协调工作。有些州政府不设审计局，政府部门的审计工作由驻州议会所属的审计长办公室负责进行。

4. 美国国家审计的职能

美国国家审计由美国审计总署来执行，其主要职能包括：①颁布、修订联邦政府审计准则；②制定并组织实施审计计划；③协助国会监督联邦政府的规划与项目预算的执行；④审计联邦政府各部门和各级政府的拨款事项及其有关的各种业务；⑤审查联邦政府各部门的预算执行情况；⑥审查联邦政府各部门、各单位及其所属国有企事业单位的财务收支情况和经济效果；⑦国会交办的其他审计事项。美国审计总署除了完成上述传统的审计任务之外，还要更多地开展管理评价、政策评估工作，以及为国会面临的各种行政系统施政方面的复杂问题提供研究报告，更多地担当咨询建议者的角色。

5. 美国国家审计的特点

（1）具有较强的独立性

美国作为联邦制国家，实行立法、行政、司法三权分立的制度。美国审计总署隶属于立法部门，向国会报告工作，对总统及其下属的行政部门独立行使监督权。其独立性主要表现在以下几个方面。第一，任命规格高。例如，先由国会提出3名审计长候选人，总统确定其中1名再交参议院选举，根据参议院最终选举结果，由总统正式任命审计长。第二，审计长任期时间长。审计长不因政府更迭和国会换届而易人，任期为15年。第三，不得随意罢免审计长。只有具备参、众两院联合提议和总统签署命令这两个条件，才能罢免审计长。第四，审计长工资待遇高。为排除外来压力影响，保障审计长享受高于一般部长的待遇，审计长退休后仍拿全薪。第五，经费单列预算。美国审计总署的经费，由国会单列预算予以保证。第六，由审计长自行决定其内部机构设置和人员配备，不受其他部门和个人的影响。由于美国政府对美国审计总署和审计长赋予了较高的权力和独立于行政部门之外的较高的待遇，所以审计部门可以独立行使审计监督权。这对保证审计质量起到了十分重要的作用。各州的国家审计部门与联邦审计总署在独立性方面基本一致。

（2）审计的计划性强

美国审计总署十分重视审计的计划性。其战略性审计计划是几年的计划，审计重点一般把揭露浪费、欺诈、滥用权力和管理不善作为重点，有时还把促进政府部门提高管理的效率和效益以及减少联邦赤字，促进政府加强会计责任和关注工作成果等当作重点。根据战略性审计计划，提出年度审计计划方案。美国审计总署工作量的80%是国会和国会委员会根据审计战略计划要求审计署安排的，其他20%是审计长根据总体计划和工作需要决定安排的。

（3）审计的工作效率高

现在美国国家审计人员已经完全掌握了计算机审计的技能，从而使审计工作效率有了大幅度的提高。

（4）审计处理由几个机构配合进行

美国国家审计机关对被审计单位经济问题的处理是由几个部门配合进行的。第一，对于触犯刑法的，美国审计总署要把所有文件资料移交给监察长，请监察机构提起公诉。如果监察长认为有进一步调查的必要，则由联邦调查局进行调查，监察长根据调查结果再决定是否起诉。第二，对被审计单位或个人非刑事问题的处理。如果发现被审计单位或个人有严重损失浪费现象或管理不善等问题，美国审计总署需做出包括审计结论和建议的审计报告，并在必要时由国会参、众两院召开听证会，在会上公开审计报告。

（四）法国的审计体制

1. 法国的审计体制概述

法国的政治体制是国王拥有最高权力，其王权是欧洲专制制度的典型。之后随着国家政治制度的发展，审计法院得到了进一步的完善，从皇家的职权中分离出来，成为一个独立于立法和行政之外的最高审计司法机构，协助议会和政府监督财政收支计划的贯彻执行。

2. 法国的司法型审计体制的特点

第一，最高审计机构属于司法系列或具有司法性质，其强调审计机构的权威性和独立性，强化了国家审计的职能与作用。第二，司法型最高审计机构具有显著的稳定性。在这种形式下，审计法院的法官特别是高级法官实行终身制，这样有效地保证了审计机构的稳定性和设计方针政策的一贯性，也有效地保证了最高审计机关的人员素质和工作质量。第三，最高审计机关不实行准则管理而实行制度管理，其与财政、公共会计同属于公共财务制度，并构成欧洲大陆派的特点。第四，审计法院把年度公共报告上交共和国总统、国民议会和参议院的同时，有权将其刊登在《法兰西共和国公报》上，以便引起社会和舆论界的关注，形成一种社会舆论监督。因此，法国的审计体制是一种典型的司法型。

（五）德国的审计体制

1. 德国的审计体制概述

早期的德国是一个专制王权的君主制国家，国王拥有最高权力。德国地处欧洲，与法国相邻，离英国不远，但其在审计制度的创建上别具一格，既不完全照搬立法型，也不完全效仿司法型，而是属于独立型体制。

2. 德国的独立型审计体制的特点

第一，国家审计独立于立法、司法和行政三权之外，与议会没有领导关系，也不是政府的职能部门。第二，在审计监督的过程中，坚持依法审计的基本原则，客观公正地履行监督职能，只对法律负责，不受议会政党或任何政治因素的干扰，但是对审计出来的问题没有处理权，而交给司法机关审理。这是独立型审计与司法型审计最大的区别所在。

（六）瑞典的审计体制

瑞典的审计体制是一种行政型体制，这种审计体制的主要特点有以下几点。第一，行政体制的审计机构隶属于政府部门或隶属于政府某一部门的领导。第二，根据国家法律赋予的权限，对政府所属单位及各部门的财政预算和收支活动进行审计。审计机构对政府负责，保证政府财经政策、法令、计划和预算等的正常运转。第三，这一类型的最高审计机构时效性最强，但是独立性不及其他类型的国家审计机构。目前，采用这类审计体制的国家有中国、泰国、巴基斯坦、沙特阿拉伯等国家。

总之，各国的审计体制是为其政治服务的，是其政治的表现。政治制度指导着国家审计，国家审计承载着政治制度。在三权分立的国家，如英国、美国、法国、德国和瑞典等国家，由于其具体情况不同，有的议会力量很强，审计机关由议会领导，实行立法型审计体制；而有些国家司法意识较强，其审计机构就隶属于司法系列，这样才能更好地发挥审计的监督作用。因此，各国建立审计体制应该根据各国的具体情况因地制宜。审计体制只要适合于本国国情，能够发挥其经济监督和制衡作用，就是有效的。

（七）奥地利审计体制

1. 奥地利的审计体制概述

奥地利是欧洲小国，地处欧洲的南部。奥地利经济发达，技术先进，工业、农业、畜牧业、旅游业构成该国的经济主体。很多国际机构设在奥地利。奥地利法律赋予国家审计以充分的地位、职权。审计纳入国家大法管理，审计是国家权力的组成部分之一，受国家宪法保护。《奥地利联邦宪法》中专门设置了"联邦政府审计法"一章，规定国家的审计法院独立于联邦政府和州政府，直接向国家议会报告工作，对国家议会负责。审计法院有很大权限，凡使用联邦资金的政府所有机构，包括政府部门和由联邦机构经营的基金组织，联邦政府经营或与其他法人实体共同经营、联邦政府投资占 50% 以上的企业，均在审计法院的审计范围之内。奥地利审计活动的基本理念是对权力的监督，是联邦宪法赋予国家的公权与公信的象征。这使审计成为一种独立于执行权利的力量，既具有很大的行为能力，又具有充分的威慑力。奥地利设国家审计法院，最高负责人是院长，由国家议会产生，相当于政府的部长。审计法院的各级官员相当于政府的公务员，必须受过高等教育，是具有法律、财经、工科等多种教育背景的人才，有着良好的职业学习背景。审计法院根据不同的专业组成不同的部门，负责不同专业的审计事项。审计法院的工作人员要接受必要的职业培训和实习，由老带新，先要完成一些小项目的工作，逐步成为一名符合职业要求的审计人员。

2. 奥地利审计体制的特点

第一，审计法院审计有很高的独立性，即制定审计计划是自主的，议会不干涉审计法院的计划，但有权要求审计法院进行某一个具体项目的审计，一年只能提一个项目；每年要将所有审计报告集中浓缩成一个蓝色的版本，由议会的审计常设委员会会议通过后，被审计单位就有义务按审计报告提出的建议和要求整改；审计报告是对外公开的，每个公民都可以购买；重要的审计报告在报纸上公布，接受公众监督。第二，审计法院审计政府控股企业时，会利用其内部审计的成果，对企业的监事会是否坚持了经济性、节约性等原则进行评价，对其人员是否适合相应的工作提出建议。

总之，奥地利形成了一整套由国家法律保障的、不受政府干预的、具有明确监督权利的、效率很高的审计体系。这一体系为审计活动保护联邦资产、监督联邦预算执行提供了重要条件。

第四节　国际审计准则

一、国际审计准则概述

（一）国际审计准则的制定机构简介

1. 国际审计准则是由国际审计实务委员会颁布的

国际审计准则的序言表明：某一特定国家内的财务信息审计，由该国国内的条例和说明所规定。国际审计准则的条款，如应用于美国的审计工作，就要由审计标准委员会专门通过。就这点而论，凡在国际审计准则发表时，应与美国公认审计标准相对比，研究其是否存在重大分歧。如无重大分歧，则按照美国公认审计标准审核财务信息，即已自动遵守国际审计准则；如有重大分歧，则审计标准委员会应及早加以考虑，以期取得协调。国际审计实务委员会印行的准则，列入美国会计师协会的职业标准之中，同时还需指出，在国际审计准则与美国公认标准之间是不是有重大分歧。因此，如国际审计实务委员会制定的准则，与美国公认审计标准相比要求更高，或有相互矛盾之处，则在准则之后加以附注，以说明此种情况。

2. 国际审计实务委员会

国际审计实务委员会（下文简称委员会）是国际会计师联合会的理事会所属的一个常设委员会。委员会被授予特殊的责任和权力，代表理事会发布审计的草案和准则。委员会的成员是由理事会推选的国家中的会员团体提名，到该委员会服务的。某一会员团体或几个会员团体指派到该委员会服务的代表，必须是这些团体的成员。委员会成员的任期一般为5年。

委员会初创时由下列各国代表组成：澳大利亚、加拿大、法国、德国、印度、日本、墨西哥、荷兰、菲律宾、英国、美国。

为了广泛吸收各方面的观点，委员会考虑在各小组中，包括非委员会成员国的代表。

（二）国际审计准则的目标

第一，国际会计师联合会的总目标是用统一的标准来发展和加强全球协作的会计事业。为达到此目的，理事会设置了国际审计实务委员会，代表理事会制定和发布关于公认审计实务的准则和关于审计报告书的内容的准则。委员会认为，这些准则的发布将有助于提高全世界审计实务的一致性程度。

第二，根据国际会计师联合会章程要求，各会员团体同意上述第一条所设置的目标。为了协助会员团体贯彻国际审计准则，委员会将在理事会的支持下促使各会员团体自觉遵守。

第三，国际审计准则在每一国家的具体应用过程中，各地的条例在不同程度上对财务报表进行审计时所应遵循的实务做了规定。这些条例，或是法令性质，或是由有关国家制定规章的团体或职业团体以公文形式发布，或是两者兼而有之。

第四，许多国家已发行的有关审计文件，在形式上和内容上都不相同。委员会注意到这些文件及其分歧，并在了解情况的基础上，发布了国际审计准则，以期取得国际上的承认。

第五，根据第三条所述，某一特定国家中各地对财务信息的审计制定了条例。委员会所发布的国际审计准则并不取代这些条例。如果国际审计准则与当地条例在某一特定问题上是一致的，则在此国家内按照当地条例审核财务信息，即自动地遵守了国际审计准则；如果当地条例与国际审计准则在某一特定问题上不一致或有矛盾，则该会员团体应按照国际会计师联合会章程，以尽可能贯彻委员会发布的准则为工作方向。

（三）国际审计准则的范围及文字说明

第一，国际审计准则在任何时候都可应用于独立的审计进程中，这就是指任何单位不论是否以营利为目的，不论规模大小，也不论其法定组织形式，凡独立的财务检查是以发表评语为目的的，均适用本准则。国际审计准则如适用于审计人员的其他有关活动，也可应用。

第二，对每一条具体的国际审计准则在应用上的一切限制，已在准则的引言一节中做了说明。

第三，委员会的工作程序是选定各项专题，交给为此目的而设置的小组详细讨论。委员会责成该小组初步准备和起草审计准则。该小组研究的基础资料，是各会员团体、地区性组织或其他团体所发布的文件、建议、论文或标准。根据研究结果，草拟征求意见稿，送委员会考虑。如委员会以总表决权的3/4以上票数通过，则将该征求意见稿广泛地发给国际会计师联合会的会员团体进行讨论，同时也可发给委员会指定的国际机构。发给有关人员或组织讨论，必须允许其有适当的考虑时间。

第四，经过讨论后收到的评论和建议，由委员会进行考虑，并对征求意见稿适当地进行修改。如修改稿由委员会以总表决权的3/4以上票数通过，则作为正式的国际审计准则发布，并自准则中规定的日期起开始生效。

第五，在按上述第三条表决时，委员会中每个有代表的国家有一票表决权。

第六，文字要求。征求意见稿和准则的核准本均由委员会以英文发行。国际会计师联合会的会员团体认为合适时，有权将征求意见稿和准则以本国文字自行翻译发布。译文必须注明从事翻译的会计工作团体，并注明是核准本的译文。

二、国际审计准则对财务报表审计的目的、责任和范围

（一）财务报表审计概述

国际审计准则叙述独立审计人员审核一个单位财务报表的总的目的和范围。根据国际会计准则委员会所下的定义，"财务报表"一词，包括资产负债表、收益表或损益报告书、财务状况变动表和被认为财务报表组成部分的注解，其他报表和说明材料。

（二）审计目的

财务报表审计的目的，就是要使审计人员对该项报表做出评语。该项财务报表应是根据公认会计政策的规定范围编制的。

审计人员的评语，有助于增强财务报表的可信程度。然而，财务报表的使用者不应认为审计人员的评语，就是该单位今后生存和发展的保证，也不能认为该评语，就是对该单位经理人员经营事业的效率和效果的保证。

（三）对财务报表的责任

审计人员负责构思和发表对财务报表的评语，编制报表的责任应属于该单位的经理人员。经理人员的责任包括进行适宜的会计记录和内部控制，选择和应用会计政策，以及保护该单位资产的安全。对财务报表的审计，并不解除经理人员的这些责任。

（四）审计的范围

第一，审计人员一般应根据法令、条例和职业团体的要求确定审计范围。

第二，单位的一切方面，凡与被审核的财务报表有关的，必须恰当地纳入审计范围之内。为了对财务报表做出评语，审计人员必须充分地明确：基础性的会计记录和其他来源的资料中所包含的信息是否可靠，是否足以成为编制财务报表的基础。在做出评语时，审计人员还必须断定有关信息是否在财务报表中恰当地反映。

第三，审计人员依据下列两点来衡量主要的基础性的会计记录和其他来源的资料所包含的信息是否可靠和是否充分：①以会计制度和需要作为依据的内部控制，必须进行研究和评价，测试这些内部控制，以确定其他审计程序的性质、范围和时间；②审计人员在特定情况下认为适宜时，对于会计事项和账户余额，可进行其他测试、查询和检查程序。

第四，审计人员用下列办法，确定有关的信息是否得到恰当表达：①将财务报表同基础性的会计记录和其他来源的资料相比较，了解其中记载的业务和事项是否得到恰当的概括；②研究经理人员在编制报表过程中所做出的判断。为此，审计人员要估计会计政策的选择及其一贯的运用情况，信息的分类方式，以及表达的恰当性。

第五，审计人员的整个工作过程自始至终都要通过判断。例如，决定审计程序的深度与广度，衡量经理人员在编制财务报表过程中所做出的判断和估计的合理程度。审计人员所能得到的证据很多是具有说服性的，而不是具有结论性的。由于上述原因，审计难以做到绝对的肯定。

第六，审计人员对财务报表做出评语时所应用的程序，要做到合理地保证财务报表在一切重要方面都能恰当表述。由于审计工作的测试性质和其他固有的局限性，以及任何一种内部控制制度的固有的局限性，甚至有些重要的反映失实，可能未曾发现，所以风险总是避免不了的。但是，当发现有任何迹象表明错误可能已经发生，并会导致重要的反映失实时，审计人员必须增加审计程序，以证实该错误的发生或排除疑点。

第七，财务报表审计范围受到限制，以致影响到审计人员对这些财务报表发表无保留评语时，这些情况必须在报告书中加以说明，并根据情况做出有保留的评语或拒绝做出评语。

三、国际审计准则的审计约定函

（一）审计约定函概述

第一，审计人员致当事人的约定函，是记录和确认任务的接受，审计的目的和范围，对当事人应负责任的限度，以及各种报告形式的文件。审计人员致送约定函给当事人，对双方都有利，最好是在任务开始以前致送，以免对任务有所妨碍。

第二，国际审计准则旨在帮助审计人员编写关于财务信息的约定函。在国际审计准则中"财务信息"一词是包括财务报表在内的。若是需要提供其他服务，如纳税、会计、管理咨询服务等以另行备函为宜。

第三，在某些国家，对审计的目的和范围、审计人员的责任都有法律规定，在这种情况下，审计人员也可以看出审计约定函能有助于当事人了解情况。

（二）审计约定函的主要内容

第一，审计约定函，可因每一当事人而异，但一般应包括：①财务信息审计的目的；②经理人员对财务信息的责任；③审计的范围，包括适用的法令、条例和职业团体的通告，这些都是审计人员所必须遵照执行的；④任务结束后的各种报告书或其他函件的形式；⑤由于审计工作的测试性质和其他固有的局限性，以及任何一种内部控制制度的固有的局限性，甚至有些重要的反映失实，可能未曾发现，所以风险总是避免不了的；⑥请求查看任何与审计有关的记录、文件和其他信息。

第二，审计人员也可能要在审计约定函中包括以下各项：①审计计划的安排；②期望收到当事人的书面文件，以证实有关审计的代表权；③请当事人给出约定函的回单，据以证实约定的条款已被接受；④审计人员预期将来要提交当事人任何其他函件或报告的说明；⑤计算服务费的根据和开列账单的安排。

第三，下列各点如认为恰当，也可列入函内：①在审计的某些方面，安排与其他审计人员或专家的联系；②安排与内部审计人员和当事人及其他职员的联系；③如属初次审计，而且另有前任审计人员的，要安排与前任审计人员的联系；④对审计人员的责任如有限制的可能性存在，应加以说明；⑤列出审计人员和当事人之间的任何进一步的协议。

第四，在日常的审计中，审计人员可决定不需要每年致送一次新的约定函。但如有下列情况存在，可以决定致送新的函件：①有任何迹象表明当事人对审计目的和范围有所误解；②约定事项中有修改条款或特殊条款；③经理人员最近有人事变化；④当事人业务的性质和范围有重大变化；⑤法律上的规定。如审计人员决定无须每年致送新的约定函，可向当事人提示原来的函件。

第五，如果母公司的审计人员兼任分支机构、附属机构、分部的审计人员，应考虑下列各项因素，以决定是否需要对分部另行致送审计约定函：①分部的审计人员由谁聘任；②对分部是否要单独致送审计报告书；③法律上的规定；④其他审计人员所执行的任何工作范围；⑤母公司所有权所占比例。

四、国际审计准则指导审计工作的基本原则

（一）基本原则概述

第一，国际审计准则的基本原则规定了审计人员的职业责任，在进行审计业务时，必须遵循。

第二，审计是指对任何单位的财务信息的独立检查，不论该单位是否以盈利为目的，不论其规模大小，也不论其法定组织形式，凡检查后需要发表评语的，均适用国际审计准则。

第三，其他各部分的国际审计准则，将对基本原则进行进一步阐述，以指导审计方法的选择和报告书编制等实务。

第四，贯彻执行这些原则，需要根据具体情况利用审计程序和审计报告书。

（二）正直、客观和独立性

审计人员在进行业务工作过程中，必须坦白、诚实和恳切。审计必须公正，

绝不允许偏袒，不能使偏见凌驾于客观性之上。审计人员必须保持公正的态度，在实践中不能有任何牵连，这种牵连会被人们认为与正直和客观不能相容（不论其实际影响如何）。

（三）保密

审计人员对工作过程中所获得的信息，必须遵守保密原则。未经特定的授权行为，并在法律上或职业上无反映责任的，不得将该项信息透露给第三者。

（四）技术和能力

进行审计业务和编拟报告书的人员，必须经过审计方面的适当训练，并具有相应的经验和能力，以职业上的认真态度进行该项工作。

审计人员要求有专业技术和能力。这些技术和能力的获得的途径是，接受普通教育，经过正规课程的学习并通过考试合格而获得专业知识，在合适的指导下取得实际经验等各项条件的综合。此外，审计人员必须经常关注相关事物的发展，包括国际和国内有关会计和审计事项的文件，以及有关的法令和条例的规定。

（五）其他人所做的工作

审计人员将工作委派给助理人员，或采用其他审计人员与专家所做的工作，审计人员对于财务报表所发表的评语，仍应负责。

审计人员将工作委派给助理人员时，应认真指导、监督和检查。审计人员应确定，其他审计人员或专家所做的工作，是否确实适合其委派的工作。

（六）记录

对于证明审计工作是按照基本原则进行的重要事项，应做记录。

（七）计划

审计人员应对其工作制定计划，以便有效率地、及时地进行有效果的审计工作。审计人员应在了解当事人业务的基础上制定计划。

计划的各项内容中，应包括：①了解当事人的会计制度、会计政策和内部控制程序；②确定内部控制的预期可靠程度；③确定和规划所要进行的审计程序的性质、时间和深广度；④协调所要进行的工作。

在审计过程中，必要时应进一步发展和修订计划。

（八）审计证据

审计人员通过守则审计程序和实体审计程序，取得合适的审计证据，从而得出合理的结论，并以此作为财务信息评语的依据。

内部控制是审计赖以进行的根据，为了合理地证实内部控制的实行情况而进行的测试，称为守则审计程序。为了确定会计体系中所做成的记录的完整性、正确性和合法性而进行的审计，称为实体审计程序。该项程序包括下列两种类型：一是测试会计事项和账面余额的详细情况；二是对不正常波动和不正常项目所做的检查。

经理人员负责执行合适的会计制度，组织适合于企业规模和性质的各种内部控制。对于会计制度的适用性，以及应入账的会计信息是否确已入账，审计人员必须求得合理的证实。一般来说，内部控制有助于这种证实。

审计人员对于会计制度和有关的内部控制，应有所了解；对于有些内部控制，审计人员要据以确定其他审计程序的性质、时间和深广度的，必须进行研究和评价。

审计人员断定某些内部控制可以信赖时，其实体审计程序的范围一般可以较小，其程序的性质和时间也可以不同（与无此根据所要求的程序相比而论）。

（九）审计结论和报告书的编制

审计人员对于从取得的审计证据中归纳出的各种结论，应予以检查和评价。通过这种检查和评价，形成下列各项全面性的结论：①财务信息是否按照公认的会计政策编制，是否一贯地应用；②财务信息是否符合有关的法令和条例的要求；③财务信息所表现出来的情况，总体是否与审计人员所了解到的该单位的业务情况相符；④有关恰当反映财务信息的重要事项，是否已全部做出了适当的表达。

审计报告书应包括对于财务信息的用书面形式清晰明了地表达的评语。无保留的评语是指审计人员对全面性结论所述事项在一切重要方面都表示满意。

当做出有保留的评语、反面的评语或拒绝做出评语时，在报告书中应以清晰明了的详尽的方式申述其全部理由。

虽然美国公认审计标准并不要求审计人员对于财务信息是否与有关法令和条例规定相符做出结论，但审计人员必须注意有些国家可能要求审计人员做出这种结论，并作为法律上的义务。

五、国际审计中的审计计划

（一）计划的概述

《国际审计准则第3号——关于审计的基本原则》指出，"审计人员应对他的工作制订计划，以便有效率地及时地进行有效果的审计工作。审计人员应在了解当事人业务的基础上制订计划"。

计划的各项内容中，应包括：①了解当事人的会计制度、会计政策和内部控制程序；②确定内部控制的预期可靠程度；③确定和规划所要进行的审计程序的性质、时间和深广度；④协调所要进行的工作。

在审计过程中，必要时应进一步发展和修订计划。

（二）准则的目的

准则的目的是对上列基本原则做出详细说明。

准则的适用范围。准则适用于财务报表和其他财务信息审计的计划过程。准则是就常年审计拟定的。如属初次审计，审计人员可扩大其计划范围，不必局限于本文所讲的范围。计划必须贯穿于任务的全过程，并包括下列方面：①对于审计的预期范围和进程，制订全面计划；②制定审计提纲，以表明审计程序的性质、时间和深广度。

情况的变化和在审计过程中发生的意外结果，可能导致修订全面计划和审计提纲。对其重大改变的理由，应做记录。

合适的审计计划有助于保证将适当的注意力集中于重要的审计区域，迅速查明潜在问题，并顺利地完成工作。计划的制订也有助于适当地使用助理人员，和协调其他审计人员及专家所做的工作。

计划的深广度将因审计的规模和复杂性而不同，也将因审计人员与当事人过去相处的经验和对当事人业务的了解而不同。

审计人员可将其全面计划的要点和某些审计程序与被审计方的经理人员和职员进行讨论，以提高审计效率，并使审计程序与被审计方职员的工作相协调。但全面审计计划和审计提纲仍应是审计人员的责任。

（三）对被审计方业务的了解

第一，审计人员必须对被审计方的业务和这一行业有一定程度的了解，这样才能判断并确定哪些事实、交易和业务可能对财务信息有重大影响。审计人员可从下列各方面进行了解。

①被审计方送交股东的年度报告；②股东大会、董事会和重要的委员会的会议记录；③本期和前期的内部财务经理报告；④以前年度的审计工作底稿表和其他有关档案；⑤公司中从事与审计工作无关的、向被审计方负责的人员可能提供对审计有影响的信息；⑥与被审计方的经理和职员的讨论；⑦被审计方的政策和程序的手册；⑧行业的刊物；⑨研究经济形势及其对被审计方业务的影响；⑩对被审计方的办公处和工厂设施的访问。

第二，对于以前年度工作底稿表和其他有关档案，审计人员应重点关注需要考虑的特殊事项，并予以判断是否影响本年度将要进行的工作。

第三，与被审计方的经理人员和职员的讨论，包括下列专题。

①被审计方的经理人员、组织机构和业务活动的变化；②与被审计方有关的现行的政府条例；③与被审计方有关的当前的工商业的发展；④当前或即将发生的财务困难或会计问题；⑤存在着的有利害关系的各个方面；⑥新建或关闭的办公处和工厂设施；⑦最近的或即将发生变化的技术、产品或服务的类型，生产和分配的方法；⑧会计制度和内部控制制度的变化。

第四，对于被审计方业务的了解，不仅对设置全面审计计划有重要意义，有助于审计人员查明需要考虑的特殊审计方面的问题，有助于评价会计上的估量和经理人员陈述的合理性，还有助于判断会计政策和反映的恰当性。

（四）全面计划的编制

审计人员按照预期的审计范围和实务制订全面计划时，必须考虑下列事项。

①任务的条款和任何法律责任；②按任务的要求，预计递交被审计方的审计报告书和其他信件的性质和时间；③被审计方采用的会计政策及其变更情况；④新颁布的会计或审计条文对审计工作的影响；⑤确定审计的重要方面；⑥为审计目的而设定重要性的标准；⑦需要特别注意的情况，如有重大弊端或错误的可能性，或牵涉到有关某些方面的可能性；⑧审计人员预计对会计制度和内部控制的可信赖程度；⑨审计方面的重点可能的改变；⑩需要取得的审计证据的性质和范围；⑪内部审计人员的工作及与审计的关联程度（如有关联之处）；⑫在审核被审计方附属机构和分支机构时，与其他审计人员的关系。

（五）与专家的关系

审计人员应将全面计划做成记录。记录的形式和深广度，将因审计的规模和复杂程度而异。按各审计方面或审计程序预定的工作时数，做成时间预算，可以成为一种有效的计划工具。

（六）审计提纲的编制

审计人员应编制书面审计提纲，确定贯彻审计计划所需要的各项程序，提纲可包括每一区域的审计目的，并应有充分详细的说明，以便作为对参与审计的助理人员的一整套指示，同时也是正确控制工作进行情况的工具。

由于审计人员已经了解了会计制度和有关的内部控制方式，在制定提纲时，可能要以某些内部控制为基础，借以确定将要进行的程序的性质、时间和深广度。审计人员可能做出结论，认为以某些内部控制为基础，是进行审计工作的有效率和有成果的方法。但是，当审计人员有其他更有效的办法可以取得充分恰当的审计证据时，则可以决定无须以内部控制为依据。审计人员也应该考虑审计程序的时间，协调从被审计方处可以取得的帮助，助理人员的使用，以及与其他审计人员或专家的联系。

关于何时执行审计程序，审计人员在做出决定时一般是有弹性的，因为在某一限定时间内必须进行的，为数很少。例如，会计业务的审计程序尽可能地在该业务记录以后任何时间内进行。相反的事例是，对于观察被审计方职工盘点存货，审计人员在时间上可能是无选择余地的。

审计计划和有关的审计提纲，在审计进行过程中，必须重新加以考虑。这些考虑必须基于对内部控制的检查及其初步评价，以及进行守则审计程序和实体审计程序所取得的结果。

第六章 国际财务报告

第一节 国际财务报告概述

一、国际财务报告的意义

随着国际资本市场成为越来越重要的筹资来源,在国际背景下财务信息和非财务信息的传递,特别是相关的对外财务报告,在越来越多的国家得到重视。

国际财务报告是国际财务会计的一个重要组成部分,通常指跨国公司为满足多个国际会计信息使用者的需要而对外提供的财务报告。跨国公司是在两个或两个以上国家从事工商业活动的企业,其资本环境和经营环境都是国际市场。即跨国公司要通过国际资本市场筹集资金、要对不同国家进行直接投资、要在两个或两个以上国家进行经营和贸易活动,而这些都要求跨国公司要向处在不同国家的投资者、债权人、母公司与子公司所在国的政府部门等提供符合其要求的财务报告。

从国际资本市场筹集资金,是跨国公司提供国际财务报告所要达到的最终目标之一。和国内企业一样,跨国公司为了满足其扩大经营规模的需要,就必须要筹集大量的资金,而这些资金除通过国内市场筹集之外,在很大程度上还要依靠国际市场来筹集。无论是在国内市场筹资,还是在国际市场筹资,都需要向资金提供者提供适当的财务报告。相比较而言,在通过国际市场筹资时,企业提供的财务报告又显得尤为必要。因为国内的投资者(资金提供者)往往可以通过多种途径较为便利地获取一个企业的信息,而不仅仅依赖于企业的财务报告,如政府发布的公开信息、行业报告及新闻报道等,甚至投资者还可以到筹资企业进行实地考察。而跨国投资者则很难获取上述便利条件,即使能够利用其中的某些途径获取信息,也要付出比国内投资者高得多的投资成本。在这种情况下，跨国公司提供符合国际惯例的财务报告，向投资者披露关于企业资本营运和财务状况的会计信息便显得尤为必要了。

除筹资因素外，跨国公司在他国的投资和经营活动同样需要提供国际财务报告。站在某个特定国家的角度看，一国之所以吸引跨国公司的投资，其最终目的在于发展本国的经济。而跨国公司的投资，并非意味着一定能够促进和推动被投资国经济的发展。事实上，跨国公司较强的经济实力与其独特的经营方式，往往会给被投资国在经济、社会乃至文化等方面带来某种意义上的冲击，而这正是被投资国政府所担心和存有疑虑的地方。为了消除这些顾虑，跨国公司同样需要借助于国际财务报告，并且通过财务和非财务两个方面的信息披露来增强被投资国政府和公众对该跨国公司的信心。

二、国际财务报告的内容

融资环境和经营环境的国际特征决定了跨国公司提供国际财务报告的必要性，但跨国公司究竟提供何种形式、包括哪些内容的财务报告，却并无统一的模式。从当今的国际惯例来看，由母公司提供合并财务报表是各国对跨国公司财务报告的普遍要求。但合并财务报表也有其局限性，这样并不能提供行业、区域等分部信息。于是，分部财务报告应运而生。此外，从国际财务报告的内容上看，揭示跨国公司社会责任方面的信息是其主要的特征之一，而且各国对外国公司的财务报告还有一些特殊的要求。因此，除合并财务报表外，分部财务报告、社会责任的揭示及对外国公司财务报告的要求构成了跨国财务报告所要研究的内容。

依据《企业会计准则第30号——财务报表列报》的规定，国际通用的财务报表有如下要素：①资产；②负债；③权益；④收益和费用，包括利得和损失；⑤业主（或以业主的身份）的投入及分配；⑥现金流量。

一套完整的财务报表包括下列组成部分：①资产负债表；②收益表；③权益变动表；④现金流量表；⑤注释，包括重大会计政策和其他说明性注释；⑥当企业追溯用会计政策或追溯重编财务报表的项目，或重分类其财务报表的项目时，最早比较期间的期初资产负债表。

同时，鼓励企业在财务报表之外披露管理部门提供的财务评述。该评述应描述和解释企业财务业绩和财务状况的主要特征及其面临的主要不确定事项。这样的报告可以包括对以下方面的评述。

①决定业绩的主要因素和影响，包括企业经营所处环境的变化、企业对这些变化的反应和由此产生的影响、企业为维持较高的经营业绩而采取的投资政策（包括其股利政策）；②企业筹资来源、举债政策及其风险管理政策；③根据国际会计准则规定，价值未在资产负债表中反映的企业实力和资源。

许多企业在财务报表外提供诸如环境报告和增值表等附表，在环境因素影响重大和雇员被视为重要的使用者团体的行业尤其如此。如果企业的管理部门认为这类附表有助于使用者进行经济决策，则国际会计准则鼓励企业提供这类附表。

三、国际财务报告的种类

国际财务报告的类型大体上有四种。

（一）国际合并财务报告

国际合并财务报告是跨国公司向股东和债权人提供的合并财务报表，其特点有：第一，由于跨国公司是超大型企业，这种合并报表提供的均是综合性程度非常高的财务信息，因此不论信息的提供和使用，都要求具有较高的会计业务水平；第二，这种报表必须披露报表编制所遵循的会计原则和准则，否则就不可能看懂这种报表，更不可能正确地理解这种报表。

（二）向国际投资者提供的多样化的财务报告

为了使财务报告能适应国际投资集团中不同利益者的需要，一些国家（如荷兰、日本）的有些跨国企业又开始在两个基础上提供财务报告：一是以本国的第三者为对象按照本国的会计原则编制的；二是以盎格鲁－萨克森集团为对象按照美国的准则和原则编制的。

（三）法定的财务报告

许多国家依照该国的法律制度，要求在其管辖范围内开设的公司都要依法编报财务报告。这种报告对是否能满足公众了解公司情况和是否应在法定的财务报告之外编报另外的财务报告都不予考虑。如在欧洲有些国家，政府为编制商业年鉴，往往要求各公司提供规定的财务报告；日本、瑞士的公司除公布合并财务报表外，还须各子公司的报告，因此就会形成一个公司的年报表同时包括多达五六套财务报告的现象。

（四）向国际组织递送的特别财务报告

在国际财务报告中，特别财务报告的使用次数比较多。国际财务报告所提出的问题与单纯国内财务报告不同。例如，当波音公司向发展中国家航空公司供应电机和零部件以及训练服务时，这些国家为向进出口银行寻求提供贷款，各公司需向银行提出一种申请报告，以便银行对来自各申请国的报表进行比较，并以此作为财务预测的基础。这些报告是一种特别财务报告。又如，世界银行附属的国际金融公司在向其协定成员国私营企业提供贷款时，允许每个借款企业的会计核算和财务报告执行各企业当地的法律，但国际金融公司要求借款者定期编制财务报告，以便投资者加以监督。为此，国际金融公司发行了一种专门的手册，在手册中对这种会计与财务报告的形式、内容、所依据的会计标准和原则、独立审计师报告等要求列有详细的规定。这就是一种跨国特别财务报告的典型。

跨国公司提供的特别财务报告，有时要递交国际开发银行、世界银行、国际金融公司等有关的国际金融组织。这些特别财务报告首先要明确报告的主体，其次要遵循跨国财务报告的原则和准则。值得注意的是，联合国经济及社会理事会所属的跨国公司委员会已开始制定跨国公司必须提供的最低限度的报告资料，包括财务资料和非财务资料。国际会计和报告准则政府间专家工作组提出，跨国公司、分部企业集团和个别企业（公司集团的成员）必须通过资产负债表、收益表、纯利或收益净额分配表、财务状况变动表提供财务资料。对于这些报表，该工作组规定了财务资料的基本项目，即最低限度应提供的基本资料。此外，该工作组要求在上列报表中公布会计政策与关于某集团和联营企业的成员资料。基本项目应当先按区域或国家划分，再按主要行业细分。

第二节 国际财务报告的框架

国际会计准则委员会在开始制定准则时，考虑到世界各国不同的文化和法律制度，通常允许同一会计事项可选择不同的会计处理方法。但是允许会计方法的多种选择无法达到协调全球会计实务、提供可比会计信息的目的。要制定出一套国际会计准则，需要形成一套被全世界所接受的会计处理的共同基础，即概念框架。为此，国际会计准则委员会着手概念框架的制定工作，在参照美国财务会计概念公告的基础上，浓缩概括了其主要精神，经过多次审慎讨论，正式发布了《编报财务报表的框架》，后改组成立的国际会计准则理事会采纳了这一文件。

但是随着经济环境的变化，特别是会计准则全球趋同的发展，《编报财务报表的框架》的修订也已提上议程。

一、《编报财务报表的框架》的作用和性质

国际会计准则委员会出于制定和修订国际会计准则的考虑，决定进行编制财务报表的理论框架研究。进行该项目研究的主要目的是为减少国际会计准则所允许选用的会计处理方法的数目提供理论研究基础；协助国际会计准则理事会协调与执行编报财务报表有关的规定、准则及程序；帮助各国会计准则制定机构制定本国准则；帮助编制者应用国际会计准则，处理尚未形成国际会计准则项目的问题；帮助审计师形成财务报表是否符合准则的意见；帮助使用者理解根据准则编制的财务报表中所包含的信息；向关心国际会计准则委员会工作的人士提供关于制定准则方法的信息。

根据上述目的，《编报财务报表的框架》的作用可归纳为两个方面：一方面，对于准则制定者而言，《编报财务报表的框架》可以帮助他们制定未来的准则和评价现行准则；另一方面，对于财务报告的编制者、使用者及审计师而言，《编报财务报表的框架》可以帮助他们理解准则的要求，可以为他们提供处理会计新问题的指导。

《编报财务报表的框架》是国际会计准则委员会（国际会计准则理事会）的概念框架，不是一份国际会计准则，没有针对特定问题设立计量和报告标准，不具有会计准则的效力。因此，特定的会计问题须遵循具体的国际会计准则规定。在少数情况下，《编报财务报表的框架》和某项国际会计准则之间可能会有矛盾。在有矛盾的情况下，应以国际会计准则而不是以《编报财务报表的框架》的要求为准。

二、《编报财务报表的框架》的主要内容

《编报财务报表的框架》由前言、引言、财务报告的目标、基础假设、财务报告的质量特征、财务报告的要素、财务报告要素的确认、财务报告要素的计量、资本和资本保全的概念九部分内容组成，涉及的主要问题有财务报告的目标，基础假设，决定财务报告信息有用性的质量特征，构成财务报告要素的定义、确认和计量，资本和资本保全的概念。

下面对这些要点分别进行介绍。

(一)财务报告的目标

1. 财务报告目标的表述

《编报财务报表的框架》范围内的财务报告是针对众多使用者共同需要的通用财务报告,包括合并财务报告。专用财务报告不属于《编报财务报表的框架》的范围,如募股说明书和为纳税目的而编制的计算表。

通用财务报告的目标是为现在和潜在的投资者、债权人及其他使用者提供有用的信息,以便其做出投资、信贷及类似的资源配置决策。

为上述目的编制的财务报告,能够满足大多数使用者的共同需要。但是,财务报告并不能提供给使用者进行资源决策所需的全部信息。

2. 财务报告的使用者

财务报告的目标是满足大多数使用者的共同需要。这些使用者包括现有的和潜在的投资者、雇员、贷款人、供应商和其他商业债权人、顾客、政府及其机构和公众。他们利用财务报告来满足各自对信息的不同需要。这些需要包括投资的内在风险和投资回报、报告主体的稳定性和获利能力、报告主体按期支付的能力、报告主体的持续经营能力、对资源的分配等。

现在和潜在的投资者、债权人是财务报告的主要使用者。虽然不同的使用者对财务报告信息的需要不完全相同,但有些需要对于所有的使用者来说是相同的。对投资者和债权人有用的信息通常对其他使用者也是有用的。

3. 财务报告的内容

为了达到财务报告的目标,财务报告应为现在和潜在的投资者、信贷者及其他使用者提供有助于评估报告主体未来现金流量的金额、时间及不确定性的信息。这些信息对评估报告主体产生净现金流量的能力,即给投资者和债权人带来投资回报的能力是必不可少的。为了便于现在和潜在的投资者、信贷者及其他使用者评估报告主体产生净现金流量的能力,财务报告应当提供有关下列情况的信息:报告主体的经济资源(资产),对这些资源的索取权(负债和权益),引起经济资源及其索取权变动的交易、事项和环境的影响。

(二)基础假设

1. 权责发生制

财务报告应根据权责发生制的基础假设来编制。按照权责发生制的要求,在交易和其他事项发生时,而不是在收到或支付现金或现金等价物时确认其影响，而且要将这一影响计入与其相联系的期间的会计记录并在该期间的财务报告内予以报告。根据权责发生制编制的财务报告，不仅告知使用者过去发生的、关系到现金收付的交易，而且告知使用者未来支付现金的义务和代表未来将要收到现金的资源。因此，这些财务报告提供在经济决策中对使用者最为有用的关于过去发生的交易和其他事项的信息。

2. 持续经营

财务报告的编制，通常根据报告主体是经营中的实体并且在可以预见的将来会继续经营的假定，从而假定报告主体既不打算也没有必要实行清算或大大缩小其经营规模。如果有这种打算或必要，财务报告就可能必须按照不同的基础编制，就应当说明其所采用的基础。

综合上述两项假定可知，财务报告应在持续经营的基础上编制，除非报告主体很可能破产或终止经营。如果财务报告不是以持续经营为基础编制的，则应披露这个事实及其原因，有关持续经营的不确定性应予披露。除现金流量表外，报告主体应以权责发生制作为编制财务报表的基础。

（三）财务报告的质量特征

质量特征指使财务报告提供的信息对使用者有用的那些性质。对决策有用的财务报告信息必须具有相关性、如实反映、可比性（含一致性）、可理解性等质量特征。除了要考虑质量特征外，财务报告所提供的信息还受到两个条件的约束——重要性、成本效益原则。

1. 相关性

信息要有用，就必须与使用者的决策相关。当信息通过帮助使用者评估过去、现在或未来的事件或者通过确证或纠正使用者过去的评价，影响到使用者的经济决策时，信息就具有相关性。相关的信息具有预测价值、确证价值和及时性。

（1）预测价值

预测价值是指信息有助于使用者预测未来事项，如未来现金流量的时间、金额和不确定性。信息要具有预测价值，不一定非要采取明确的预报形式。有关过去交易和事项的编报形式本身，就能提高使用者根据财务报告进行预测的能力。例如，如果分别列示异常、特殊和偶发的收益或费用项目，就可以提高收益表的预测价值。

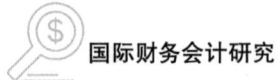

（2）确证价值

确证价值是指信息有助于使用者评估过去和现在的事项，从而证实或纠正使用者过去的评价。信息的确证价值和预测价值是相互联系的。例如，有关现有资产水平和结构的信息，对使用者预测报告主体的发展前景（把握机遇或应付不利形势的能力）有价值。而对报告主体过去的预测，上述信息则可以起到确证作用。

（3）及时性

及时性指信息在失去其决策作用以前，就为决策者所掌握。如果在需要时得不到信息，而得到信息时却已在事项发生了很久以后，以致无法影响到决策者的决策，信息就失去了相关性。相关性要求及时报告交易、事项及情况的进展，但在完全了解交易、事项及情况之前就做出报告可能影响其精确性。为了提高信息的及时性而适当影响其精确性有时是值得的。但是，有些信息即使在报告期以后很长一段时间内仍是及时的，因为决策者在决策中仍需考虑这些信息。

2. 如实反映

信息要有用，就必须如实反映其所要反映的真实世界的经济现象。财务报告中反映的现象是报告主体的经济资源、对经济资源的索取权，以及引起两者改变的交易、事项、环境。要如实反映这些经济现象，财务报告提供的信息就必须具有可验证性、中立性和完整性。

（1）可验证性

可验证性意味着相互独立的人员会就下述的某一方面达成一致：反映经济现象的信息不存在重大的错误或偏向，即直接验证；或者选择的确认和计量方法在应用中不存在重大的错误或偏向，即间接验证。可验证性并不要求信息是一个点的估计值，变动范围内的可能值及其概率分布也能够被验证。

（2）中立性

中立性是指不会为了达到某一预定结果或特定行为而歪曲信息，即信息要如实反映经济现象，就必须是中立的。如果财务报告通过列报选取信息影响使用者的决策，以求达到预定的结果，这种财务报告就不是中立的。

（3）完整性

财务报告中的信息要做到如实反映，就必须在重要性和成本允许的范围内做到完整。遗漏重要的信息会导致使用者产生误解。

3. 可比性（含一致性）

可比性包括一致性。可比的信息能够让使用者识别出不同经济现象的相似和不同之处。一致性是指同一报告主体不同时期和不同报告主体同一时期使用相同的会计政策和会计程序。可比性是目标，一致性是达到目标的手段。

4. 可理解性

财务报告内所提供信息的基本质量特征之一，就是便于使用者理解。可理解的前提假定是，使用者具有一定的报告主体、经济活动和会计方面的知识，并且愿意相当努力地去研究信息。然而，某些复杂事项的信息，因其与使用者的经济决策相关而应当列入财务报告，不能仅仅因为有些使用者难以理解而将其排除在外。信息的分类和列报越清楚和简洁，就越容易理解。

5. 财务报告的约束条件

除了上述所说的相关性、如实反映、可比性和可理解性外，财务报告还受到两个普遍约束条件的制约——重要性和成本效益原则。这两个条件关注的问题都是为什么有些信息包含在财务报告中，而另一些信息却不包含在财务报告中。

（1）重要性

如果信息的漏报或错报会影响使用者根据财务报告做出的经济决策，信息就具有重要性。重要性取决于漏报或错报信息的性质和大小以及报告主体的情况。重要性需要在信息质量特征的背景中进行考虑。例如，判断信息是否反映了所要反映的经济现象，需要考虑潜在错报的重要性。重要性与质量特征及成本效益原则的主要区别是，重要性不是准则制定者要考虑的事情。

（2）成本效益原则

信息所产生的效益，应当超过提供信息的成本。然而，由于信息成本与信息效益不一定是由同一主体承担的（即存在通常所说的"外部性"问题），在一些情况下，很难进行成本效益的比较。因此，对信息效益和成本的评价，实质上是一种判断过程。即使如此，财务报告的编制者和使用者，尤其是准则制定者，应当认识到这一约束因素。

（四）财务报告要素的定义、确认和计量

1. 财务报告要素的定义

为了揭示交易和其他事项的财务影响，可以根据经济特性将其分成大类，这些大类被称为财务报告的要素。与资产负债表相连、反映财务状况的要素有

资产、负债和权益；与收益表相连、反映经营业绩的要素有收益和费用。

反映财务状况的要素包括以下几点。

（1）资产

资产是指由于过去事项而由主体控制的、预期会导致未来经济利益流入主体的经济资源；主体对现行经济资源拥有权利或特权。成为主体的一项资产必须具有三个必要的特征：①资产是一种经济资源；②主体对该经济资源拥有权利或特权；③在财务报告日存在着这个权利或特权。

（2）负债

负债是指主体由于过去事项而承担的现时经济义务，该义务的履行预期会导致含有经济利益的资源流出主体。与资产类似，负债的这一概念中也包含了三个要点：①主体以一定的方式去执行和完成以经济资源偿还或者制止债务的义务；②在财务报表日存在这笔债务；③这笔债务是经济性的，主体应以经济资源偿还或准备偿还这笔债务。

（3）权益

权益是指报告主体资产扣除报告主体全部负债以后的剩余利益。通常根据权益的性质将权益再分为几个小类，如公司制报告主体中的权益可分为投入资本、留存收益及各种储备。储备有时是依据法律、法规和税法的要求设立的，其目的是给主体及其债权人增加一种不受亏损影响的额外保障。由于储备提供了与使用者决策相关的信息，因而需从留存收益中划分出来，单独列报。独资报告主体、合伙报告主体所适用的法律和监管框架往往与公司制报告主体不同，但权益的定义和有关权益的其他内容对于这些报告主体同样适用。

从上述定义可以看出，资产和负债的定义是财务报告要素定义的核心。财务报告要素的定义，确定了这些要素的基本特性，但不是其在财务报告内得到确认的标准。财务报告要素要在财务报告内得到确认还需满足确认的标准。

2. 财务报告要素的确认

（1）确认的标准

确认是指将符合要素定义和确认标准的项目纳入资产负债表或收益表的过程。确认的过程包括以文字和金额表述一个项目并将该金额计入资产负债表或收益表的总额中。符合确认标准的项目，应当在资产负债表或收益表内予以确认，而不能以在财务报告外的披露来代替。确认的标准有两条。①与该项目有关的未来经济利益将很可能流入或流出报告主体。由于要素的定义涉及未来的经济利益，而未来是不确定的，在确认标准中采用"很可能"的概念，是为了指出与项目有关的未来经济利益将会流入或流出报告主体的不确定程度。例如，如果报告主体的应收账款很可能收回，则在没有相反证据时，就有理由将应收账款确认为资产。②对该项目的成本或价值能够可靠地加以计量。对成本或价值进行估计，是财务报告编制过程中不可避免的。如果无法做出合理的估计，就不符合可靠性的信息质量要求，就不能在资产负债表或收益表内确认这一项目。例如，某一诉讼案件将会带来的赔款收入，既符合资产和收益的定义，又符合确认的概率标准。然而，如果不能可靠地计量赔款的金额，就不能将其确认为资产和收益。

（2）资产的确认

如果一项资产的未来经济利益很可能流入报告主体，其成本和价值也能够可靠地加以计量，就应当在资产负债表内确认为资产。如果支出已经发生，但是认为经济利益不大可能在以后期间流入报告主体，就不应当在资产负债表内确认为资产。

（3）负债的确认

如果由于一项现时义务的履行，含有经济利益的资源很可能流出报告主体，结算金额也能可靠地加以计量，就应当在资产负债表内确认为负债。在实务中，导致义务的合同尚未执行，如已订购但尚未收到的存货，虽然这些义务符合负债的定义，但在财务报告内一般不确认为负债，只有在特定的情况下满足了确认标准，才可以确认。

（4）收益的确认

如果未来经济利益的增加与资产的增加或负债的减少相关，并且能够可靠地加以计量，就应当在收益表内确认收益。实务中通常要求收入已经取得才能确认，只把能够可靠地计量并且具有足够的确定性的项目确认为收益，这是对上述确认标准的应用。

（5）费用的确认

如果未来经济利益的减少与一项资产的减少或一项负债的增加相联系，并且能够可靠地加以计量，就应当在收益表内确认费用。下面是费用确认标准的两点应用。

1）费用与收益的配比

在收益表内确认费用，应以所发生的费用与所取得的收益之间的直接联系为基础。这一过程通常称为费用与收入的配比，即同一交易或事项产生的收入和费用，应同时确认或合在一起确认。例如，在确认商品销售产生的收益时，同时确认构成商品销售成本的各种费用。但是配比概念的应用不应该导致在资产负债表内确认不符合资产或负债定义的项目。

2）折旧与摊销

如果经济利益在若干会计期间内产生，并且只能大致和间接地确定费用与收益的联系，就应当按合理的分配规则，在收益表内确认费用，如长期固定资产的折旧和无形资产的摊销。

资产和负债因重估而引起的金额变动虽然符合收益和费用的定义，但是根据特定的资本保全概念，其不列入利润表，而是直接计入资产负债表中的权益。

（6）财务报告要素确认之间的关系

财务报告要素的确认是相互联系的，一个项目符合某种要素的定义和确认标准，就会自动要求确认另一种要素。如确认一项资产，就会要求确认一项收益或负债；确认一项负债，就会要求确认一项资产或费用。

3. 财务报告要素的计量

计量是指为了在资产负债表和收益表内确认和列报财务报告要素而确定其金额的过程。这一过程涉及选择具体的计量基础。《编报财务报表的框架》给出了四种可供选择的计量基础：历史成本、现行成本、可变现价值（结算价值）、现值。按照不同的计量基础，在资产负债表内确认和列报的资产和负债金额会不同，进而可能导致收益表内收益和费用的差异。

在这四种计量基础中，历史成本仍是编制财务报告最常用的计量基础，但在运用中常常结合其他计量基础。例如，存货常常按照成本与可变现净值孰低列报，有价证券可以按照市价列报，而养老金负债则按现值列报。此外，为了处理非货币性资产价格变动的影响，还可以采用现行成本来弥补历史成本的不足。

（五）资本和资本保全概念

国际会计准则委员会在《编报财务报表的框架》中将资本的概念划分为资本的财务概念和资本的实物概念。按照资本的财务概念，资本视同投入的货币或投入的购买力，是净资产或权益的同义语。按照资本的实物概念，资本视同营运能力，被看作以每日产出等为基础的生产能力。相应的，资本保全可分为财务资本保全和实物资本保全。

1. 财务资本保全

根据财务资本保全的要求，只有期末净资产的财务（或货币）金额大于期初净资产的财务（或货币）金额（扣除本期内对业主的分配和业主的出资以后），才算赚得利润。财务资本保全的计量，可以用名义货币单位或固定购买力单位。

2. 实物资本保全

根据实物资本保全的要求，在扣除本期内对业主的分配和业主的出资以后，报告主体的期末实物生产能力（或营运能力），或报告主体期末达到的上述实物生产能力所需的资源或资金，必须大于期初实物生产能力，才算赚得利润。

资本保全的概念提供了计量利润的参照点，从而也就规定了资本概念与利润概念的联系。这是区分报告主体资本回报和资本返还的前提。资产的流入必须大于保全资本所需要的金额，才可以作为利润和资本回报。利润是从收益中扣除费用（包括恰当的资本保全调整）以后的余额。如果费用大于收益，这一余额就是亏损。

第三节　国际财务报告的编制

一、财务报表的列报

《国际会计准则第1号——财务报表列报》的目的是规范通用财务报表的列报基础，以确保其可比性，主要涉及列报的总体要求、结构指南、列报内容的最低要求、遵从国际财务报告准则情况的指南以及背离国际财务报告准则情况的指南等内容。相关的解释公告主要有《解释公告第27号——评价涉及租赁法律形式的交易的实质》《解释公告第29号——服务特许权协议：披露》等。

根据其使命公告，国际会计准则委员会本着公众利益，致力于制定一套要求在通用目的上的财务报表中披露透明的、可比信息的、高质量的、可理解的、可实施的全球性会计准则。国际会计准则委员会致力于会计准则的建设，但在若干会计准则中，以《财务报表列报》作为第1号会计准则颁布显然体现了财务报表列报准则在整个国际会计准则体系中的重要地位，也说明了国际会计准则委员会对其重视程度。

财务报表列报这一会计准则的重要地位，恰恰说明对外披露会计信息影响决策，发挥会计信息作用是会计组织和会计活动的目标。会计信息是通过财务报表对外披露与传达的，因而规范财务报表的事项就显得格外重要。作为第1号会计准则对外颁布可显示出其重大的意义。《国际会计准则》第1号成为若

干国际会计准则中核心会计准则的基础,由此促成与资本市场相关的一系列国际会计准则的制定。

(一)财务报表列报准则适用的范围

《国际会计准则》第1号规范了会计报表编制的程序与报表的结构,并提出报表最基本的质量标准。该准则主要适用于以下范围。第一,用于按照国际会计准则要求编制的所有通用的财务报表的列示。这段表述意味着,财务报表列报准则中的编制基础是以国际会计准则为依据的,其报表是通用型的报表,而不是专门报告某一问题所编制出的会计报表。因此,企业在按照国际会计准则编制财务报表时,对其服务对象应提供通用型财务报表。第二,通用财务报表的含义是为无特定要求的使用者编制的财务报表。第三,财务报表列报准则也适用于银行、保险公司等在内的企业。对银行及金融机构的特殊要求专门在有关的会计准则中说明。第四,财务会计列报准则反映的是以经营为目的,并以实现利润最大化为目标的营利性企业,其有关术语是以盈利企业财务报表为对象的。

(二)财务报表列报的总体要求

《国际会计准则》第1号的总体要求主要包括公允列报和遵从国际会计准则、会计政策、持续经营、权责发生制、列报的一致性、重要性和汇总、抵销以及比较信息等方面。

1. 公允列报和遵从国际会计准则

财务报表应公允地反映企业的财务状况、经营业绩和现金流量。恰当地运用国际会计准则,并在必要时提供附加披露。所谓公允列报,就是采用《编报财务报表的框架》规定的资产、负债、收入和费用的定义和确认标准,真实反映交易、其他事项和情况的影响。

只有当财务报表遵守了每项适用的国际会计准则和每项适用的常设解释委员会的解释的全部要求时,该财务报表才能被认为是遵守了国际会计准则。

如果管理部门断定遵守某项准则的要求将导致误解的情形发生,从而有必要背离该项要求以实现公允列报,则企业此时应披露:一是管理部门已断定财务报表公允地反映了企业的财务状况、经营成果和现金流量;二是除为实现公允列报而背离了某项准则外,企业在其他所有重要方面均已遵守了适用的国际会计准则;三是企业背离的那项准则、背离的性质,包括该项准则要求的处理方法,在哪种情况下该处理方法导致误解以及误解的原因和现在采用的处理方法；四是这种背离对企业每个列报期间的净损益、资产、负债、权益和现金流量所产生的财务影响。

2. 会计政策

管理部门应选择和运用企业的会计政策，以使其财务报表遵守每项适用的国际会计准则和常设解释委员会的解释的所有要求。

3. 持续经营和权责发生制

持续经营和权责发生制是编制财务报表必不可少的两个会计假设。具体内容参见本章第二节。

4. 列报的一致性

财务报表中项目的列报和分类，应自一个期间至下一个期间保持一致，除非以下两种情况：一是企业经营性质的重大变化或对其财务报表列报的审视表明，改变报表中项目的列报与分类将导致不恰当地列报事项或交易；二是国际会计准则或常设解释委员会的解释要求改变了财务报表的列报方式。

一项重大的购买或处置事项，或对财务报表列报的审视，可能表明财务报表应以不同的方式列报。只有当修改过的结构可能持续时，或当另外的列报方式的好处明显时，企业才应改变其财务报表的列报方式。在改变财务报表的列报方式时，企业应按准则要求对其比较信息进行重新分类。只要修改过的列报方式与准则的要求一致，则允许企业为遵守国际会计准则的规定而改变其列报方式。

5. 重要性和汇总

每个重要项目应在财务报表内单独列报。不重要的金额应与具有类似性质或功能的金额汇总，不必单独列报。

6. 抵销

除非另外的国际会计准则要求或允许抵销，否则资产和负债不能抵销。仅当出现以下情况之一时，收益和费用项目应予抵销：一是国际会计准则要求或允许抵销；二是同样或类似交易和事项形成的利得、损失和相关的费用不重要。

7. 比较信息

除非国际会计准则允许或要求，否则应披露财务报表中所有数量信息的前期比较信息。当比较信息与理解当期财务报表相关时，应包括在叙述性和说明性信息中。

（三）财务报表列报的要素

1. 财务报表的界定与期间

财务报表相关的界定与期间应当包括三个方面：一是财务报表应明确地予以界定，与公布的同一文件中的其他信息相区分；二是国际会计准则只适用于财务报表，不适用于年度报告或其他文件中列报的其他信息；三是财务报表的每个组成部分都应进行明确的界定。

此外，为了使财务报表所列报的信息得到恰当的理解，下述内容必须按显著的方式列报，必要时予以重复：报告企业的名称或其他辨认方式；财务报表是涵盖单个企业还是企业集团；资产负债表日或财务报表涵盖的期间，以何者对有关财务报表合适而定；报告货币；财务报表内列报数字的精确度。

2. 财务报表的列报与披露

（1）应在资产负债表内列报的信息

通用资产负债表应反映下列项目及其金额：①不动产、厂房、设备；②无形资产；③金融性资产（不包括在长期投资、应收账款、现金项目中反映的金额，是指用于证券性资产可随时变现或可变现程度较高的资产）；④用权益法表现的投资；⑤持有的存货；⑥应收账款；⑦现金资产；⑧应付账款；⑨所得税负债与所得税资产；⑩准备；⑪非流动附息负债；⑫少数股权；⑬资本和公积。

如果对财务报告有明显的公允要求，或应用国际会计准则的某些要求，可在资产负债表内增列项目总计金额。

根据《国际会计准则》第1号规定，对于报表项目的顺序并不强调某一特定模式，而只是强调在项目性质上有差别时，应分别列报这一原则。可以根据全面反映企业财务状况所必需的条件，按企业及其交易事项性质，对使用的表述和项目的排列顺序可进行修订和变动。可以根据企业规模、企业性质、资产的功能对资产与负债分开列报处理，其实践有助于推进财务报表公允性的实现。

（2）应在资产负债表内或附注中列报的信息

企业应在资产负债表内或附注中披露下列内容。①对每类股本应说明：核定的股数；已发行且已收到全额股款的股数、已发行但尚未收到全额股款的股数；每股面值，或无面值股票；年初和年末发行在外股数的调节；附于各类股本上的各种权利、优惠和限制，包括分配股利和归还资本的限制；企业自身持有、企业子公司或联营企业持有本公司股数；为以期权和销售合约（包括条件和金额）方式发售而储备的股数。②股东权益中每项公积的性质和用途的说明。

③在资产负债表日后,但在批准报出前已提议或宣告的股利金额。④未确认的累计优先股股利金额。

(3) 应在利润表内列报的信息

利润表内至少应反映下列金额的单列项目:收入、融资成本、联营企业和合营企业利润和亏损份额、所得税费用、终止经营、利润或亏损、归属于少数股东权益的利润或亏损、归属于母公司的利润或亏损。

如果某一国际会计准则要求列报追加单列项目、标题和小计金额,或做这种列报对于公允地反映企业的财务业绩是必要的,则应在利润表内做这种列报。

(4) 应在利润表内或附注中列报的信息

①企业应在利润表内或利润表附注中,对于根据费用的性质或者在企业中的功能进行的分类做出分析。②如果根据功能分类,则还应披露如下内容:有形资产的折旧费用、无形资产的摊销费用、雇员福利费用、已经确认的股利和相应的每股金额、非常项目。

(5) 收益表的列报

权益表现为会计事项的收益和费用配比结果,也包括利得和损失项目。权益变动结果作为财务报告中的一个独立部分,应反映每一会计期间净损益、各个会计事项净损益(收益递减其费用),以及净损益总额,并按国际会计准则中的相应方法消除由于会计政策变动及差错产生的影响。

收益表(损益表)列报项目至少有收入、经营业务成果、筹资费用、权益法下的联营公司投资利润和亏损、所得税项、正常活动损益、非常项目、少数股权收益、当期净收益。

可以根据某一国际会计准则的规定,在收益表内增列项目和金额。

需要说明的是,企业的经营带来的风险和不稳定性是难以估计的。为了评估企业取得的经营成果及预期,对形成业绩的要素进行披露有助于其会计信息的公允性,可根据披露的需要增加收益表的项目。

企业收益表依据费用性质或在企业经营中的功能进行分类。国际会计准则支持企业进行以反映企业经营活动现金净流量为模式的处理,正确地对企业经营活动及成果进行归类和划分,并反映在收益表内。费用项目以侧重反映财务业绩变动和稳定性,预期业绩的可能性作为主要目的,对收益表中的项目进行细化。

(6) 现金流量表的列报

根据国际会计准则的规定,企业对外财务报表中需要提供现金流量表。现金流量表是财务报表中的独立部分,由此规定了现金流量表的列报与信息披露。

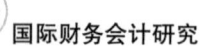

现金流量表反映了企业经营活动产生现金的能力、现金流向及企业理财活动产生的现金流入与现金流出会计期末的现金净流量。现金流量表帮助财务报表使用者评价企业产生现金的能力，主要报告经济单位某一时期内现金净流量或现金收支情况。

对现金流量表进行分析，其目的在于评价现金与现金等价物的能力及其时间性与确定性。现金流量包括现金流入量与现金流出量。经济单位现金流量产生包括经营活动产生的现金流量、投资活动产生的现金流量、融资活动产生的现金流量。经营活动产生的现金流量反映的是企业在日常经营活动中的现金流量情况，是企业稳定性的现金流量信息，也是最有参考价值的现金流量信息。

现金流量表应列报的项目有：①现金流量表中的现金与现金等价物，及其资产负债表中等价项目的调整额；②非现金投资和筹资活动的有关细节；③不能提供给集团使用的现金与现金等价物金额；④尚未使用的、能够用于未来经营活动和偿付资本承诺的借贷金额；⑤在合营中与权益相关的经营活动、投资活动和筹资活动的现金流量金额；⑥分别披露增强企业经营能力和维持企业经营能力所需的现金流量金额。

（7）会计政策和财务报表附注

除了主要财务报表外，企业还要提供未能在主要财务报表内披露的会计信息，如选择运用于某些重要交易的专门的会计政策的信息，财务报表编制的基础，根据国际会计准则披露要求应当提供但尚未在财务报表内提供的信息，对于公允性有明显意义的附加信息，以及有利于信息披露而必须做出报告的其他信息等，这些信息构成了财务报表附注的内容。

在实务中，财务报表附注常常因需要较详细地描述主要会计报表有关项目金额的变动或更为详细的说明，以及诸如或有事项的会计信息。因此，实际上的财务报表附注很难在理论上明确其覆盖的内容。实务说明远比理论概括更复杂，财务报表附注中的内容取决于该信息披露是否有助于使用者理解财务报表反映的交易与事项的形成和对会计政策的认识与理解。

财务报表列报涉及的会计政策包括确认标准、公司合并法律规则（包括子公司）、企业合并、合营企业界定、长期资产（有形和无形资产确认与摊销）、借款费用及其他支出资本化、投资性房地产业务、投资和金融工具、融资性租赁与经营性租赁、研究与开发会计（资本性处理与收益性处理）、存货计价方法、递延税项会计方法、计提准备、员工福利费、外币折算方法及套期、分部划分及共同费用在分部之间的分配、现金及现金等价物界定、通货膨胀对会计方法的影响、政府对企业资本性补助和收益性补助影响会计报告处理、合并报表中商誉和少数股权会计方法的选择与使用。

因此，每个企业都会面临会计政策的选择问题，选择一个适合经济单位的会计政策是头等重要之事。

（8）其他披露

如果下列内容没有在与财务报表一起公布的其他信息中披露，则企业应将其披露：①企业所在地和法律形式、公司的国别以及注册总部的地址（或产业的主要地点，如果其与注册总部不在同一地点的话）；②企业经营的性质及其主要活动的描述；③母公司以及集团最高的母公司的名称；④当期期末或当期平均雇员数量。

二、三种基本财务报表的国际差异

在全球范围内，早已形成以资产负债表（财务状况表）、收益表（利润表、损益表）和现金流量表（财务状况变动表）为三种基本财务报表的格局，分别向报表使用者提供关于企业财务状况、经营业绩和现金变动情况的通用信息。

（一）资产负债表的国际差异

就资产负债表而言，美国和受美国会计模式影响的其他国家的企业大都采用账户式，资产列在左方，负债和业主权益列在右方。采用账户式资产负债表的大多数英联邦国家的企业则恰好相反。此外，英国和欧洲大陆各国还流行一种称为"营运资本式"的资产负债表，即在表的上端，先列示企业流动资产减去流动负债后的营运资本，而后加上长期投资、固定资产、无形资产等非流动资产，再减去长期负债（非流动负债），最终得出企业的业主权益。

关于资产负债表项目的排列，美国的企业把变现能力最强的项目列在最先。在资产方，先流动资产，后非流动资产；在负债和权益方，先流动负债，后长期负债，再后为股东权益。欧洲大陆国家的企业往往相反。

值得指出的是，国际会计准则理事会在对《国际会计准则第 1 号——财务报表列报》的项目改进过程中，在资方增列了"生物资产"这一单独列报项目；对所得税资产和负债，按流动与非流动的标准，分别增列了"当期所得税负债和资产"和"递延所得税负债和资产"单独列报项目。

（二）收益表的国际差异

收益表的格式，有多步法与一步法之分，但这并不是国际差异的标志。许多企业往往不是采用典型的多步法,而是采用对收入和费用项目都有细分的一步法。收益表的重大国际差异表现在欧洲大陆国家按总费用法编制收益表的传统格式上。

对于收益表的结构,国际会计准则理事会对《国际会计准则第1号——财务报表列报》的改进项目也做出了变革:一是取消了"经营活动成果"单独列报项目;二是取消了"非常项目"单独列报项目;三是增加了"可归属于终止经营的资产处置或负债清偿的已确认税前利得或损失"单独列报项目;四是将当期损益划分为"归属于母公司权益持有者"和"归属于少数股权"两个部分。

由此可见,改进后的《国际会计准则》第1号在收益表结构方面做出的变更,是值得我们关注的。

(三)现金流量表的国际差异

以营运资本为基础的财务状况变动表或以现金与现金等价物为基础的现金流量表都是反映资金变动情况的报表。这些报表成为国际流行的第三类基本报表,后者之后取代了前者。

可以说,在国际范围内,现金流量表已基本上奠定了其作为对外通用财务报表中的"第三报表"的地位。

三、企业合并和合并财务报表

现代大企业的形成和发展,往往借助于企业合并与合营。一家企业可能为了种种目的,如为了建立原料的供应基地、开辟或扩大产品的市场、取得先进的工艺技术、开展多样化经营等,而去兼并、控制其他企业或与其他企业合营。西方国家在经济衰退时期,许多难以支撑的中小企业也常被实力雄厚的大企业所吞并。股份有限公司的股票可以自由转让,特别是在发达国家存在着活跃的证券市场的情况下,通过股票的收购和让售,大大地便利了企业合并的进行。

全球企业并购案例数量剧增得益于资金充裕和资金流动速度的加快,而充裕的资金则来源于市场开放、关税降低和全球经济的日益一体化,加之当今世界网络信息技术的飞速发展大大便利了国际资本的自由流动,致使企业合并不仅在一国范围内进行,而且已经跨越国界。无论在发达国家,还是在发展中国家,通过取得他国境内公司的股权建立跨国公司或扩大跨国经营规模的现象如今已屡见不鲜。在这种情况下,一套综合反映跨国集团整体财务状况、经营业绩及未来前景的合并报表对集团的各类信息使用者来说不仅相关而且必要。

（一）企业合并

企业合并是指企业为了达到某种经营目的，通过兼并、控股等形式控制和操纵其他企业生产经营活动的行为。企业合并主要包括吸收合并、创立合并和控股合并三种形式。

1. 吸收合并

吸收合并，亦称兼并，是指两个或两个以上企业通过合并成为一个法人。其中，被吸收的一方在企业合并后便自动宣告解散，其各项资产及其应当承担的负债均由继续从事生产经营活动的吸收方来接管。

2. 创立合并

创立合并，是指几家企业合并成一家新企业，而原来的企业都不再存在。新成立的企业将接受已解散的各企业的资产，往往也承担各企业的债务。创立合并后，仍然只存在一个经济主体和法律主体，即新成立的企业。原企业的股东，在以原股份换取新成立企业的股份后，就成为新企业的股东。

3. 控股合并

控股合并，是指某一企业通过长期投资取得其他企业足够数量的股份，以达到对其他企业实行控制的一种合并形式。控股合并后，各企业仍然都是独立的经济主体和法律主体，但由于各企业之间的控制与被控制关系，使得控制公司成了被控制公司的母公司，被控制公司则成了控制公司的子公司或称附属公司。

（二）合并财务报表概述

企业合并与合并财务报表有一定的联系，但两者并不是必然的关系。企业合并可能导致合并财务报表问题的出现，但并非任何企业合并都需要编制合并财务报表。只有在控股合并的情况下，才存在合并财务报表的问题，才需要编制合并财务报表。

投资公司（母公司）在取得对被投资公司（子公司）的控制性股权建立企业集团以后，在每一会计年度，都要在母、子公司的单独和个别财务报表的基础上编制集团的合并财务报表，并采用全面合并的方法。如果母公司同时又参与联合控制实体（合营公司）的投资，该合营公司的报表则要按比例合并法并入集团的合并财务报表。

1. 编制合并财务报表的目的

各自均为独立法律主体的母、子公司为什么要编制合并财务报表，这是作为合并财务报表首先必须回答的问题。简单地说，合并财务报表的必要性来自企业集团的性质和实质重于形式的原则。在以母公司为核心的企业集团内，从形式上来说，母、子公司各自为独立的法律主体，但从实质上讲，母、子公司的经营活动是处于同一管理控制之下的。在这种情况下，经济控制超越了法律主体，各独立报表不能全面反映同一管理控制下经济主体的经济活动。根据会计实质重于形式的原则，需要编制合并财务报表，以反映和传递在共同管理控制下的企业集团的财务状况、经营成果和现金流转等概括情况，满足报表使用者对于特定经济主体而非法律主体的财务信息的需求。集团经济主体的实质处于重要地位，是研究和编制合并财务报表的基础与出发点。

因此，编制合并财务报表的目的有两个：一是综合反映企业集团的经营状况，以便使企业最高管理层、投资者、债权人和证券市场了解企业的综合信息；二是避免企业集团利用对子公司的控制关系，运用内部转移价格等手段，人为操纵企业集团的利润。

2. 合并财务报表的范围

应该指出，并非所有的子公司都应纳入合并财务报表的范围。严格说来，应纳入合并范围的子公司是指下列两种被投资企业。

第一，母公司拥有多数（如过半数）权益性资本（即多数股权）的被投资企业。具体来说，母公司拥有被投资企业多数股权的方式有三种。一是母公司直接拥有被投资企业多数权益性资本。例如，A 公司直接拥有 B 公司发行的普通股总数的 51%，此时 B 公司为 A 公司的子公司，且应纳入 A 公司合并财务报表的范围。二是母公司间接拥有被投资企业多数权益性资本。例如，A 公司拥有 B 公司 90% 的股份，而 B 公司又拥有 C 公司 60% 的股份，此时 A 公司间接拥有 C 公司 54%（90%×60%）的股份，C 公司也应作为 A 公司的子公司，且应纳入 A 公司合并财务报表的范围。三是母公司以直接和间接方式合计拥有被投资企业多数权益性资本。例如，A 公司拥有 B 公司 70% 和 C 公司 30% 的股份，且 B 公司也拥有 C 公司 30% 的股份，此时 A 公司以直接和间接方式合计共拥有 C 公司 51%（30%+70%×30%）的股份，因而 C 公司也是 A 公司的子公司，且应纳入 A 公司合并财务报表的范围。

第二，母公司虽不拥有其多数股权，但可通过其他方式对其进行控制的被投资企业。控制被投资企业的方式主要有：①投资企业与被投资企业之间经协议拥有被投资企业过半数的表决权；②投资企业根据章程或协议的规定，有权控制被投资企业的财务和经营政策；③投资企业有权任免董事会或类似权力机构的多数成员，以此来控制被投资企业的经营决策；④投资企业有权控制董事会或类似的权力机构的会议，以此来控制被投资企业的经营决策。

3. 编制合并财务报表的原则

合并财务报表通常是以母公司为核心将整个企业集团视为一个经济实体，以组成企业集团的母公司和子公司的个别财务报表为基础，将个别财务报表中的有关项目（集团内部事项）的数额加以调整和抵销编制而成的，其中包括合并资产负债表、合并收益表及合并现金流量表（或合并财务状况变动表）。在编制合并财务报表时，母公司和子公司的会计期间以及采用的会计政策应保持一致，如果出现不一致，应由母公司加以调整。这就是编制合并财务报表时应遵循的一致性原则。

由于合并财务报表反映的是整个企业集团的财务状况和经营成果，因此在编制合并财务报表时，应当将母公司和子公司视为一个会计主体，母公司与子公司、子公司与子公司相互间发生的经济业务，应作为同一会计主体的内部事项进行处理，并对其间的某些内部事项进行抵销。如果这些事项对整个企业集团的财务状况和经营成果影响不大，也可以不进行抵销。这就是编制合并财务报表时应遵循的一体性原则和重要性原则。

还需指出的是，有些子公司虽然名义上由母公司控制或其多数股权为母公司所拥有，但由于一些特殊原因，母公司并不能对其实施有效的控制，或在行使控制权时受到某些限制。例如，准备关停并转的子公司，按照破产程序宣告解散进行清理的子公司，准备近期转让产权暂时拥有多数股权的子公司，因受所在国外汇管制等原因，资金调度受到严格限制的子公司等。对于这些子公司，母公司在编制合并财务报表时，可以不纳入其合并范围，上述内容体现了编制合并财务报表时应遵循的实质重于形式的原则。

4. 合并财务报表的基本问题

由于在合并财务报表时，将母、子公司视为同一个经济主体（一家企业），那么就必须抵销母、子公司间的业务。所以，合并财务报表必须解决下面四个问题。

（1）公司间业务所产生的收入

合并利润表所反映的收入应当是向经济主体以外的公司或个人出售商品或提供劳务所取得的收入，母公司向子公司出售商品或提供劳务或者子公司向母公司出售商品或提供劳务所取得的收入只是一个经济主体内的内部交易，不应当作为经济主体的收入对外报告。所以，在编制合并财务报表时，应当对公司间业务所产生的收入进行分析，抵销公司间的销售收入，而不是将母公司和所属子公司的销售收入简单相加。

（2）公司间业务所发生的费用

合并利润表所反映的费用应当是经济主体为取得收入而发生的各种费用，在经济主体内部各公司间所发生的费用不能作为经济主体的费用对外报告。例如，A、B两公司为同一经济主体内的子公司，A公司向B公司出售商品，A公司可以计入销售成本，但对于整个企业集团而言，这些商品仍旧是存货，只是变换存放的地点。所以，在编制合并财务报表时，应对公司间业务所产生的费用进行分析，抵销公司间的销售成本，而不是简单相加。

（3）公司间的往来款

所谓往来款，是指应收、应付款。合并资产负债表所反映的应收、应付款，应当是整个企业集团对外的应收、应付款，公司间的应收、应付款只是企业集团内部的往来款，并不形成经济主体的资产和负债。例如，母公司向子公司销售商品价值1000万元，货款未收回，这样母公司账上就有1000万元的应收账款，子公司账上有1000万元的应付账款。在合并财务报表时，母、子公司是一个经济主体，母公司1000万元的应收账款和子公司1000万元的应付账款都不应存在。在合并母、子公司的应收账款和应付账款时，要先将这两项相抵销。如果公司间存在借贷业务，也应当抵销。

（4）公司间的投资

合并资产负债表中的长期投资是指经济主体对外的投资，经济主体内各公司之间的投资并不成为企业集团的对外投资。例如，母公司向子公司投资100万元，当合并财务报表时，这100万元既不是母公司的长期投资，也不是子公司的资本，两者应当抵销。

编制合并财务报表，一般要遵循"调整""抵销"与"合计"程序。"调整"的目的在于统一合并主体所采用的计量基础、会计期间与重要的会计政策。"抵销"的目的在于消除那些反映在合并主体个别财务报表上但属于内部交易的表现。在"抵销"程序中编制的抵销分录，只是一种示意分录，并不入账。其应借与应贷的方向与内部交易各方记录该交易时的方向相反，应借与应贷金额是该内部交易在个别财务报表上的结果。以独立项目"少数股权"与"少数股东损益"分别反映少数股东在子公司中的股东权益与应分享（分担）的净损益，应全部抵销子公司的本年净损益分配数。"抵销"是合并财务报表过程中一个特别重要的程序，其作用是消除公司之间的业务，避免重复计算收入、费用、资产、负债和所有者权益。抵销就是将母公司与子公司、子公司与子公司之间的业务相冲减，上面归纳的四种情况就是需要抵销的业务。

5. 合并财务报表编制程序

合并财务报表的编制，通常应遵循下列的程序：①以母公司、子公司个别财务报表为基础，将有关数据输入合并工作底稿；②编制抵销分录，列于合并工作底稿中，以抵销母公司与子公司、子公司与子公司相互间发生的经济业务对个别财务报表的影响；③计算合并工作底稿中抵销后各项目的合并金额，并据以编制合并财务报表。

可见，合并财务报表的编制，主要是通过在合并工作底稿中编制抵销分录来进行的。当然，这里的抵销分录只是为了编制合并财务报表，而不需据以登记有关账簿。

（三）合并财务报表的国际差异比较

就世界范围内来看，各国在合并财务报表会计处理的诸多方面尚未形成一致的国际惯例，使得合并财务报表成为当今世界各国会计实务的主要差异所在。

1. 合并财务报表披露范围的差异

传统上跨国公司公布的合并财务报表所披露的范围有以下四种方式：一是仅公布总公司的财务报表，即使编制合并财务报表也不公布；二是仅公布包括子公司经营情况在内的合并财务报表；三是既公布总公司财务报表，也公布公司集团合并财务报表；四是多重披露。

2. 各国采用的合并理论的差异

有关合并理论，国际上存在三种不同的观点。

（1）母公司理论

该理论认为合并财务报表是母公司报表的延伸，主要反映母公司或控股公司的股东在合并的财务状况和经营成果中所占的份额，并不注重少数股东的权益。世界各国流行的合并财务报表惯例主要是以母公司理论为依据，美国、英国、荷兰等国家都运用母公司理论编制合并财务报表。我国实际采用的也是母公司理论。换句话说，只有母公司拥有法定控制权的公司才需要合并财务报表，不管是国内的公司，还是国外的公司。

（2）主体理论

该理论认为合并财务报表应该反映公司集团的所有股东权益，而不应该过分强调母公司或控股公司权益。德国和日本的法律与惯例在合并财务报表的编制过程中主要采用主体理论。例如，在德国，一个企业集团只要存在就被认为是一个法律主体。如康采恩就是一个法律主体。《德国公司法》指出，一个有控制权的企业和一个或几个隶属的企业统一进行管理就构成康采恩。但对于子公司，德国只要求合并国内子公司的报表而不合并国外子公司的报表。日本规定，凡是附属公司总资产值大于集团总产值10%以上的都要合并报告财务状况，但是这种定义并不能真正反映日本公司实质的集团成分。日本的企业集团不是靠法定控制权联结的，其成员有的是材料或技术上的供应商，有的是经销代理关系，或是提供贷款者。因此，一般日本的合并财务报表并不反映真正"集团"的财务内容。

（3）所有者理论

该理论认为母、子公司之间的关系是拥有与被拥有的关系，编制合并财务报表强调的是合并母公司所实际拥有的，而不是母公司所实际控制的资源。该理论一般是与其他合并理论相结合而被采用的。法国的法律和惯例是同时以母公司理论和所有权理论为基础的。在英、美国家所有权理论也作为标准惯例结合使用。

需要指出的是，欧盟第7号指令规定的集团的定义是，除了母公司拥有法定多数股票权的附属公司外，母公司具有实质影响力但未有足够股权的公司也包括在集团的范围之内。因此，欧盟第7号指令是对母公司理论和主体理论的折中，既采纳了英国的惯例，也保留了德国、法国的一些做法，并更倾向于后者。即使如此，欧盟之间仍有差异，如英国仍以法定控制权为基础，德国则重视实质影响力。这在本质上不是统一的，而是求同存异、折中调和的。从总体上看，欧洲大陆的方法是按照有效管理控制的原则定义，英美则强调控制另一个公司的法律力量。可以看出，世界各国流行的合并财务报表惯例主要是以母公司概念为依据。因为，作为合并财务报表主要使用者的母公司股东和债权人都欢迎这样的编制方法。他们认为，这样确定的合并净收益和股东权益才是有保障的。

3. 各国合并方法的差异

对合并财务报表有关基本理论的认识，最终体现为合并财务报表的方法。各国对合并财务报表方法的选择存在着相当大的差异。

（1）企业合并日合并财务报表的编制方法

对企业合并日合并财务报表的编制，在实务中主要有购买法和权益集合法。

购买法广泛应用于世界各国，已为美国、英国、日本、法国、德国、加拿大、瑞典、荷兰、瑞士等多个国家采用，成为国际流行的会计惯例。我国实际采用的也是购买法。在英国，购买法的应用仅限于合并财务报表；在美国，购买法既用于合并财务报表，也用于母公司的财务报表。在实务中，购买法在世界范围内并非纯粹地应用，如日本、瑞士等国不要求对取得的资产和承担的负债按公允价值重估，而仍保留原来的账面价值。权益集合法主要运用于美国和英国，虽然许多国家允许采用权益集合法，但权益集合法只有一小部分公司采用。美国、英国、日本和加拿大等国家要求在规定的条件下采用权益集合法，但由于这些国家对使用权益集合法有严格的限制条件，使得权益集合法在这些国家难以流行。

（2）期末合并财务报表的编制方法

期末合并财务报表的编制从技术方法角度考虑，可以区分为完全合并法与比例合并法。完全合并法是国际流行的会计惯例。从当前各国的会计惯例和实践看，比例合并法多见于欧洲大陆，欧盟第7号指令也允许合营企业采用比例合并法，但其应用范围十分有限，仅局限于合营者对合营企业（共同控制实体）的财务报表合并。比例合并法源于法国，在法国很普及，在德国和荷兰等欧洲大陆国家的某些公司是流行的惯例，有一定程度的应用。但这些国家的做法也是多种多样，一些公司从不使用这种方法，而其他一些公司则广泛使用这种方法。

（四）跨国公司编制合并财务报表的特殊会计问题

在全球性通货膨胀的环境下，跨国经营企业的母公司在编制合并财务报表时，除应对企业集团内部事项做抵销等会计处理外，还将会面临外币折算和消除通货膨胀影响两个相互联系、互为交叉的特殊会计问题。

在解决这一特殊会计问题的过程中，由于人们看问题的角度和所持的观点不同，解决问题的方法和程序也有所不同。从国外子公司角度看，为了保持子公司报表中原先表述的各项财务指标的关系，就应先将子公司报表项目按其所在国的物价变动水平进行调整和重新表述，然后再将国外货币金额折算为母公司所在国的货币金额，以便进行财务报表合并，即所谓"重新表述—折算"的程序。从母公司角度看，为了全面反映公司的经营成果和财务状况，则应先进行外币折算，然后再按母公司本国的物价变动水平进行调整，按本国货币金额进行重新表述，即所谓"折算—重新表述"的程序。"重新表述—折算"和"折算—重新表述"两种程序的争论持续已久，至今尚未完结。

第七章 物价变动会计

第一节 物价变动会计的内容

一、物价变动的含义

物价变动是指不同时期等量商品或劳务的价格上涨或下跌,即同一商品或劳务的价格在不同时间的波动。在市场经济条件下,商品或劳务的价格是以货币形式表现的。不同时期,用同等货币所能购买的商品或劳务的数量减少即物价上涨;用同等货币购买的商品或劳务的数量增多即物价下跌。用货币购买其他商品或劳务的能力,称为货币购买力。物价变动与货币购买力成反比关系,物价越高,货币购买力越低。反之,物价越低,货币购买力越高。

物价变动可分为个别物价变动和一般物价变动两种类型。

个别物价变动是指个别特定商品或劳务在同一市场的不同时期的价格变化。

一般物价变动是指在通货膨胀或通货紧缩时期,货币价值本身发生的变动,其表现为货币购买力的提高或降低,实际上也就是商品或劳务价格平均水平的变化,也就是单位货币购买力的变化。

个别物价变动与一般物价变动有联系也有区别。个别物价是微观现象,具有相对的准确性和多样性;一般物价是宏观现象,具有相对的准确性和普遍性。个别物价变动是一般物价变动的基础,反过来说一般物价变动也会影响个别物价变动。当一般物价水平下降时,个别物价可能下降也可能上升;一般物价水平上升时,个别物价可能上升也可能下降。一般物价变动会引起个别物价变动,个别物价的普遍涨跌能够导致一般物价水平的升降。

二、物价指数的含义

物价指数是某一时期商品或劳务价格与基期的商品或劳务价格的比率,是衡量不同时期物价变动最常用的动态指标,其反映的是商品或劳务价格的平均变化水平。物价指数在具体计算时,因选定范围不同可分为一般物价指数和个别物价指数。

一般物价指数反映的是不同时期某一社会全部商品或劳务价格水平变化的比较。

计算一般物价指数,首先要确定具有代表性的商品与劳务的品种项目及各自的权数,并确定一个基期。然后按基期单价和报告期单价,结合各自权数,分别求出基期及报告期商品和劳务的价格总额。以报告期的价格总额除以基期的价格总额,即可得到报告期的一般物价指数。例如,现实中广泛应用的居民消费价格指数(CPI)。

三、物价变动会计的含义和研究对象

物价变动会计是财务会计的一个分支。由于物价变动会计主要解决的是在通货膨胀情况下财务报表中存在的问题,因此,会计界也称其为通货膨胀会计。实际上,物价变动会计既反映物价上涨对会计数据的影响,也反映物价下降对会计数据的影响;既反映一般物价水平变化对会计数据的影响,也反映个别物价变动对会计数据的影响。"物价变动"意味着物价可升可降而不是单向上涨。因此,学术界使用"物价变动会计"这一名称。

物价变动会计是指在对会计要素的计量与记录中,考虑物价变动的影响,根据一般物价指数或现行成本数据,对历史成本会计报表加以调整,进而真实反映企业财务状况和经营成果的一种会计程序和方法。

物价变动会计的研究对象涉及物价变动会计的基本理论和物价变动会计的模式等。物价变动会计主要包括三种不同的会计模式,即一般物价水平会计、现行成本会计、现行成本与一般物价水平结合的会计。

四、物价变动会计的模式

会计模式是由会计计量单位和计量属性有机结合形成的。以货币为计量单位,根据是否发生购买力变动可以将货币分为名义货币和稳值货币(又称为不变币值货币)。通常将不考虑购买力变动的货币单位称为名义货币,将不同时期具有相同购买力的货币单位称为稳值货币。会计的计量属性是计量对象的某种特征，是会计计量对象资产、负债等要素计价所依据的基础和标准。会计上可以采用原始成本、现行成本、可变现净值等来计量。会计计量单位和计量属性的不同结合，就构成了不同的会计模式。

模式1：原始成本/名义货币会计模式或称为历史成本货币模式。该模式以名义货币为计量单位，以原始成本为计量属性。该模式既不考虑货币的变动也不考虑计量要素的价格变动，其完全不能反映物价变动的信息。这种模式就是传统的会计模式。

模式2：原始成本/稳值货币会计模式，或称为一般物价水平会计，也称为不变购买力会计。该模式的计量属性是原始成本，计量单位是稳值货币。该模式是以传统历史成本会计编制的财务报表为基础的，采用币值（购买力）相等的货币单位，即通过一般物价指数将按各年度不同币值货币编制的历史成本会计数据，统一地调整为按本期期末或本期平均币值货币的会计数据，作为传统财务报表的补充报表，借以反映和消除一般物价变动对传统历史成本财务报表影响的一种会计模式。一般物价水平会计的理论基础是财务资本保持理论，其主张按不变的货币购买力（用一般物价指数来度量）来保持资本的完整无损，即在购、产、销的整个经营过程中，必须保持购买的各种类别的货物和劳务的能力不变。其收益被认为是保持企业能在期末购得像期初同样多的商品和劳务的能力，即在保持同等的财务资本的情况下，企业在期间内所能分配的资源的最大金额。

模式3：现行成本/名义货币会计模式。这种模式的计量属性是现行成本，计量单位是名义货币。现行成本一般采用现行重置成本，以现行成本代替原始成本计量资产的成本或再生产成本，用来消除个别项目的现行成本与原始成本不一致给报表带来的影响。现行成本/名义货币会计模式是反映和消除个别物价变动的会计模式。其理论基础是实物资本保持理论，其与一般物价水平会计的不同之处是现行成本会计模式着眼于按照同样水平的经营能力（即企业提供货物和劳务的能力）来保持资本完整无损。因而，其假设基础是所有消费和出售的资源，都要用能在同样的生产和经营水平上完成同样功能的资源来置换。收益被认为是在保持企业能在期末拥有与期初同样的实物资本或生产经营能力水平的情况下，企业在期间内所能分配的资源的最大金额。

模式4：现行成本/稳值货币模式。这一模式将现行成本作为计量属性，将稳值货币作为计量单位，是一种全面反映一般物价水平变动和个别物价变动对传统会计信息影响的模式。其实际上是现行成本会计与一般物价水平会计的结合物。这一模式的特点是先按现行成本会计方法对历史成本会计信息进行调整，编制出现行成本会计报表，然后，再用一般物价指数对现行成本会计报表进行换算，从而达到全面消除物价变动对会计信息影响的目的。

上述四种模式中，模式1是历史成本模式，该模式不能反映或消除物价变动的影响。模式2、模式3和模式4试图运用不同的方法和手段，反映或消除物价变动对会计信息的影响，以提高会计信息的质量。因此，这三种模式被称为物价变动会计。

第二节　一般物价水平会计的内容

一般物价水平会计又称为原始成本/稳值货币会计、一般购买力会计或不变购买力会计，是反映或消除一般物价水平变动对传统会计影响的模式。这种会计模式将原始成本作为计量属性，将购买力一定的货币单位作为计量单位，用一般物价指数对历史成本会计报表中的各项数据进行调整，并调整为按货币的现时购买力反映企业的财务状况和经营成果的一种会计程序与方法。

一、一般物价水平会计的特点

一般物价水平会计反映一般物价水平发生变动对会计的影响，其显著的特点是改变了会计计量单位，将原始成本会计模式下的会计计量单位由名义货币变为稳值货币，而其计量属性仍为原始成本。与其他物价变动会计模式相比较，一般物价水平会计的主要特点有以下几点。

（一）以原始成本作为计量属性

这一会计模式认为原始成本计量本身没有什么缺陷，问题在于需要一个稳定的、可比的会计计量属性。

（二）以稳值货币为计量单位

把某一时点（财务报告期末）的名义货币作为稳值货币，将其他不同时期的名义货币按一般物价指数的变动情况，换算为所确定的稳值货币计价的金额，以使不同时期形成的会计数据可比。

（三）不需要单独设置账户进行核算

在日常的会计核算方面，无须特别设置账户，也不进行特有的或单独的会计账务处理，只是在会计期末传统财务会计报表的基础上，根据一般物价指数变动的幅度及其对传统财务报表数据的影响进行换算调整，从而编制出以等值货币计量的财务报表，作为传统财务报表的补充，以反映和消除物价变动对传统会计信息的影响。因此，这一模式比较简便、实用。

二、一般物价水平会计的基本程序

一般物价水平会计的基本程序主要包括以下几点。

（一）划分货币性项目与非货币性项目

在物价变动的情况下，企业所持有的货币性资产和负债的账面金额是固定不变的，而非货币性资产和负债的账面金额则随着物价指数的变化而加以调整。由于货币性项目和非货币性项目的账面余额受货币购买力变化的影响不同，因此，一般物价水平会计首先必须将财务报表项目划分为货币性项目和非货币性项目两类。

1. 货币性项目

货币性项目是指在一般物价水平发生变动时，其金额固定不变，但其购买力发生变动的项目，具体包括货币性资产和货币性负债。

货币性资产是指企业所拥有的现金以及金额固定的债权。金额固定的债权是指企业只拥有收回固定定量货币的权利，而不能控制货币购买力变化的各项应收款项。货币性资产的实际购买力随物价变动而变动。例如，年初持有现金2 000元，年末也持有现金2 000元，假定年末物价上涨了一倍，则年末2 000元现金的购买力就只是年初的一半，即相当于年初的1 000元。

货币性负债是指企业所负担的未来必须偿还的金额固定的债务。与货币性资产一样，货币性负债随时间的推移，金额不变。

货币性项目的特点有以下几点。

（1）货币性项目金额不因物价变动而变动

例如，某企业年初持有现金10 000元，年内未发生现金收支，则无论物价如何上涨，其年末持有的现金仍为10 000元。

（2）货币性项目在物价变动时期会发生购买力损益

货币性项目的实际购买力会随物价水平的变动而上下波动。在通货膨胀时期，持有货币性资产者因购买力下降而遭受损失，欠有货币性负债者则因货币购买力下降而获得利益。相反，在通货紧缩时期，持有货币性资产者因货币购买力上升而得益，欠有货币性负债者因货币购买力上升而受到损失。一般来说，持有的货币性资产和持有的货币性负债所产生的购买力损益正好相反。在通货膨胀时期，持有货币性资产的企业会遭受损失（购买力损失），持有货币性负债的企业会获得利益（购买力利得）。在物价下跌时期，货币性资产和货币性负债所产生的一般购买力损益与物价上涨时正好相反。在资产负债表中，货币性项目不必按一般物价水平调整，但货币性项目净额的一般购买力损失或利得必须反映在按一般物价水平调整的损益表中。

2. 非货币性项目

非货币性项目是指在一般物价水平发生变动时，其金额并不是固定不变的，而是随着一般物价变动而发生变化的项目。当物价上涨时，非货币性项目的金额增加，当物价下跌时，非货币性项目的金额减少。

非货币性项目的特点有以下几点。

（1）在物价变动时期，其价值（金额）随物价变动而变动

该项目需要按一般物价水平变动的幅度加以调整。例如，某企业期初持有存货 100 000 元，若一般物价指数由年初的 100 上升为年末的 140，则年末存货金额应调整为 140 000 元。

（2）非货币性项目在物价变动时期不会发生购买力损益

非货币性项目的金额由于可以随物价变动而变化，所代表的购买力与币值的升降保持同步，因而不会发生货币购买力损益。

需要说明的是，对于预付款项和预收款项，应当根据其是否受一般物价变动的影响来确定。如果双方合同明确规定供货方提供数量固定的商品，就不会受一般物价变动的影响，属于非货币性项目；如果合同明确规定供货方提供一定金额的商品，所提供商品的数量随物价变动而变动，即物价上涨时所提供商品的数量减少，物价下跌时所提供商品的数量增加，这就会受到一般物价水平变动的影响，此时就属于货币性项目。

（二）按一般物价指数调整非货币性项目金额

非货币性项目金额随一般物价指数的变动而变动，当物价上涨时，非货币性项目价格升高；当物价下跌时，非货币性项目价格下降。例如，某企业拥有一批原材料，取得时原始成本为 100 万元，在编制财务报表时，一般物价上涨了一倍，用编制财务报表时的货币金额来表示为 200 万元，由于货币的购买力下降了 50%，贬值后的 200 万元购买的资产数量相当于原来的 100 万元。而如果编制财务报表时，一般物价下跌了 50%，此时该项材料的货币金额表示为 50 万元。也就是说，此时的货币购买力上升了一倍，升值后的 50 万元与原来

的 100 万元所能购买的资产数量相同。因此，采用一般物价水平会计，需要将以历史成本（名义货币）反映的非货币性项目金额以物价指数作为换算系数加以调整，借此反映其价值变化情况。在调整过程中，最主要的问题是选用什么样的物价指数作为换算系数。物价指数可以有多种，如年初物价指数、年末物价指数、年度平均物价指数以及交易日物价指数等。选用不同的物价指数，在调整会计指标时的工作繁简程度不同，调整的结果亦不相同。非货币性项目换算的步骤可概括为以下几步：①确定具体报表项目形成或取得的时间和物价指数；②确定编制报表时的物价指数；③计算换算系数；④进行换算。

资产负债表和利润表都存在非货币性项目。在对非货币性项目进行调整时，必须要对这两张报表进行调整。

1. 资产负债表中非货币性项目的调整

资产负债表中的非货币性项目在进行调整时首先要计算换算系数。

$$换算系数 = \frac{报告期末物价指数}{某项目形成或取得时的物价指数}$$

计算报告期末余额调整数。

$$报告期末余额调整数 = 报告期末余额 \times 换算系数$$

为了平衡起见，未分配利润一般采用余额法倒算的方式来进行调整。

2. 利润表中非货币性项目的调整

利润表中的项目都被认为是非货币性项目，因此，对其所有的项目都应进行调整。具体计算时，换算系数的公式中分子同上述公式分子，而各项目的换算系数分母的选择不同。

①对于销售收入、除折旧外的销售费用和所得税，一般假定在年度内均匀发生，以当年度内平均物价指数作为分母。②折旧费用按原固定资产取得时的物价指数作为换算系数公式的分母。这是因为折旧是以固定资产原价为基础计提的，其换算方式也应当与固定资产一致。同理，对于累计摊销额也应当以无形资产取得时的物价指数作为换算系数的分母。③现金股利应当以宣告时的物价指数作为分母。

销售成本的调整数的计算公式如下。

销售成本 = 换算后的年初存货 + 换算后的本年购货 - 换算后的年末存货

（三）计算货币性项目所发生的购买力损益

在物价变动情况下，货币性项目的金额是固定不变的，但其所代表的货币购买力却发生了变化。因此，在物价变动时期，企业持有货币性资产和负债项目必然会发生损益，这种损益称为购买力损益。货币性项目购买力损益的计算方法可分为以下步骤。

计算期初货币性资产净额。

$$货币性资产净额 = 货币性资产 - 货币性负债$$

计算期初货币性资产净额在报告期的货币购买力。

期初货币性资产净额在报告期末的货币购买力 = 期初货币性资产净额 × 换算系数

调整货币性收入（增加额）。

按报告期末物价指数调整的货币性收入（增加额）= 货币性收入（增加额）× 换算系数

调整货币性费用（减少额）。

按报告期末物价指数调整的货币性费用（减少额）= 货币性费用（减少额）× 换算系数

（四）编制一般物价水平财务报表

编制一般物价水平财务报表是一般物价水平会计的最后一个程序。这一步骤是根据前面对非货币性项目的调整换算和货币性项目购买力损益计算的结果，进行财务报表编制的。在实际应用过程中，通常是在按历史成本编制的财务报表基础上进行调整，从而消除物价变动的影响。

第三节 现行成本会计的内容

一、现行成本会计的定义和特点

现行成本会计又称现时成本/名义货币会计、现时成本/名义购买力会计、现行重置成本会计等，是以资产的现行成本或现行重置成本作为计价基础，以反映和消除物价变动对企业财务状况和经营成果影响的一种会计程序和方法。现行成本会计改变了传统财务会计的计量属性——历史成本计量，对企业的资产以现行成本为计价属性进行了调整，以消除物价变动的影响，同时在调整的基础上确定资产的持有损益。在现行成本会计模式下，收益被视为在保持企业再生产能力或实物资本的情况下，可用于分配的资源。

现行成本会计与一般物价水平会计相比，具有如下特点。

（一）资产是按现行成本或现行重置成本计价

在现行成本会计模式下，对于企业所持有的资产和生产经营过程中所消耗的资产，均以现行成本作为计价基础。现行成本也叫作重置成本，是指重新购置在品种规格或是使用效率和使用年限等方面与现有资产完全等同的资产所需的成本。其既可以按具体资产的重置成本确定，也可以按资产的个别物价指数或分类物价指数调整后确定。运用现行成本会计，企业的资产价值将会随着各项资产的物价的变化不断地重新计量，从而保持了会计信息的客观性。

（二）收益确认遵循实物资本保持观点

现行成本会计认为，只有在实物资本或生产能力得到保持的前提下，才能确认企业的收益。因此，由于价格变化而使企业持有资产产生的收益（现行成本与历史成本之差），不作为企业的经营收益，而作为企业持有损益单独反映。如果这些持有资产已经处置，则表现为已实现持有损益；如果这些持有资产在期末仍未处置，则作为未实现持有损益来反映。

（三）期末会计报表和平时的财务会计记录按现行成本

在现行成本会计模式下，由于采用了不同于传统会计和一般物价水平会计的计价基准，因此在日常会计核算中，需要设置专门的账户体系，按现行价格反映资产的变动情况，以利于期末按现行成本编制财务报表，以反映本期营业收益与因持有资产价格增减变动而形成的持有损益。

二、现行成本会计的作用

现行成本会计的作用主要体现在以下几个方面。

（一）为会计信息使用者的经济决策提供更为相关的会计信息

会计信息使用者制定经济决策需要高质量的会计信息，在物价持续发生变化的情况下，现行成本会计仍然能够真实地反映企业的财务状况和经营成果，为会计信息使用者做出正确的经济决策提供可靠的依据。

（二）较为全面地评价企业管理人员的工作业绩

现行成本会计把收益分为营业收益和资产持有收益，营业收益的大小取决于企业的经营管理水平；持有资产收益的大小取决于物价变动因素和企业管理人员的应变能力。收益的划分有利于对企业管理人员的成绩做出全面评价。

（三）保全企业的产权资本和实际生产经营能力

现行成本会计对生产中的原材料和机器设备消耗的计量采用了重置成本的

方法，从而保证了企业产权资本的回收和实物资产的更新，以保全企业的实际生产经营能力。

三、现行成本会计的基本程序与方法

（一）现行成本会计的基本程序

现行成本会计的基本程序一般包括以下几个步骤。

1. 划分货币性项目与非货币性项目

在现行成本会计模式下，货币性项目以固定金额表示，不受个别（特定）物价变动的影响，其年初的现行成本就是其在年初的历史成本，其年末的现行成本就是其在年末的历史成本，只需按其账面价值表示，不需进行任何调整。而非货币性项目直接受个别物价变动的影响，则应按其现行成本重新表示。因此，首先应当划分货币性项目与非货币性项目。

2. 确定各种非货币性资产的现行成本

非货币性资产的现行成本是指在财务报告当期重新购买或重新生产某项资产时所需支付的各项成本费用。一般来说，确定企业非货币性资产的依据主要是资产的现行市场交易价格、卖方企业的报价以及资产再生产的成本等。如果这些数据无法取得，也可以参照某类资产的个别物价指数或分类物价指数来确定其现行成本。

3. 计算非货币性资产的持有损益

非货币性资产的持有损益是企业所持有的非货币性资产上的现行成本和历史成本的差异。在现行成本会计模式中，要在根据资产的现行成本对其价值基础进行调整的基础上，确定资产的持有损益。现行成本净收益由企业的现行成本损益和持有资产损益两部分构成。现行成本损益等于本期现行收入减去为获取本期收入而耗用的人力、物力、财力的现行成本；持有资产损益是在物价变动条件下留存资产由于现行市场价格变动而给企业带来的损益。当持有资产的现行成本高于历史成本可产生持有利得；反之，则产生持有损失。持有资产损益分为已实现持有损益和未实现持有损益。已实现持有损益是已被销售或被消耗掉资产的现行成本与历史成本之差；未实现持有损益是企业期末仍持有资产现行成本与历史成本之差。

4. 按现行成本重编会计报表

在会计期末，应根据现行成本会计的日常核算数据，编制现行成本会计的资产负债表和利润表，作为历史成本财务报表的补充报表。其中，财务资本保持与实物资本保持两种观点对持有损益的会计处理不同。财务资本保持观点认为持有损益应作为企业经营收益的构成要素，列在利润表之内；实物资本保持观点认为持有损益应作为资本保全调整数，列在资产负债表股东权益项目下。

5. 调整有关会计记录

在现行成本会计模式下，不但期末的财务报表需要按现行成本进行调整，日常的会计记录也要按现行成本进行调整。

（二）现行成本会计账务处理的方法

在现行成本会计模式下，企业必须按照现行成本会计的要求，设置账户体系，进行日常账务处理。

1. 设置账户体系

企业需要在历史成本会计账户体系的基础上，增设一些专用账户，以核算资产负债表中各项资产的现行成本和利润表中各项目现行账户的调整额及现行成本营业损益。如企业设置"资产持有损益"账户，核算在物价变动情况下各类资产的增减值；设置"现行销售成本"和"现行销售折旧"等账户反映在物价变动情况下所产生的"现行营业损益"。采用实物保持观点的现行成本会计，还需要在所有者权益项目之下设置"资本保全资本准备金"账户，以核算企业产权的保全情况。

2. 日常账务处理

在现行成本会计模式下，资产购入时按原始购置成本入账，在销售或耗用时按现行重置成本记录的销售成本或已耗成本冲减资产入账，在期末结算和编制财务报表之前，还应将各类资产账户的余额，按期末现行成本予以调整，来反映企业各项资产的真实价值。

对于由于物价变动而形成的资产持有损益，企业应当设置"未实现资产持有损益"和"已实现资产持有损益"账户，以分别核算未实现和已实现的资产持有损益。

第四节 物价变动会计的其他问题

一、物价变动会计与传统的历史成本会计的比较

在物价频繁变化的情况下,采用传统的历史成本法无法真实地反映企业财务状况、经营成果和现金流量,使会计信息失去了可靠性,从而产生了物价变动会计。物价变动会计和历史成本会计的主要区别如下。

(一)可靠性

可靠性原则是指企业应当以实际发生的交易或者事项为依据进行会计确认、计量和报告,如实反映符合确认和计量要求的各项会计要素及其他相关信息,以保证会计信息真实可靠、内容完整。一般来说,在物价不发生变动的情况下,历史成本会计的信息是最为可靠的。但在物价频繁变动的情况下,物价变动会计利用一定的物价水平资料,采取一定的方法,从计量单位或计量属性上对历史成本所产生的结果进行必要的修正和调整来消除物价变动因素的影响,能较真实地反映企业的财务状况和经营成果。但是,物价变动会计中现行成本的确定难免会带有主观成分,所以人们通常认为其可靠性不如历史成本会计。

(二)可理解性

可理解性是指企业提供的会计信息应当清晰明了,便于财务报告使用者理解和使用。历史成本会计模式下提供的会计信息比物价变动会计提供的会计信息,更容易被人们所理解。人们认为采用历史成本作为计量属性,主观成分更少,也更为真实、可靠、易于理解,故长期在实务中应用。而在物价持续大幅度上涨时,物价变动会计模式提供的会计信息补充资料,会提高财务报表的有用性,也会使人们逐步熟悉物价变动会计。

(三)相关性和可比性

相关性是指企业提供的会计信息应当与财务报告使用者的经济决策需要相关,这样有助于财务报告使用者对企业过去、现在或者未来的情况做出评价或者预测。可比性是指企业提供的会计信息应当具有可比性。通常认为,历史成本会计信息的相关性和可比性比较差,因为决策所需的是决策时的价值度量,用各时点不同购买力货币作为计量单位会缺少可比性。而物价变动会计具有较强的相关性,如果用稳值货币进行调整,也可以提高会计信息的可比性。

（四）谨慎性

谨慎性是指企业对交易或者事项进行会计确认、计量和报告时应当保持应有的谨慎，不应高估资产或者收益、低估负债或者费用。对于经济活动中的不确定性因素，谨慎性要求人们在会计处理过程中保持谨慎的态度，以应付纷繁复杂的外部经济环境的变化，把风险损失减少到最小或限制在最小的范围内。在物价变动会计模式中，为反映通货膨胀对企业财务状况和经营成果的影响，将通货膨胀给企业持有资产带来的收益一并列入企业资产负债表的权益和损益表的收益项目之中，因而在一定程度上否决了历史成本法下的谨慎性。但在选择处理方法时，人们又必须体现谨慎性，即尽量选择最充分揭示物价变动影响的调整方法。

（五）重要性

重要性是指企业提供的会计信息应当反映与企业财务状况、经营成果和现金流量有关的所有重要交易或者事项。在会计核算过程中，对于经济业务或会计事项区别其重要程度的标准是，省略或错报会计信息是否影响报表使用者做出经济决策，如果影响了报表使用者做出经济决策，则该省略或错报就非常重要，必须在会计信息中予以反映，反之则不重要。在历史成本会计模式下，重要性要求企业提供的会计信息必须从满足会计信息使用者对企业重要的生产经营、投资、信贷以及进行宏观调控决策的经济指标的了解出发，决定提供哪些指标，采用什么方法，运用何种程序。物价变动会计除遵循这些要求外，对于是否要采用物价变动会计方法也要从重要性出发。当通货膨胀严重、持续时间长、趋势不可遏止，对传统财务会计信息的正确提供和会计目标的全面实现有较大影响时，就要考虑选择物价变动会计。否则，可以考虑不采用物价变动会计。

（六）资产计价

资产计价是指以货币计量单位来反映资产的数量及其变化。传统历史成本会计对资产的计价是以原始购置成本来计量的。其主要理论依据是货币本身的价值是稳定不变的货币计量假设。在物价变动会计模式下，由于认识到现实世界中货币本身的价值是不断变化的，为了客观和真实地反映企业所拥有资产的价值，反映企业从事业务经营的实际能力，企业资产应以现行重置价格计量或用物价指数进行调整。采用历史成本会计，不论物价如何变动，资产、负债总是以发生时的代价或承诺支付的金额计价，资产负债表中列示的资产金额为这些资产的未摊销成本,并将这些不同时点的具有不同购买力的资产相加来反映企业总资产价值。所以,在物价变动的情况下,历史成本会计模式下的资产计价会失真。而物价变动会计则克服了这一缺点,其保证资产的价值随物价的变动而进行调整,从而消除了物价变动的影响,能够较真实地反映资产价值。

(七)收入的确认

收入确认条件是指对流入企业的经济利益在时间上的划分标准。《企业会计准则》对销售商品的收入确认条件做了如下规定:①企业已将商品所有权上的主要风险和报酬转移给购货方;②企业既没有保留通常与所有权相联系的继续管理权,也没有对已售出的商品实施有效控制;③收入的金额能够可靠地计量;④相关的经济利益很可能流入企业;⑤相关的已发生或将发生的成本能够可靠地计量。在历史成本会计模式下,企业的收益只包括两部分:一是营业收益,即销售商品或提供劳务所获得的收益;二是资产持有收益的已实现部分。至于未实现的资产持有收益,则不予以确认。而在物价变动会计模式下,对收入的确认是以所有者资本实际价值是否增加为条件的。经济利益的流入增加了企业所有者的资本,就要确认为收入。此外,如果企业所拥有的某项资产已经发生了增值,不管这项资产是否销售出去,也要确认为收入。因此,物价变动会计注重的是所有者实物资本是否增值。其不但确认企业的营业收入、已实现资产持有收益,而且对企业未实现的资产持有收益同样予以确认。

(八)配比

配比是指营业收入和其对应的成本、费用应当相互配合。在历史成本会计模式下,通过将某一会计期间的历史成本、费用从与其相关的历史收入中减去来确定该会计期间的财务成果。如果在这一会计期间内货币价值稳定不变,这种配比具有可比性,配比结果也具有科学性。但在物价变动的情况下,收入的价格与成本、费用的价格均发生在不同时间,在同一会计期末,这种不同的历史成本是不等值的。物价变动会计会采取一定的方法消除这些由于物价变动影响而造成的不可比因素,从而使收入、成本、费用在同一基础上可比较,获得了较为科学、正确的结果。

(九)成本效益

成本效益是指在会计处理过程中,要求会计所提供会计信息带来的经济效益应不小于其提供该信息的耗费。历史成本会计模式下的原始成本会计信息相对简单,物价变动会计对物价变动的调整是建立在传统历史成本报表基础上的,其会计信息较为复杂。因此，物价变动会计提供会计信息的成本高于历史成本会计。在物价变动会计模式中，由于其对物价变动的调整有多种方法，因此，要求在确定采用何种方法时必须使采用的某种方法所带来的效益大于实施这种方法所耗费的成本。否则，应当不考虑采用这种方法。

（十）对利润的影响

在物价上涨的情况下，采用历史成本会计方法所产生的利润会高于物价变动会计方法。对于以利润作为考核指标的企业管理人员和想要维护自身形象的企业来讲，其乐于采用产生利润高的会计模式，对于想要迟交或者少交税的企业来讲，其愿意采用产生利润低的会计模式。

二、物价变动会计模式的评价

（一）一般物价水平会计的评价

一般物价水平会计没有考虑企业各类资产价值的实际变化，只是把计量单位换成了稳值货币，仍然保持了传统会计模式的报告结果，并在一定程度上反映和消除了一般物价变动对传统会计报表的影响。这种模式的主要优缺点如下。

1. 一般物价水平会计的优点

（1）增强了财务信息的可比性

一般物价水平会计通过将不同时期的名义货币计价的各项数据换算为以期末名义货币为稳值货币计价的会计数据，统一了报表中不同时点所形成数据的货币计量单位，如果连续用于相邻的会计期间，将会提高企业不同时期财务数据的可比性，为会计报表使用者提供更为有用的会计信息。同时，如果相关企业的会计数据都采用相同的物价指数进行调整，也会提高不同企业间会计数据的可比性，有利于企业间的公平竞争。

（2）操作简便，易于监督

一般物价水平会计并不改变传统历史成本会计模式的程序与方法，仅用一般物价指数对历史成本会计报表进行调整，其操作会很简便。由于所有企业都使用相同的由官方定期公布的物价指数，使调整后的财务报表具有较高的可靠性和可验证性，便于审计监督。

2. 一般物价水平会计的缺点

（1）不能确切地反映有关会计信息

采用一般物价水平会计，当个别物价指数与一般物价指数存在较大差异时，应用一般物价指数去调整会计报表的数据，调整后的数据会与实际数据有较大的出入，故不能准确地反映企业的财务状况和经营成果。

（2）容易造成误解

一般物价水平会计所揭示的购买力损益，只是一种计算上的差额，并不意味着企业的股东因此可以分享相应的股利，也不意味着企业可因此而积累更多的盈余来扩大其经营规模。如果企业承担着巨额负债，将会出现这样的情况：一方面，企业负担沉重的利息支出；另一方面，企业又会出现巨额的购买力利得。这很可能给人以错觉，导致企业决策者决策失误。

（二）现行成本会计的评价

现行成本会计以现行成本为计量属性，以名义货币为计量单位，能够在物价较频繁变动的情况下，为会计信息使用者提供更为有用的信息。

1. 现行成本会计的优点

（1）能够提供较真实的经营收益

采用现行成本会计，资产以现行重置成本计价，从而解决了历史成本会计由于资产购置年代不同而在计价上存在较大差异的不合理问题。同时，收入的计算是以现行收入和现行成本为基础的，重新计算的资产实际付出和消耗额配比，从而避免了在历史成本会计下产生的虚假利润，提高了会计信息对决策的有用性。

（2）可以维护企业的产权资本和实际生产经营能力

现行成本会计以现行重置成本弥补生产经营中所耗用的材料物资和固定资产为前提，保证产权资本的回收及弥补重置同类资产所需的资金，维护了企业的实际生产经营能力。

（3）进一步强化了企业管理者的竞争能力

采用现行成本会计，将收益区分为营业收益和资产持有收益。营业收益的大小取决于企业的经营管理水平，而资产持有收益的大小则取决于物价变动因素及企业管理人员的应变能力。这种划分有助于对企业管理人员的成绩做出客观的评价。

2. 现行成本会计的缺点

（1）资产的现行成本难以准确确定

准确地确定资产的现行成本，需要有大量的物价资料，由此可能需要花费大量的时间和费用，这对于多数企业来说是困难的。如果采取直接估价的方式或是按物价部门公布的分类物价指数进行调整，又会产生主观意志，从而影响会计信息的可靠性。

（2）没有考虑一般物价水平的变化

现行成本会计只考虑现行成本，而没有考虑一般物价水平的变化，也不计算货币购买力的损益，则在进行多期比较时，无法反映企业财务状况和经营成果的真实变动情况，不能真正反映和消除物价变动对会计信息的影响。

（3）信息成本高

如果企业采用现行成本会计，改变了传统历史成本会计的基本结构，则必须要设置两套会计账簿。由于企业持有的资产的品种规格很多，为每一种资产制定现行成本，需要取得大量必要的物价变动资料，必然要花费较多的人力和物力，会增加企业的负担。另外，现行成本的变动可能会导致投保额、所得税和财产税的变动，使审计的难度和成本增加等。这些都会给现行成本会计的实施带来很大难度。

（三）现行成本与一般物价水平结合会计的评价

现行成本与一般物价水平结合会计集中了一般物价水平会计和现行成本会计的优点，当然也具有两者的缺点。

1. 现行成本与一般物价水平结合会计的优点

（1）能够为会计信息使用者提供更为有用的会计信息

现行成本与一般物价水平结合会计既反映了一般物价水平的变动情况，又揭示了个别物价变动的影响。其可以计算出由一般物价水平变动而引起的货币性项目的购买力损益及个别物价变动引起的持有损益，使会计信息更为有用。

（2）有利于会计信息使用者对会计信息的理解

现行成本与一般物价水平结合会计同时改变了历史成本会计的计量单位和计量属性。计量单位由稳值货币取代名义货币，计量属性由现时成本取代历史成本。这些都有利于会计信息使用者对会计信息进行理解，并对相关指标进行比较。

（3）可以更好地评价管理者的业绩

现行成本与一般物价水平结合会计将稳值货币计量的现行收入和现行成本相配比，计算出的收益是较客观的，能够较科学地评价企业管理人员的业绩。

2. 现行成本与一般物价水平结合会计的缺点

（1）提供信息成本高

采用现行成本与一般物价水平结合会计不符合成本效益原则。

（2）取得数据资料过于复杂，不易被广大会计报表使用者所理解

了解现行成本与一般物价水平结合会计所提供的核算资料一般需要较高的经济学和会计学专业知识水平，而会计信息使用者的范围很广，很多人不具备相应知识，因而理解会计报表的难度较大，使得现行成本与一般物价水平结合会计难以在实际的经济活动中加以运用。

一般物价水平变动直接影响的是货币性项目，而金融性企业的资产主要是货币性资产，所以其适用于大型金融企业；现行成本会计以资产的现行成本或现行重置成本为计价基础，调整的是非货币性资产，其适用于资本密集型的大企业。由于资本密集型企业的机器设备占总资产的比重较大，这些设备一经投入使用，很少有拆除变卖的可能，在短期内也不可能重置，因此，按现行成本对企业的资产价值进行重估较为恰当。对于其他企业也要本着成本效益原则，提高会计信息的相关性并维护企业资本不受侵犯，选择某种简化的物价变动会计模式。

第八章 衍生金融工具会计

第一节 衍生金融工具概述

一、金融工具的含义

金融工具是指金融市场上资金的需求者向供应者出具的书面凭证。

（一）金融工具定义的差异

关于金融工具迄今为止还缺乏公认的定义，站在不同角度有不同的理解。经济学界、银行界、会计界乃至政府的有关监管部门对金融工具所下的定义都有所侧重。

1. 经济学界认定的金融工具

经济学家戈德史密斯在《金融结构与金融发展》一书中将"金融工具"表述为，"金融工具是对其他经济单位的债权凭证和所有权凭证"。

2. 银行界认定金融的工具

《金融知识百科全书》中，把"工具"解释为"任何一种单证"，通过单证的签发，"一些权利被交换，或者合同被确定"，如支票、汇票、票据、债券、息票、股权证、交割单、信托书、信托收据等。

3. 财务会计准则认定的金融工具

美国财务会计准则委员会在《美国财务会计准则第105号——具有表外风险的金融工具和信用风险集中的金融工具的信息披露》及《美国财务会计准则第107号——金融工具公允价值的披露》中的定义是，金融工具是指现金在某一主体内拥有业主权益的证据，也就是所有权凭证（或者叫"权益凭证"）。

这包括两种合同。①使某一主体承担如下的合同义务：将现金或其他金融工具交付给另一主体，或在潜在不利的条件下与另一主体交换金融工具。②将如下的合同权利转让给另一主体：从该主体收取现金或其他金融工具，或在潜在有利的条件下与该主体交换其他金融工具。

4. 国际会计准则认定的金融工具

《国际会计准则第32号——金融工具：披露和列报》中对金融工具所下的定义如下。

金融工具是指，形成一个企业的金融资产并形成另一个企业的金融负债或权益工具的合同。其分别定义了金融工具所包含的"金融资产、金融负债和权益工具"。

金融资产：①现金；②从另一个企业收取现金或另一金融资产的合同权利；③在潜在有利的条件下，与另一个企业交换金融工具的合同权利；④另一个企业的权益工具。

金融负债：①向另一个企业交付现金或另一个金融资产的合同义务；②在潜在不利的条件下，与另一个企业交换金融工具的合同义务。

权益工具：能证明拥有企业在减除所有负债后的资产中的剩余权益的合同。

（二）金融工具的特征

金融工具的特征是，形成收取或支付现金或另一金融资产的合同权利或义务。但其他资产如存货、不动产等有形资产和无形资产，只能创造形成现金或其他资产流入的机会，不能形成收取现金或其他金融资产的现实权利。

二、衍生金融工具的含义

衍生金融工具亦称"衍生金融商品""衍生金融产品"。"衍生工具"一词源于"衍生"，顾名思义，其起源于原生性金融工具或原生金融工具的价格。这种原生性金融工具包括货币、外汇、存单、债券、股票等。原生金融工具的价格包括利率、汇率、股票指数等。衍生金融工具具有较高的杠杆率。

（一）衍生金融工具的特征

①衍生金融工具交易是在现时对基础工具未来可能产生的结果进行交易，交易的盈亏结果要在未来时刻才能确定。按照权责发生制的会计原则，在交易结果发生之前，交易双方的资产负债表并不反映这类交易的情况。因此，潜在

的盈亏无法在财务报表中体现出来。②衍生金融工具交易的对象并不是基础工具,而是对这些基础工具在未来某种条件下处置的权利和义务,这些权利和义务以契约的形式存在。③衍生金融工具是一种现金运作的替代物,如果有足够的现金,任何衍生工具的经济功能都可以通过运用现金交易来实现。④理论上,衍生金融工具可以有无数种具体形式,其可以把不同现金流量特征的工具组成新的工具,但不管组合多么复杂,基本构成元素还是远期合约、金融期货、金融期权和互换四种。⑤衍生金融工具交易可以用较少成本获取现货市场上需较多资本金才能完成的交易,因此具有高杠杆性。⑥衍生金融工具独立于现实资本运动之外,却能给持有者带来收益,是一种收益获取权的凭证,本身没有价值,只具有虚拟性。

影响衍生金融工具交易价格的基础性资产的价格主要有:①利率或债务工具的价格;②外汇汇率;③股票价格或股票指数。

(二)衍生金融工具的分类

按照衍生金融工具自身交易方法及特点,可划分为如下四大类。

1. 远期合约

远期合约指合约双方同意在未来日期按照固定价格交换金融资产的合约。远期合约规定了将来交换的资产、交换的日期、交换的价格和数量。合约条款因合约双方的需要不同而不同。远期合约主要包括远期利率协议、远期外汇合约、远期股票合约。

2. 金融期货

金融期货是合约双方在有组织的交易所内以公开竞价的形式达成的,在将来某一特定时间交收标准数量特定的金融工具的协议,主要包括货币期货、利率期货和股票指数期货三种。

3. 金融期权

金融期权是合约双方按约定价格、在约定日期内就买卖某种金融工具的选择权达成的契约,包括现货期权和期货期权两大类。

4. 互换

互换是指两个或两个以上的当事人按共同商定的条件,在约定的时间内,交换一定支付款项的金融交易。交换支付以事先确定的本金为依据,这个本金叫作名义本金额。每一方支付给对方的数量等于名义本金额乘以事先约定的定

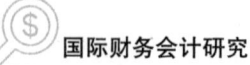

期支付率，双方只交换约定的支付额而不是名义本金额，主要有货币互换和利率互换两类。

这四类衍生金融工具中，远期合约是其他三种衍生金融工具的始祖，其他衍生金融工具均可以被认为是远期合约的延伸或变形。

第二节 衍生金融工具的会计确认

衍生金融工具在企业融资和投资活动中有巨大作用，如果运用得当，可以给企业带来可观的财务利益，如果运用失误，又可能给企业带来灾难性的财务损失。传统会计把衍生金融工具交易中形成的金融资产和金融负债排除在资产负债表外，从而也把其可能带来的报酬（利得）和风险（损失）排除在收益表外，把衍生金融工具交易作为"表外业务"处理。这显然不能满足财务报表使用者的信息需求，而且可能使财务报表的"表内"信息给人们以严重的误导。

从《国际会计准则第39号——金融工具：确认和计量》《国际会计准则第32号——金融工具：披露和列报》以及《美国财务会计概念公告第5号——企业财务报表项目的确认和计量》中得悉，国际会计准则委员会和美国财务会计准则委员会都认为，根据衍生金融工具的含义，其所形成的金融资产和负债都符合资产和负债定义的基本特征，签订的合同可以视为形成资产和负债的法定权利和义务的事项，从而突破了长期以来所认为的，不能在资产负债表内确认衍生金融工具的障碍（衍生金融工具不符合资产和负债定义中"必须由过去的交易和事项所形成的特征"）。因此，我们必须对确认标准问题有一个新认识。

一、衍生金融工具的确认应突出确认的"过程观"

《美国财务会计概念公告第5号——企业财务报表项目的确认和计量》就明确指出："就资产或负债而言，确认不仅含有记录该项目的取得或发生，还要记录它后来的变动，包括应从财务报表中消除其后果的变动。"其还指出："确认是将一项作为资产、负债、收入、费用等正式记录列入财务报表的过程。"

由此看来，在衍生金融工具会计准则的制定过程中，正是抓住了这种"过程观"，把金融工具，特别是衍生金融工具突出为非一次就完成确认的许多资产、负债项目之一。这些项目在"记录并列入财务报表的过程中"，一般要经过下列流程。

（一）初始确认

初始确认是对任何项目的首次确认，一般地说，是在特定交易或事项已经发生，这一项目符合确认标准之时。很多项目的确认一次就完成了，但金融工具代表的是签约双方的权利和义务，特别是衍生金融工具代表的是签订远期合同双方的权利和义务，从签约到履约有一个过程，所以确认不是一次就能完成的，因而有后续确认和终止确认的问题。

（二）后续确认

后续确认与后续计量有关，如果一个项目在初始确认之后发生变动，这主要是由于其价值发生变动，如金融工具的公允价值变动。可以说，后续确认决定于后续计量的需要。

（三）终止确认

终止确认是针对合同权利和义务的终止而言的。就金融工具来说，《国际会计准则》第39号指出的终止确认条件包括以下几点。

1. 金融资产的终止确认

"只有当对构成金融资产或金融资产的一部分的合同权利失去控制时，企业应终止确认该项金融资产或该部分金融资产。"可见，是否失去控制是判断应否终止确认的条件。

2. 金融负债的终止确认

"只有当金融负债（或金融负债的一部分）废止时（即当合同中规定的义务解除、取消或逾期时），企业才能将该项金融负债（或该项金融负债的一部分）从资产负债表中除去。"

上述的"解除"，包括债务人通过偿付解除了债务，或者通过法定程序或与债权人协商，在法律上解除了对该项债务（或其一部分）的主要责任。

二、初始确认时点的选择

在选择初始确认的时点时，如果确认是一次完成的（如惯常交易中），初始确认时点当然是在交易发生之时；如果确认不是一次完成的，那就不一定都在交易或事项发生之时，对远期经济合同（无论是商品合同或金融工具合同），有一个可以选择初始确认时点的问题，即选择把时点定在签约日或是履约日。例如，对商品的订购合同，一般选择在履约日确认购货交易，无须在签约日确认订购合同而在履约日再终止确认订购合同；对企业源生的未进入市场交易的应收或应付账款、应收或应付票据、应付公司债券等基本金融工具，事实上早就运用了在签约日初始确认（应收、应付账款的初始确认根据商业习惯，应收、应付票据和应付公司债券实质上具有合同的性质，因此签发票据和发行债券就是签约）、在履约日终止确认的程序，并且早已成为通行的会计惯例。因此，对进入货币市场、外汇市场、资本市场交易的衍生金融工具采用初始确认和终止确认的程序，并不是确认概念上的创新。这里，签约日就是衍生金融工具的交易日，履约日就是衍生金融工具的结算日。如果签约的目的是标的物交易的话（如为套期保值而签订的外汇远期合同），衍生金融工具的结算日也就是标的物的交易日，但衍生金融工具的标的物往往并没有进行实际交易（如为投机牟利的外汇期货合同）。

三、初始确认的标准

通常认为，初始确认的一般标准是，在某一项目符合财务报表要素定义的前提下，需要对未来经济利益流入或流出企业的可能性和计量的可靠性做出判断。

这是指把初始确认的时点定在金融工具的交易日（签约日）的情况下的初始确认标准。

国际会计准则委员会《编报财务报表的框架》中有关于"确认"的一般标准。如果符合以下两项标准，就应确认一项符合要素定义的项目：①与该项目有关的未来经济利益将会流入或流出企业；②对该项目的成本或价值能可靠地加以计量。

就第一项标准而言，具体到金融工具时，应该根据什么做出判断呢？《国际会计准则》第39号第27段中提出："当企业、也只有当企业成为金融工具合同条款的一方时，它应该在其资产负债表内确认金融资产或金融负债。"另外，第28段明确指出："根据第27段的规定，企业应将衍生工具中的所有合同权利或义务在其资产负债表中确认为资产或负债。"

接着在第29段以举例的方式说明根据上述确认标准应予确认和不予确认的合同。应予确认的三个方面举例如下。①"不附条件的应收款项和应付款项""应在企业成为合同的一方，从而拥有收取现金的法定权利或承担支付现金的法定义务时，确认为资产和负债"（这是传统的也是现行的惯例）。②"远期合同——在未来日期以确定价格购买或销售特定金融工具或商品的承诺，应于承诺日确认为资产或负债，而不应等到交换实际发生日才予确认。"接着其又明确指出，即使"该远期合同的公允价值净额为零"，也应在合同交易日确认。这是因为，"当企业成为远期合同的一方时，相关权利和义务的公允价值通常相等"（如外汇远期合同）。③"金融期权的持权者或立权者成为该期权合同一方时，该金融期权应确认为资产或负债。"

不予确认的两个方面举例如下。①"由于购买或销售商品或劳务的确定承诺而将要购买的资产和将要承担的负债，只有到合同双方中至少一方履约以致该方有权收取资产或有义务交付资产时，才能按现行会计惯例予以确认。"（这里明确说明了以下两点：一是权利或义务的确立需在双方中至少一方履约之时；二是这种无须对订货合同或订单在签约日初始确认而后在履约日终止确认的处理程序，是符合现行会计惯例的）②"已计划的未来交易，不管其发生的可能性有多大，均不是企业的资产和负债。因此，直到财务报告日，企业还没有成为由于未来交易而能够在未来收到资产或要求在未来交付资产的合同的一方。"

第三节 衍生金融工具的会计计量与信息披露

衍生金融工具的产生和发展带来了一系列的会计问题，如在会计信息系统中如何确认、计量衍生金融工具，如何及时、充分、真实地披露衍生金融工具的信息等。衍生金融工具对传统会计模式的权责发生制、历史成本计量、报表披露方式等造成了很大的冲击。

虽然国际会计准则委员会和美国财务会计准则委员会都确立了公允价值计量所有金融工具的目标，认为这对获取一致并相关的信息是必需的。但由于这涉及计量的可靠性和公允价值计量必然导致的未实现损益，现行会计惯例及与之相关联的现行法律规定的变革等一系列的因素，《国际会计准则》第39号作为过渡性的准则，只是"极大地增加了金融工具会计处理中公允价值的使用"，并且采取了对不同类别的金融资产实行不同的计量基础的原则。

一、衍生金融工具的会计计量

（一）金融资产的分类

《国际会计准则》第39号对金融资产进行了分类，主要从持有金融资产的意图，把金融资产区分为四类。

1. 为交易而持有的金融资产或金融负债

这是指主要为了从价格或交易保证金的短期波动中获利而购置的金融资产或承担的金融负债。对于衍生金融资产和衍生金融负债，除非其被指定且是有效的套期工具，否则应认为是为交易而持有的金融资产和金融负债。

2. 持有至到期日的投资

这是指具有固定或可确定金额和固定期限，且企业明确打算并能够持有至到期日的金融资产。企业源生的放款或应收款项不包括在内。

3. 企业源生的放款和应收款项

这是指企业直接向债务人提供资金、商品或劳务所形成的金融资产。但打算立即或在短期内就转让的放款和应收款项不包括在内，其应归类于为交易而持有的金融资产。

4. 可供出售的金融资产，即不属于以上三类的金融资产

《国际会计准则》第39号规定，对于以"惯常方式"购买的金融资产，应该根据上述分类按照交易日会计或结算日会计进行处理，而对于金融资产的惯常出售则应在结算日确认。

（二）不要求公允价值计量的三类金融资产

在批准发布《国际会计准则》第39号时，国际会计准则委员会决定暂时不要求以公允价值计量的三类金融资产包括：①企业源生的放款和应收款项；②企业打算并能够持有至到期日的其他具有固定到期日的投资；③公允价值不能可靠计量的无报价权益工具。

（三）对于企业的长期股权投资，不改变现行准则要求

①母公司在其单独的财务报表中对子公司投资的会计处理按照《国际会计准则第27号——合并财务报表和对子公司投资会计》的规定进行；②投资者在其单独的财务报表中对联营企业的会计处理按照《国际会计准则第28号——对联营企业投资会计》的规定进行；③合营者在其单独的财务报表中对合营投资的会计处理按照《国际会计准则第31号——合营中权益的财务报告》的规定进行。

综上所述，对于股权投资，目前可以以公允价值计量的只是短期投资中有市场报价的权益证券。

（四）金融负债的计量

初始确认后，应以摊余成本计量除为交易而持有的金融负债及属于负债的衍生工具以外的所有金融负债。因此，一般地说，金融负债没有后续计量问题。只有以公允价值计量的为交易而持有的金融负债及属于负债的衍生工具，才需要按变动了的公允价值重新计量。但是，对于与未上市的权益工具相联系并需通过交付这种权益工具进行结算的衍生负债，由于无报价（未上市）权益工具不能可靠地计量，故现在只能仍以摊余成本计量。

二、衍生金融工具的信息披露

日益增多的金融工具的出现，特别是衍生金融工具的发展，促使我国的各种管理办法相继出台。曾有《企业商品期货业务会计处理暂行规定》和《企业商品期货业务会计处理补充规定》。中国证券监督管理委员会发布《公开发行证券的公司信息披露编报规则第18号——商业银行信息披露特别规定》，对商业银行的财务信息披露进行了规范。中国银行业监督管理委员会发布了《金融机构衍生产品交易业务管理暂行办法》对衍生金融品的基本概念及金融机构衍生产品交易的业务种类、风险管理、罚则等进行了规定。财政部发布了《金融机构衍生金融工具交易和套期业务会计处理暂行规定（征求意见稿）》，正式以国家部门法规的名义提出衍生金融工具的会计核算。

鉴于历史成本信息的缺点以及为了规范金融工具的列报，根据《企业会计准则——基本准则》，财政部发布了《企业会计准则第37号——金融工具列报》（以下简称准则第37号），对金融工具及衍生金融工具的披露做出了规定。衍生金融工具一般采用公允价值计量，但是在特定情况下也采用其他属性计量。修订后的基本准则增加了会计计量的规范内容，对重置成本、可变现净值、现值、公允价值等计量基础的概念、含义、应用条件等做出了原则性规定。历史成本之外的计量基础被逐步引入会计准则中，其中公允价值计量为衍生金融工具计量提供标准，将表外披露衍生金融工具纳入表内核算，加强衍生金融工具的会计监管。企业在进行金融工具列报时，应当根据金融工具的特点及相关信息的性质对金融工具进行分类。准则第37号还指出，衍生金融工具的表外业务表内化有利于及时、充分地反映企业的衍生金融工具业务所隐含的风险及其对企业财务状况和经营成果的影响。

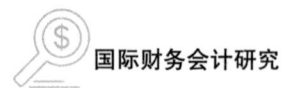

第四节 衍生金融工具的会计处理

衍生金融工具的使用目的就是规避金融市场的交易风险。在以上四类衍生金融工具中,远期合同常用于套期保值,期货合同大多用于投机牟利。本节主要介绍金融期货、金融期权和金融互换交易的会计处理,套期保值的会计处理在外币会计中已经介绍。

一、金融期货交易的会计处理

金融期货交易包括利率、外汇和股票指数期货。利率期货可以用于投机牟利,用来说明金融期货交易的会计处理程序比较合适。

金融期货交易通过期货交易所完成,其为交易者建立资金头寸和结算头寸账户,通过保证金存款办理结算,实行差额结算和净额结算的原则,并且提供了交易者根据市场行情随时转手平仓,便利灵活的结算条件。

(一)金融期货合同的初始确认

金融期货合同本身就是交易的标的物。根据《国际会计准则》第39号的要求,首先要对金融期货合同进行初始确认,会计处理一般可以采用交易日会计处理程序和结算日会计处理程序两种方法。采用结算日会计处理程序的比较多,这种方法更适合于金融期货合同投机牟利的特性。投机牟利交易在绝大多数情况下不会持有至合同到期日进行实际交割和全额结算,而是选择时机转手进行差额结算。

(二)金融期货合同公允价值变动的确认

在签订期货合同时按要求比例缴纳保证金,可称为初始保证金,其属于应收款的性质,不属于对期货合同的初始计量。期货合同公允价值变动所导致的盈亏在会计上予以确认。同时,按比例追加和退回保证金,在期货合同期间应做会计处理。

(三)金融期货合同结算的确认

金融期货合同持有者根据行情变化转手平仓,通过保证金存款进行差额结算,只有合同到期实际交割时做出实际交割的会计处理。

二、金融期权交易的会计处理

如前文所述,金融期权合同是一种选择权合同,其持权人(期权合同的买方)享有在合同期满或期满之前按约定的价格购买或销售一定数额的某种金融资产的权利,这个约定价格成为执行价格。而期权合同的立权人(发行人、期权合同的卖方)则有义务在买方要求执行时出售或购入该种金融资产。持权人必须在期满时做出选择的期权是欧洲国家流行的欧式期权;可以在期满之前的任何时候做出选择的期权,则是美国流行的美式期权。

(一)金融期权合同的基本特征

1. 看涨期权

如果期权合同的买方有权选择买进某种金融资产,这种期权通常称为看涨期权。因为行情看涨才对购买有利,所以看涨期权为购买选择权,简称"买权"。

2. 看跌期权

如果期权合同的买方有权选择卖出某种金融资产,这种期权通常称为看跌期权。因为行情看跌才对卖出有利,所以看跌期权为销售选择权,简称"卖权"。

(二)金融期权合同的交易标的物

金融期权合同的交易标的物可能就是要求卖方向买方转让或从买方受让的一项金融资产。当买权合同得到执行时,就构成买方的一项金融资产;当卖权合同得到执行时,就构成买方的一项金融负债。期权合同中约定的执行价格,也就是标的物的执行价格。

对买权的买方而言,如果执行日期标的物的市价高于其执行价格,则买方将行使权力,按执行价格向期权合同的卖方买进标的物,再将标的物以较高的市价卖出,获取价差利润;对卖权的买方而言,如果执行日期标的物的市价低于执行价格,则买方将行使权力,以较低的市价买进标的物,再按执行价格卖给卖方,获取价差利润。此利润通常称为执行价值,也就是期权的"内含价值"。

(三)金融期权费

在签订期权合同时,买方要向卖方支付一笔期权费,作为取得这种选择权的代价。期权费一般应低于期权的执行价值,实质上就是期权交易的初始投资。

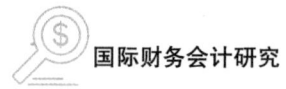

（四）金融期权合同的终止确认

期权合同在被执行或不执行时终止确认。在持有期权的过程中所获取的利得或损失，将计入当期损失。

三、金融互换交易的会计处理

金融互换交易就是交易双方关于以特定方式交换未来一系列现金流量的协议，实际上是远期合同的一种组合。金融互换有金融货币互换和金融利率互换两种基本形式。

（一）金融货币互换

金融货币互换是指交易不同币种、相同期限、等值资金债务或资产的货币及利率的一种预约业务。具体地说，就是双方按固定汇率在期初交换两种不同货币的本金，然后按预先规定的日期进行利息和本金的分期交换。

金融货币互换有三种基本类型：不同货币固定利率和固定利率的互换；不同货币浮动利率与固定利率的互换；不同货币浮动利率与浮动利率的互换。最典型的货币互换是不同货币固定利率和固定利率的交换。

金融货币互换的具体操作分三个步骤：第一步，本金的期初互换，其主要目的是确定交易双方各自本金的金额，以便将来计算应支付的利息和再换回本金；第二步，利息互换，即交易双方按议定的利率，以未偿还本金额为基础，进行利息支付；第三步，本金的再次互换，即在合约到期日，双方换回交易开始时互换的本金。

（二）金融利率互换

金融利率互换是指同一货币的债务以不同利率进行调换的金融交易，如固定利率债券与浮动利率债券间的互换合同。

金融利率互换一般经过银行完成，产生的利息差额作为财务费用处理。

第五节 衍生金融工具的风险防范

当人们面临风险时，可以利用各种衍生金融工具来进行化解，用确定性取代不确定性，或消除不利的风险，同时保留有利的风险。要达到后一种目标，往往需要利用带有期权性质的工具，而其他类型的风险可以借助于相对应的工具来防范。

一、期权合约的应用

期权可以使人们避免坏结果，同时有机会享受好结果。在美国，假设 A 公司拥有 100 万股 B 公司的股票想卖出，但现在已接近年底，若卖出股票就需马上缴纳税款。因此，A 公司打算推迟出售股票。但是，如果年底前股价下跌，那就会受到损失。

A 公司该怎么办呢？A 公司可以购买卖出期权。B 公司当前股价为每股 28 美元，只要 A 公司执行价格为每股 28 美元的 100 万股股票的卖出期权，就可完全避免风险。假设当 A 公司出售股票时，股价跌到每股 20 美元，那么 A 公司在每股股票上损失 8 美元。但是，卖出期权时价值正好为每股 8 美元。这样，收益刚好抵销了损失。另外，若股价上升，则 A 公司可获利。我们看到，A 公司避开了受损的风险，同时又不妨碍本公司从股价的上升中获利。

二、利率风险管理

在实际的经济生活中，人们设计出了一系列衍生金融工具来防范利率风险，并可以根据自己的需要来选择合适的工具，以下介绍相应的三种工具。

（一）利率封顶

这是指给支付浮动利率的借款人的付出额封顶的合约。例如，购买 8% 的封顶的浮动利率，借款人付的利息绝不会超过 8%。在合约期中，若任何一期的参考利率超过了 8%，利率封顶的卖出方则要支付实际利息与按 8% 计算的利息之间的差额，使利率封顶的持有人规避了利率上升的风险。

（二）利率保底

利率保底给利率设置了下限。例如，若一个投资者投资于一个利率为 6 个月 LIBOR+1% 的浮动利率债券，购买了 4% 的利率保底，那么，他在任何一期收到的利率决不会低于 5%。其规避了利率下跌的风险。

（三）利率封顶保底

利率封顶保底就是利率封顶和利率保底的组合体。例如，一份 5% 或 8% 的利率封顶保底合同包含一份 5% 的利率保底合同和一份 8% 的利率封顶合同。其可以规避利率超出某一范围的风险。

公司在进行风险管理时，必须借助于不同决策层次和组织机构的力量，形成一种风气和制度，以保证公司在市场经营中风险最小，从而获得更大的收益。

第九章 外汇风险管理

第一节 外汇风险管理的策略与程序

一、外汇风险管理的策略

企业外汇风险管理的策略是指企业根据其利益和具体情况在外汇风险管理方面所采取的对策与谋略。各企业应根据其跨国经营规模大小、涉及外汇的经济活动数量的多少、面临外汇风险大小、外汇风险管理费用多少、承担外汇风险能力强弱和管理者对外汇风险所持的态度差异等因素,选择采取不同的外汇风险管理策略。企业外汇风险管理策略可分为以下三种。

(一)保守策略

保守策略是一种安全第一,不留下任何不稳定因素的策略。企业的跨国经营业务少、企业承受外汇风险的能力弱、企业管理者厌恶风险的,往往采取保守策略。其管理目标是避免承担任何外汇风险损失。为此,企业可能对所有存在外汇风险损失的经营活动都采取管理措施或拒绝某些可能带来外汇风险损失的项目。这种做法有可能支付较多的外汇风险管理费用,可能丧失一些较好的筹资和投资机会。

(二)冒险策略

冒险策略又称随意策略,是一种消极的、听其自然的策略。对涉及外汇的各项经营业务不采取任何外汇风险管理措施,当汇率变动有利时坐享利益,当汇率变动不利时宁可蒙受损失。在这种情况下,企业不会发生外汇风险管理费用。采取这种策略的企业,一般是涉及外汇的经营业务很少或相对于其他经营业务来讲不重要,管理者乐于冒风险,企业的承受能力强,而且预测计划期内汇率变动不大，认为汇率偶尔变动造成的损失是企业经营的正常成本，不影响企业的正常经营。采用现金结算或只按短期商业信用进行交易的进出口商可以较安全地采取这种策略。已充分实行经营多元化和财务多元化的大型跨国公司，由于风险已相当分散，在任何时间汇率变动造成的净损失都较小，因而可采取这种策略。但是，在实际工作中，采取冒险策略的企业是很少见的。

（三）中间策略

中间策略是一种介于前两种极端策略之间的策略，是大多数企业所采用的通行的外汇风险管理策略。如果企业涉及外汇的经营业务很多，在其全部经营活动中占有重要地位，并且涉外业务的现金流入涉及的外国货币与现金流出涉及的外国货币不密切相关（相关性低或负相关）时，最佳的策略应该是按照成本效益原则，对企业涉及外汇的各项业务区别对待，分清主次，对某些涉外业务采取外汇风险管理措施，对某些涉外业务不采取外汇风险管理措施，对于受险程度大的主要经营业务的外汇风险做好管理。

企业不论采用上述何种策略，在进行外汇风险管理时，都必须遵循成本效益原则。企业涉及外汇的各项业务，汇率变动可能会使企业受损，也可能会使企业受益，外汇风险管理的目的主要在于防止外汇风险损失的发生。为了防止外汇风险损失的发生，往往会产生相应的费用（成本），主要包括外汇汇率预测、咨询费用，在经营决策时采取外汇风险管理措施付出的代价和为了防范外汇风险在金融市场进行各种外汇交易、外汇借款等所付出的交易费用、借款利息等。外汇风险管理的效益是指采取管理措施使外汇风险损失减少的数额。如果进行外汇风险管理产生的费用大于采取管理措施使外汇风险损失减少的数额，这显然是不合算的。也就是说，只有在前者小于后者时，采取管理措施才是必要的。

二、外汇风险管理的程序

外汇风险管理是一项很复杂的工作，必须按照一定的程序进行。其一般程序包括以下几点。

（一）预测外汇汇率变动情况

由于外汇汇率变动是外汇风险产生的根本原因，因此，预测外汇汇率变动的趋势、时间和幅度是外汇风险管理的首要步骤。在预测前，首先要确定适当的预测期。

(二)测算外汇风险的受险额

测算外汇风险受险额就是从数量上确定企业面临外汇风险的大小。例如,交易风险可按每笔交易计算其受险额,也可以按全部交易(按不同货币、不同结算期)计算其受险额。受险额等于结算期限相同的外币债权与外币债务之间的差额。

(三)确定是否采取外汇风险管理措施

根据受险额和预测的汇率变动幅度测算外汇风险损失额,并预测采用某种方法防范风险将发生多少费用(成本),然后将外汇风险管理的成本与外汇风险管理的效益进行比较,如果前者小于后者,则应采取措施防范风险。在以下两种情况下可以不采取任何防范措施:一是在预测汇率变动时,企业不会发生损失,还能给企业带来收益;二是外汇风险管理的成本大于外汇风险管理的效益。

(四)选择有效的外汇风险管理方法

实行浮动汇率制度以来,各国企业创造了许多规避外汇风险的方法,应分析各种方法的优缺点,结合实际情况,选择最佳的避险方法。

(五)实施选定的外汇风险管理方法

在实施外汇风险管理方法的过程中,要不断地进行检查,以发现问题,及时解决。

第二节 交易风险的管理

一般认为,对折算风险不必刻意管理,而对直接影响企业价值的交易风险和经济风险则必须加以控制。交易风险对企业利益的影响是最直接的。

一、交易风险管理的各种方法

管理交易风险的方法可分为事先防范法和事后防范法两类。前者是指在经营决策时,在签订交易合同前,就采取措施防范外汇风险,如选择有利的计价货币、适当调整商品价格、在合同中订立货币保值条款和汇率风险分摊条款等;后者是指已经用软货币签订了出口合同或用硬货币签订了进口合同,无法在合同条款上加以弥补,就只能通过外汇市场进行远期外汇交易、外汇期权交易、

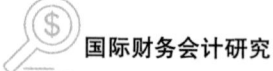

外汇期货交易和外汇调期交易,通过国际货币市场、资本市场进行借款和投资等方法来防范外汇风险。下面介绍一些主要方法。

(一)经营决策时防范风险的方法

1. 选择货币法

(1)在外汇收支中

在外汇收支中,原则上应争取收汇用硬货币,付汇用软货币。例如,在进出口贸易中,对进口付汇争取用软货币,对出口收汇争取用硬货币,在借用外资时,一般应争取借软货币。

选择使用什么货币是一个比较复杂的问题,原因有以下几点。①各种货币的"软"或"硬"是相对的,不是一成不变的,特别是在中、长期收支活动中,汇率的预测更困难。②货币的选择并不是凭一方的意愿来决定的,而是需要交易双方共同协商才能达成协议。③货币的选择往往是与贸易条件和该货币利息率的高低紧密相连的。因此,选择使用哪种货币,要根据实际的交易情况及交易双方所处地位的强弱权衡利弊得失,做出适当决定。

(2)在进出口贸易中

在进出口贸易中,选择使用哪种货币,还要考虑商品贸易的具体情况。既要防止选用货币不当而遭受汇率风险的损失,又要避免因为单纯考虑货币风险而影响商品出口和急需物资的进口。如果出口商品是畅销货,国际市场价格趋涨,用硬货币报价,即使不便宜,对方也容易接受。如果出口商品是滞销货,国际市场价格趋跌,用硬货币报价,就不易成交,为了打开销路,出口商也可以接受用软货币计价成交。对急需物资的进口,如对方坚持用硬货币,而买方又急于成交,也可以接受用硬货币计价成交。

(3)在借用外资时

在借用外资时,选择计价货币除了考虑货币汇率变化以外,还应考虑利率高低。一般来说,借硬货币利率较低,借软货币利率较高,有时两者相差很大,需进行预测、计算和比较,然后加以选择。

(4)在选择货币时

在选择货币时,还可采用以下几种具体方法。①多种货币法。由于只用一种货币很难准确判断其汇率变动情况,不利于避免或降低风险,企业的出口收汇或进口付汇使用多种货币计价结算,有的货币贬值,有的货币升值,汇率风险可适当抵消。企业借入多种货币,汇率有升有降,利率有高有低,可以分散风险。②软硬货币组合法。为了使交易双方分担汇率风险,还可以采取软硬货币各半的方法，硬货币币值上升，软货币币值下降，相互抵消，可以减少汇率变动风险。③进出口平衡法。这是在一笔交易发生后，再进行一笔同币种、同金额，收付日期也相同，但资金流向相反的交易，使两笔交易所面临的汇率风险相互抵消。

（5）在进出口商品时

在进出口商品时，如果采用本国货币计价结算，因不涉及外汇，就能简化结算手续，避免汇率风险。交易双方的实力对于决定合同货币的影响很大，此外，还有按照国际惯例决定计价货币的情况。如果某国的货币是可以与其他货币自由兑换的货币，则该国的货币成为计价货币的机会较多。一些外汇方面的专家认为，进出口贸易以本国货币计价比用外币计价更有利。

2. 货币保值法

这种方法是在交易谈判时，经过双方协商，在合同中订立适当的保值条款，以防止汇率多变的风险。在国际收付中，常用的保值条款有以下几点。

（1）黄金保值法

这是指在订立合同时，按当时的黄金市场价格将支付货币的金额折合为若干盎司的黄金，到实际支付日，如黄金市场价格上涨，则支付货币的金额相应增加，反之则相应减少。

（2）硬货币保值法

这是指在交易合同中规定，货款用某种软货币结算，用某种硬货币保值，在合同中载明两种货币当时的汇率。到收付货款时，如果结算货币贬值超过合同规定的幅度，则按结算货币与保值货币的新汇率将货款加以调整。

（3）"一篮子"货币保值法

这种方法由多种货币组成，由于各种货币的汇率有升有降，其综合汇率相对稳定。因此，用这种方法进行货币保值，可以有效地避免或减少风险，把汇率风险限制在一定的范围内。在国际支付中，特别是一些长期合同，用"欧洲货币单位"和"特别提款权"等"一篮子"货币保值比较普遍。

3. 调整价格法

在进出口贸易中，一般应坚持出口收硬货币、进口付软货币的原则，但有时由于某些原因使出口不得不用软货币成交，进口不得不用硬货币成交，这样就存在外汇风险。为了弥补外汇风险，可采取调整价格法，主要有加价保值法和压价保值法两种。

（1）加价保值法

此法用于出口交易中，在出口商接受软货币计价成交时，将汇价损失摊入出口商品价格中，以转嫁汇价风险。加价保值可按下列公式计算。

加价后的商品单价 = 原单价 × （1+ 货币升值率）

（2）压价保值法

此法用于商品进口交易中，在进口商接受硬货币计价成交时，将汇价损失从进口商品价格中剔除，以转嫁汇价风险。压价保值可按下列公式计算。

压价后的商品单价 = 原单价 × （1- 货币贬值率）

4. 风险分摊法

当使用某一种货币计价成交时，可在合同内加列风险分摊条款，注明如计价货币汇率发生变动，即以汇率变动幅度的一半，重新调整货价，由双方分摊汇率变动带来的损失或利益。其计算公式如下。

调整后的货价 = 原定货价 ± 原定货价 × 汇率变动幅度 /2

5. 提前或推迟结算法

提前或推迟结算有以下两种类型：①跨国企业内部母公司与各子公司相互之间提前或推迟结算；②各独立企业之间提前或推迟结算。

在进出口贸易中，如果预测计价货币将升值，在进口方面，应提前购买，或在价格条件相宜的情况下预付货款，以避免将来计价货币升值后需用较多的本国货币购买该计价外币。如提前购买，只要仓储费不超过潜在的外汇风险损失，就可以认为该策略合理。在出口方面，则可推迟交货，或允许进口商延期付款，以期获得该计价货币汇率上涨的利益。

如果预测计价货币将贬值，在进口方面，应推迟从国外购货，或要求延期付款，也可以允许国外出口商推迟交货日期，以达到迟付货款的目的。因为这样在商定的计价货币贬值后，进口商可用较少的本国货币换得该计价外币。在出口方面，出口商应及早签订出口合同，把交货期提前，以便早收货款，也可给进口商某些优惠条件，使其提前付款，以免遭受该计价货币贬值的损失。

在各独立公司之间，采用提前或推迟结算的方法比较困难，需采取一些措施。例如，美国 A 公司想提前收取在意大利 E 公司以欧元结算的货款，因为欧元对美元可能贬值。但意大利 E 公司可能不愿意提早付款，因为信用的融通是意大利 E 公司向美国公司购货的主要原因。为了使意大利 E 公司愿意提前支付贷款，美国 A 公司就要提供一定的优惠折扣。各独立企业之间为保值目的而提前或推迟结算，都是有偿的。

（二）外汇交易法

在交易合同签订后，企业可以通过外汇市场进行各种外汇交易来避免或降低外汇风险。

1. 即期外汇交易法

通过即期外汇交易，可以调整各种外汇存款的余额，将软货币存款卖出，以避免汇率变动带来的风险损失。如果企业近期有外汇债务需偿还，预测到该种外汇将升值，这一风险可通过进行即期外汇交易加以防范。

2. 远期外汇交易法

在进行远期外汇交易时，企业与银行签订合约，在合约中规定买入或卖出货币的名称、金额、远期汇率、交割日期等。由于在签订合约时就确定了未来的交割日买入或卖出外汇的汇率，因而可及早确定企业的收支数额，排除日后汇率变动的风险。

第一，在进口商品时，当进口贸易合同签妥后，如以硬货币计价，可通过远期外汇交易按远期汇率购买硬货币，以避免硬货币币值上升的风险；第二，在出口商品时，如果贸易合同规定以软货币计价，则可通过远期外汇交易按远期汇率卖出软货币，以避免软货币币值下降的风险；第三，随着外汇市场的不断发展，现在一些国家的大商业银行和投资银行已提供长期的远期外汇合约。企业在取得中长期借款时，如果利用长期的远期外汇合约，买进支付利息和偿还本金所需要的外汇，就可以固定以本币计算的融资成本，避免借款的外汇风险。

3. 外汇调期交易法

外汇调期交易是指在买进或卖出即期外汇的同时，卖出或买进远期外汇的交易。通过这种交易方式，可以使企业外汇资产保值。

4. 外汇期货交易法

外汇期货合约代表交易双方对外汇汇价变动方向的预计。某企业买进外汇期货，表示该企业预计未来外汇期货的价格将上升；反之，如卖出外汇期货，则表示该企业预计外汇期货的价格将下跌。外汇期货的价格经常变动，随时可以买进或卖出。因此，不必等到合约到期日结算，而是在每天交易所营业终了时就能结算出盈亏额。

外汇期货交易与远期外汇交易的区别有：①外汇期货交易是在期货交易所内买卖成交的，须缴纳保证金，而远期外汇交易一般是通过银行进行的，不用缴纳保证金；②期货合约的金额是标准化的，而远期合约的金额是随意的；③期货合约只有几个固定的到期日，而远期合约无固定到期日的规定；④外汇期货交易可经常结算盈亏，而远期外汇交易只需在合约到期日结算；⑤外汇期货交易可以采取对冲平仓的方法进行差价结算，而远期外汇交易到了交割日必须按合约金额进行全额实际交割；⑥远期外汇交易合约比较适用于大额交易，而外汇期货交易合约更适合于规避较小金额交易的风险；⑦远期外汇交易只交手续费，而外汇期货交易费用较多。

5. 外汇期权交易法

外汇期权交易也是一种远期外汇交易，其与前述一般的远期外汇交易和外汇期货交易的不同之处主要是外汇交易中包括期权的买卖。期权买方买到期权后，在合约到期时（或到期前）对是否执行期权合约拥有选择权。期权买方可以在对自己有利时，选择执行期权合约买入或卖出外汇；相反，在对自己不利时，其也可以选择不执行期权合约而到即期外汇市场按即期汇率买入或卖出外汇。期权买方获得这种权利必须付出相应的代价，即要对期权卖方支付期权费。期权卖方收取期权费后应尽的义务是，当期权买方购买外汇时，期权卖方必须出售外汇；当期权买方出售外汇时，期权卖方必须买入外汇。不管期权买方是否执行期权合约，期权卖方都不退还期权费。

外汇期权分为看涨期权和看跌期权。前者是买外汇的权利，后者是卖外汇的权利。按行使期权合约的时间不同，期权又可分为欧式期权和美式期权。前者是指期权买方只能在合约到期日决定是否执行期权合约，后者是指期权买方可以在合约到期日之前任何时间决定是否执行期权合约。

（三）国际信贷和投资法

1. 借款和投资法

（1）短期外汇应收款汇率风险的防范

当企业有短期外汇应收款，预测该种外币将贬值时，可以用借款和投资法来融通资金和防范外汇风险。借款渠道包括国外商业银行贷款、票据贴现（短期融资方法）、出口信贷、欧洲美元融资和国际债券融资等。借款和投资方法的步骤如下。①借入应收款的计值货币。借款期限应等于应收款的期限，借款金额的确定有以下两种做法：一是借款金额加上利息正好等于外汇应收款数额；二是借款金额等于外汇应收款数额。②将借入外汇兑换为本币。将借款额按借款时的即期汇率兑换为本国货币。③在本国投资。可购买国库券或其他短期债券，如果本企业利润水平高而且需要补充资金，也可以在企业内部投资。如果投资获利应缴纳所得税，应计算投资的税后利润。④用收回的外汇应收款偿还外汇借款。如果借款金额的确定采用第二种方法，还须另外计算应付利息，并按还款时的即期汇率用本币购买外汇进行支付。

（2）短期外汇应付款汇率风险的防范

当企业有短期外汇应付款，预测该种外币将升值时，也可采用借款和投资法来防范外汇风险。

2. 出口信贷法

出口信贷是一种中长期信贷，包括卖方信贷、买方信贷。

（1）卖方信贷

出口商（卖方）向进口商发货后，可从银行取得外汇借款，将该外币款项在外汇市场即期卖出，换成本国货币，以满足本币资金周转的需要。出口商的外币借款用进口商所欠外币货款陆续偿还。这样，出口商的外汇负债（即向银行的借款）与其外汇资产（即应向进口商收取的货款）持平，即使以后汇率有所变动，出口商也不会受到损失。

（2）买方信贷

进口商（买方）从外国进口商品，可从出口国的银行获得贷款，立即支付货款，使出口商很快收到货款，不受以后汇率变动的影响。

（四）防范交易风险的其他方法

1. 对销贸易法

对销贸易法是把进口贸易与出口贸易联系起来进行货物交换的贸易方法，包括易货贸易、补偿贸易、记账贸易等。由于进口商品的价值与出口商品价值相一致，债权与债务相抵销，无须支付外汇，或只需支付少量外汇，因而不存在外汇风险，或外汇风险很小。

2. 货币风险保险法

目前，许多国家的保险公司都对某些外汇风险提供保险服务。企业向保险公司缴纳保险费，在汇率波动超过一定幅度时，汇率风险的损失由保险公司赔偿。

二、交易风险管理方法的选择

交易风险管理有许多种方法，根据交易风险的具体情况选择适当的管理方

法是外汇风险管理决策的重要内容。决策的方法是在调查、预测的基础上，对拟采用的几种管理方法的情况和数据进行计算、分析和比较，选择效益较大（收入较多或支出较少）且风险较小的管理方法。

第三节　经济风险的管理

一、经济风险管理的重要性

经济风险涉及销售、生产、原料供应和财务等各个方面。因此，对经济风险管理的决策虽然与财务有关，但超越了财务经理的职能，需在总经理的领导下，使各有关部门参与决策。经济风险管理的好坏，对企业的生存和发展至关重要。

二、经济风险管理的策略

经济风险的管理目标是预测汇率变动对未来现金流量的影响，并采取防范风险的措施。如果企业使其国际经营活动和财务活动多样化，就有可能避免风险，减少损失。因此，经济风险管理重要的策略是走多元化路线，一是经营方面的多元化，二是财务方面的多元化。

（一）经营方面的多元化

经营方面的多元化既是指在不同业务领域经营（如生产、流通、服务、金融等业务领域，而且在生产领域生产多种产品，在流通领域买卖多种商品），又是指在不同地区、不同国家经营（如在若干个国家设立工厂、销售机构，从不同国家购买材料、设备等）。企业管理人员由于经营的多元化，必定对不同国家或地区的差别和变化有广泛的了解，所以会有相当迅速的反应，母公司管理人员就可能从比较中了解到设立在不同国家的子公司由于汇率变动所引起的销售量、价格、成本等变化的不同趋势，对形势有利的子公司，可扩大其经营范围，以增加其经营利润，对形势不利的子公司则缩小其经营范围，以减少其经营损失。另外，还可以了解到汇率变动后各子公司所在国在生产要素价格方面的差别，据以调整各子公司之间的原材料、部件、半成品等的供应关系，以保证在总体上成本不但不会提高，还能进一步降低。

国际企业如果经营行业的范围和跨越的地区、国家相当广泛，由于资产组合的效应，汇率变化的优劣势在国与国之间可以部分或全部抵消，即汇率变动对企业现金流量的影响可能会因多元化经营而减少。因为在某些国家或地区的现金流量现值减少，但在另外的国家或地区的现金流量现值增多，而产生一种中和现象，把经济方面的风险中和了。

（二）财务方面的多元化

1. 筹资多元化

企业从多个国家的金融市场筹集资金，用多种货币计算，如果有的外币贬值，另外的外币升值，就可以使外汇风险相互抵消。

2. 投资多元化

企业可以向多个国家投资，创造多种外汇收入，就可以适当避免单一投资带来的风险。

3. 企业可以将外币应收款与外币应付款加以配合

例如，使美元应收款与美元应付款的数额基本上相等，如果美元贬值，则应收款的实值减少，但应付款的实值也相应减少，使风险抵消。这一方法在理论上易懂，但在实践中配合的工作不容易做，如果只求某一个限度的成功，那么这一方法是可行的。

财务方面的多元化不只对避免外汇风险有帮助，同时可以提高资金获得率和降低资金成本，还可以减少政治风险。

第十章 跨国公司的治理与营运

跨国公司的全球化经营战略，强调在全球范围内建立跨国公司的整体竞争优势，如通过兼并实现资本在全球范围内的集中与控制，从而增强其在全球的垄断地位；或是通过对技术资源的控制实现核心技术在全球范围内的垄断。因此，跨国公司采取多种形式的战略来应对全球化的趋势。投资哪些项目、在哪里投资生产以及如何使企业具有可持续竞争优势，这些都属于公司战略的一部分。本章重点讨论跨国公司不同的战略对有效公司治理的作用，理解在不同文化、法律和市场背景下如何决定公司治理结构的国际化及多样性，讨论跨国公司的战略和组织结构对会计职能的要求，以及信息技术的使用与跨国公司治理。

第一节 跨国公司与全球战略

一、经济全球化中的跨国公司

（一）经济全球化的概念

经济全球化是指世界经济活动超越国界，通过对外贸易、资本流动、技术转移、提供服务、相互依存、相互联系而形成的全球范围内的有机经济整体。经济全球化是当代世界经济的重要特征之一，也是世界经济发展的重要趋势。经济全球化，有利于资源和生产要素在全球的合理配置，有利于资本和产品的全球性流动，有利于科技的全球性扩张，有利于促进不发达地区经济的发展，是人类社会发展进步的表现形式，是世界经济发展的必然结果。

（二）经济全球化的内容

经济全球化的内容主要包括以下方面。

1. 生产全球化

如美国波音公司生产的波音客机，所需的450万个零部件，来自6个国家的1 500家大企业和1.5万家中小企业。波音公司所完成的不过是科技的设计、关键零部件的生产和产品的最终组装而已。据统计，全世界有40%的产品是由跨国公司生产的。

2. 贸易全球化

世界市场的形成使各国市场逐渐融为一体，并极大地促进了全球贸易的发展。国际贸易的范围不断扩展，世界市场容量越来越大，各国对世界市场的依赖程度也日益增大。

3. 金融全球化

各国金融命脉更加紧密地与国际市场联系在一起。迅速扩展的跨国银行，遍布全球的电脑网络，使全世界巨额资本和庞大的金融衍生品在全球范围内流动。

4. 投资全球化

国际投资中资本流动规模持续扩大。资本流向从单向发展为双向，过去只有发达国家对外输出资本，现在发展中国家也对外输出资本，包括向发达国家输出资本。

5. 区域性经济合作日益加强

区域经济组织遍及全世界，如欧盟、北美自由贸易区等。许多区域集团内部都实现了商品、资本、人员和劳务的自由流通，使得区域内能够合理配置资源，优化资源组合，实现规模经济，提高经济效益。

（三）经济全球化中的跨国公司

首先，跨国公司作为世界经济的基本行为主体，对经济全球化的产生和发展起着直接的推动作用。经济全球化主要表现在生产国际化、贸易自由化和金融一体化。其中生产国际化是经济全球化的核心。跨国公司的国际生产推动了各种生产要素的国际流动和优化组合。其次，跨国公司的国际生产对东道国也产生了重要作用和影响。最后，在激烈的竞争环境中跨国公司主要通过以下途径巩固其竞争地位。第一，根据竞争环境的变化，及时进行企业改革及经营战略的调整。如20世纪90年代，美国和日本的企业为了适应变化了的竞争环境，先后进行了企业改革和经营战略的调整，在经营目标、经营重点、管理结构、评价标准等方面出现了趋同的态势；在经营中把盈利和增长作为企业追求的首要目标；强调公司收入与利润及资产收益与股东回报同步增长；加强公司的核心业务，积极实行战略联盟。世界著名跨国公司进行企业兼并与重组的成功经验在于，把能否提高企业的盈利率和综合竞争能力作为战略调整的依据，不求最大、只求最好是企业发展的共同趋势。第二，坚持技术创新，及时调整技术创新机制。纵观世界著名跨国公司，无一例外地都投入巨额资金用于研究与开发活动。产品更新换代并快速进入市场对于企业竞争至关重要。以信息技术为核心的科技进步缩短了产品生命周期，加大了研究开发成本和技术创新的风险，对跨国公司在资金、技术、人才管理方面提出了更高的要求。因此，在维护垄断优势的前提下，跨国公司改变了技术创新机制，由主要靠母公司研究开发转向研究开发国际化，开展全面的国际技术合作。一方面在海外设立研究开发中心，在全球范围内根据人才、科研、基础设施的比较优势，安排研究与开发活动，以充分利用当地知识资源；另一方面跨国公司之间利用相互优势，共担风险、共享收益，实现共同的战略目标。近年来，跨国公司战略联盟的兴起，正是优势互补、风险共担、共同发展的具体表现。第三，完善的使用和培养人才的机制。现代商业竞争从根本上说是争夺人才的竞争和企业制度的竞争。跨国公司的成功经验尽管各具特色，但有一点是共同的，即企业必须具有吸引人才，使有才能的人充分发挥作用的环境，还必须有培养人才的机制。第四，在企业发展过程中根据经营环境及时调整企业经营战略，即学习适时使用加法和减法。如西门子在确定战略发展的过程中，适时运用加法和减法对企业的结构进行调整。近几年来，西门子的经营重点放在能源、工业、通信、医疗、交通、照明等核心业务上。由于电子行业的迅猛发展，电气工程领域的市场销售增长率将继续高于整个行业的平均水平。因此，西门子公司的经营战略重点放在了不断扩展的全球电器市场上。西门子公司经营准则的重要一条就是客户决定公司的行动。公司十几个业务部门都设有市场部，以随时追踪市场信息，根据顾客需求的情况提出业务改进的建议。

总之，成功的跨国公司经营没有统一的模式，成功的奥秘是它们都能够在日益变化了的内部和外部经营环境中，善于学习、不断探索、勇于创新。知识经济和信息社会不断发展，客观环境对企业提出了更高的要求。随着经济全球化和资本市场一体化的深入发展，企业竞争的格局和竞争方式都将发生变化。一个成功的企业必然是能够及时把握机遇、不断实现技术创新和管理创新的领先者。

二、跨国公司的全球战略

(一)跨国公司的全球战略概述

1. 企业的核心竞争力概念

企业的竞争优势来源于相比其竞争对手能以更低的成本、更快的速度去发展自身的能力,来源于能够产生更高的、具有强大竞争力的核心能力——核心竞争力。可以把企业核心竞争力理解为企业开发独特技术、研制独特产品、发明独特营销手段和运用独特管理方式等能力的特定组合,是以一定方式有机结合在一起的能力群体。其以企业的技术创新能力为核心,通过与企业的反应能力、战略决策能力、产品制造能力、市场营销能力和组织管理能力的交互作用,生成使企业保持持续竞争优势的能力,是企业在其发展过程中建立与发展起来的一种合成能力。在企业的核心竞争力中,技术创新是关键,技术创新能力的强弱直接决定了企业竞争力的大小。具体来说,技术创新能力包括企业的研究与开发能力、产品和工艺创新能力。

2. 实施企业核心竞争力战略的主要措施

①并购,是指为强化核心业务而并购相关企业和部门;②分拆,是指为强化经营力度而将一个公司分拆为两个或更多公司;③重组,是指为加强核心业务而重新整合业务和分公司;④剥离,是指跨国公司通过撤销、出售、互换、外包等多种形式,不断将非核心业务剥离出去;⑤长期协议和战略联盟等多种介于企业与市场之间的新型纵向关系形式。

3. 跨国公司技术创新能力的提升途径

提升途径包括研究与开发,投资强化与国际化,与大学、研究所的技术合作,跨国并购,技术引进。

4. 设立子公司的主要依据

主要依据包括:①降低进入新产业、新市场的风险;②利用竞争对手优势,结成战略联盟;③规避行业壁垒或法律限制;④扩展与主业相关的业务或开辟新的业务领域,以及法律法规的强制规定。

5. 提高跨国公司竞争力的政策

①政府采取积极措施鼓励跨国公司技术创新能力的提高。积极培育技术创新市场,大力发展中介组织,疏通知识、技术传播途径,努力帮助降低信息交流成本,通过知识、技术的外溢效应,促进跨国公司内和公司间的集体学习。

为加快技术创新信息交流和成果转让,建立健全技术创新成果交易市场,提高技术创新成效,缩短技术创新周期,倡导技术创新合作,扩大技术创新业绩,增加技术创新收益。②及时进行国际经济间的协调。随着科技、生产等方面国际化的加强,各国经济活动密切交织在一起,及时进行国际经济间的协调,可以促进开展国际技术合作,从而提高跨国公司的技术创新能力。③改善跨国公司内部环境,促进技术、知识交流及转化吸收。第一,创造良好的企业内部学习型环境,形成能促进技术、知识交流与学习的良好氛围,不定期进行经验交流会议,加强技术人员和专家的信息沟通,在企业内部培育信任、合作的精神。第二,建立有效的激励机制,为员工提供较好的个人发展平台和提升空间,提供免费培训机会,鼓励企业内部员工进行自主技术创新,对有技术创新的员工给予奖励,在企业内部共享研究成果,促进知识的学习吸收。第三,跨国公司应不断发展信息交流技术,完善国际网络建设。信息交流技能的提升可促使企业更好地进行跨国界的技术开发,实现企业技术的多样化。跨国公司的实践表明,信息交流技术不单是部门间技术创新转移的运输带,更是企业内或企业间潜在领域技术开发的关键联结者。信息交流技术是技术创新的提升者。跨国公司只有在不断发展信息交流技术中完善全球性网络建设,全面地跟踪先进技术,充分利用全球科技资源,并能在复杂多变的市场中求得生存与发展。④制定和落实鼓励跨国公司投资的政策。既要抓好现行政策的落实工作,又要加大新政策的激励力度。例如,放宽对跨国公司研发投资方式、股权比例以及业务范围的管制;鼓励跨国公司与当地企业、大学、研究机构建立合作开发联盟;引导研发机构从事核心技术的研发工作;选择条件适合的地点,按照跨国公司研发机构的特点设立研发园区。⑤跨国公司在制定技术创新战略时,应将国际同类先进企业作为参照系,把本企业的技术、产品、管理、营销与之相比较,制定本企业的技术创新战略规划,准确把握国内外市场的变化趋势、主导技术的发展方向和竞争对手的情况,强化主业和技术核心,把主营业务做到更优和更强。

6. 信息技术在跨国公司中的应用

信息技术在跨国公司中的应用将体现出以下六个方面的特征:第一,信息投资重点将向技术装备转移;第二,信息基础设施超前实施;第三,信息集成系统进入成熟时代并发展为统一的模式;第四,重视运用计算机技术来优化决策;第五,供应链及销售链大量地运用信息技术;第六,重视知识管理系统的开发与运用。

（二）跨国公司的全球战略趋势

为了适应全球经济一体化的深刻变化，跨国公司进行了一系列的战略调整与管理变革，如突出核心和优势业务、加大对技术创新的投入、经营战略全球化以及管理决策信息化等。对公司竞争战略进行的一系列重大调整，不仅能够全面提升公司战略管理的地位，而且能使跨国公司的战略管理进入一个新的重要的战略转型期。跨国公司主要从以下几个方面调整其经营战略。

1. 由多元化、规模化转向核心竞争力经营战略的调整

自从美国经济学家普哈拉德和哈默共同提出"核心竞争力"理论以来，越来越多的跨国公司逐步把自己的核心技术、核心市场、核心顾客和核心产品放到企业经营管理的核心位置。突出主业和归核化经营战略已成为新世纪的跨国公司产业结构和产品结构调整的一个基本特征。

2. 由兼并收购为主，转向并购重组为主的投资战略的调整

进入 21 世纪以来，新一轮的企业兼并重组浪潮进一步推动全球产业的结构调整与升级，也改变了国际投资的方式。这主要表现在以下方面：以市场为导向、以高新技术为重点、以增强企业核心竞争力为目标、以强势企业联合为特征的跨国兼并重组，加剧了资源向优势企业的集中。

随着全球经济的推进和资本市场的一体化，跨国公司并购重组的目标更加务实，即理性的横向并购取代了以多元化经营为目标的混合并购。兼并重组不仅成为跨国公司提升核心竞争力的一条捷径，也成为国际直接投资的一种主要方式。

3. 由高度重视应用技术开发转向增强战略技术储备的技术开发战略调整

高度重视技术研发投入是大型跨国公司保持市场竞争优势和实施技术、成本差别化战略的重要基础。进入 21 世纪以来，大型跨国公司不仅高度重视应用技术的研究开发，而且高度重视提高战略技术储备的水平。

4. 由高度重视成本管理转向高度重视资金使用效率和资金风险控制的资金管理战略调整

面对全球激烈竞争的市场环境，为了有效规避市场风险和提高整体经营效率，跨国公司都将高度重视资金使用效率和资金风险控制。

5. 由个体竞争转向战略联盟的竞争战略调整

合资、合营、特许经营、战略外包等合作竞争战略开始取代传统的个体竞

争战略。这种合作竞争的战略联盟，其竞争理念正在走向互利共赢的新时期。进入 21 世纪以来，跨国战略联盟的数量和所涉及的行业日益增多。联盟的各方不论是竞争对手还是大国巨头，不论是发达国家企业还是发展中国家企业，都是为了长远市场利益而战略性地结盟。跨国并购、跨国战略性协作日益成为跨国公司国际扩张的主导形式。

6. 跨国公司组织管理体制向运营一体化战略调整

上下游纵向一体化的业务结构能使跨国公司实现优化配置并充分利用资源，以取得最大的经济效益，增强公司抗风险能力。在世界经济加速全球化、信息化的大背景下，大型企业集团之间的竞争更加激烈，合作也在发展。为增强自身的应变能力和竞争力，国内外企业集团在调整经营战略的同时，也相应不断调整其组织管理体制。随着信息网络技术在企业管理中的广泛应用，国际大型企业集团的组织管理体制逐步向一体化演变。这种组织管理体制具有以下显著特点：第一，大型企业拥有很多子公司，实质上实行全面一体化运作，母公司作为一个主体而不是多个主体直接参与市场竞争；第二，大型企业集团在其内部管理控制上实行几个统一，即实行统一战略、统一人力资源管理、统一调度资金和运作资金；第三，大型企业只在必需情况下设立子公司。

7. 跨国公司信息化管理向信息集成化战略调整

信息技术的飞速发展推动进国公司跨入信息集成时代，促成生产经营过程的集成化和科学化，并将成为跨国公司战略制定、决策、调整，以及生产经营过程中各个环节的计划、监控、管理和协调不可或缺的工具。如全球大型企业近 90% 实施企业资源计划，一些企业已经初步实现协同电子商务。企业的各级管理人员通过全面集成的管理信息系统，实现企业的全面管理。如壳牌化工集团因为采用以企业资源计划为核心的信息化系统，每年节省的费用在 1 亿美元以上。

8. 从跨国经营向全球经营战略调整

在经济全球化和资本市场一体化潮流的推动下，加上信息技术革命的发展，在全球范围内企业按照功能配置资源和获取资源已经成为可能。全球范围内企业界发生了巨大的变化，其中最引人注目的是跨国公司向全球公司的转型。全球公司是跨国公司全球化发展的新阶段。与一般跨国公司相比，全球公司的全球化程度大大提高，其跨国指数（海外资产、海外销售和海外雇员与总资产、总销售和总雇员的比例）一般超过 50%。由于主要收入、主要资产均来自海外，与一般跨国公司相比，全球公司经营管理的重心在海外。其发展战略、管理结构和文化理念更注重全球化,形成了全球经营的思维模式和经营模式。面对迅速形成的全球市场,许多跨国公司进行全球战略调整,按照企业经营系统的功能重新配置资源,以适应全球市场的出现。全球经营已经成为企业经营的常态,企业或者在全球最适宜的地点设置采购中心、制造组装中心、研究开发中心、财务结算中心、营销服务中心以完善全球产业链;或者把价值链的若干环节进行外包,充分利用其他企业、其他国家的资源;或者通过与其他企业建立战略联盟或并购其他企业,吸纳整合全球最优资源,打造全球产业链和完善全球产业系统。随着企业发展战略的转型,跨国公司的管理架构也相应进行了调整。跨国公司管理结构的全球化调整包括股权、公司治理结构和管理结构的全球化调整。

三、跨国公司国际财务管理

(一)跨国公司国际财务管理概述

1. 跨国公司国际财务管理的概念

由于美元大幅度贬值,国际游资十分充裕,再加上利率水平低,国际过剩资本纷纷寻找出路,更使得国际财务管理成为热门话题。由于世界各国经济活动的国际化、国际大垄断企业的出现和发展、各国之间产品与技术的交换、对外投资等活动,必然产生国际的资金流动,即国际财务管理。国际经济联系越发展,国际财务管理就越重要。在西方国家,一般认为财务管理已成为国际企业提高获利能力的关键因素。国际财务管理是现代财务管理的一个新领域。作为一门新的学科,国内外学者关于国际财务管理概念的认识还不统一。一般来讲,财务管理按照其财务活动是否超越国界,可分为国内财务管理和国际财务管理。单纯的国内财务管理,其财务活动局限于本国范围之内,资金的筹集、使用和分配等活动通常不跨越国界,这在计划经济环境下是常见的。而国际财务管理则不同,企业的财务活动跨越了本国国界,与其他国家和地区的有关企业、单位、个人发生财务关系。企业筹资、投资、分配等活动,均跨越国界。企业参与国际市场的竞争,是市场经济环境下不可避免的。因此,国际财务管理就是对国际企业财务活动的管理。国际企业相对于单纯的国内企业而言,其泛指一切超越国界从事生产经营活动的企业,包括跨国公司、进出口企业、外商投资企业等。

2.跨国公司国际财务管理的研究内容和目标、研究对象

跨国公司国际财务管理领域的主要内容包括国际融资管理、国际资金管理、风险管理（包括外汇风险、利率风险、政治风险和国家风险管理）等。跨国公司国际财务管理的主要目标是使股东权益最大化。跨国公司国际财务管理的研究对象是跨国公司对外金融活动的一些基本原则和操作技巧。

（二）跨国公司国际融资管理

1.跨国公司国际融资概述

跨国公司国际融资是指跨国公司凭借其广泛的国际联系和经济实力，不仅从本国筹资，而且从外国和国际金融市场筹措大量资金。跨国公司的资金来源包括国际信贷、国际证券、国际补偿贸易和国际租赁筹资等。跨国公司的融资管理涉及如何有效利用世界范围内的各种资金来源渠道，正确选择筹资方式以及母公司以何种形式向子公司供应资金，以较小的成本和风险保证生产经营对资金的需求，尤其是保证海外子公司的资金供应。由于国际金融市场环境的多变性，跨国公司的财务管理人员必须掌握国际金融市场情况的变化趋势，以便正确地进行融资决策。

2.跨国公司国际融资方式

跨国公司国际融资方式包括以下方面。

（1）股权融资

股权融资优势在于：第一，突破本国资金市场的限制；第二，取得股本融资多样化的利益；第三，降低发行成本，提高股票市价；第四，扩大跨国公司在国际上的知名度。跨国公司可以通过海外发行上市的方法筹集资金。海外发行上市分为直接和间接两种，这是国内公司在国际金融市场上筹资的一条重要途径。

（2）债券融资

发行国际债券是信誉卓著的大公司筹措长期资金的另一种融资方式。欧洲债券在国际债券发行总额中已远远超过了其他地区债券而占统治地位。跨国公司通过发行债券进行融资时应考虑以下几个因素：第一，外汇风险；第二，税收因素；第三，发行规模。

（3）银行融资

跨国公司通过银行融资的常用方式主要有下列几种：应收账款融资（商业

信用融资）、福费廷业务、信用证、银行承兑汇票、保付代理、短期银行贷款、对等贸易。

（4）公司内部贷款

跨国公司也可以在母公司与各子公司及各子公司相互之间进行资金融通。其方式包括：第一，直接贷款；第二，平行贷款；第三，信贷互换。

（三）跨国公司国际资金管理

资金预算是指跨国公司对未来的投资选择和优选方案的资金使用进行评估。对于投资的资金预算方法主要有回收期法、内部收益率法、净现值法和净现值指数法。跨国公司在做海外投资项目资金预算时，要对净现值法加以修正或调整，即采用调整现在值分析法。

1. 回收期法

回收期法是指根据回收原始投资额所需时间的长短来进行投资决策的方法。回收期法的优点是，简单易算，成本不高，而使用起来又很方便。其缺点是，没有考虑货币的时间价值，忽略投资方案在回收期后所产生的现金流量，是一种静态分析法。

2. 内部收益率法

内部收益率法的优点是，不需要事先确定标准折现率，用百分比表示，直观形象。其缺点是，计算比较复杂，而且对于一个非典型的投资项目来说，在未来收入流量为某阶段为负数时，内部收益率的解可能不是唯一的。

3. 净现值法

对于国内的投资项目，最常用的资金预算法是净现值分析法。即将企业投资项目预期的未来现金流量，以加权平均资金成本作为贴现率，折合成现在的价值，并将其与项目投资成本做比较，如果净现值为正，即投资收益大于投资成本，说明项目是盈利的。

4. 净现值指数法

净现值是一个绝对数，只能反映投资获利的数量，而未能反映出资金的利用效率。因此，为了进一步比较与分析投资方案，还可以计算净现值指数这个指标。

（四）跨国公司风险管理

1. 跨国公司风险管理概述

这是跨国公司财务管理的基本内容，也是与国内财务管理的根本区别所在。

（1）营运资产管理

营运资产是指企业投资于流动资产方面的资金。营运资产管理的主要目标是，使现金、有价证券、应收账款与存货这四种流动资产的投资实现最优化。

（2）现金管理

现金管理是跨国公司流动资产管理最重要的内容，所以我们将以现金管理为重点说明跨国公司的营运资产管理。现金管理的目标包括：第一，在全球范围内迅速而有效地控制公司全部的现金；第二，使这些现金的保存和运用达到最佳状态。

（3）现金的集中化管理

现金的集中化管理是指信息、报告、分析，尤其是现金流动、转移与投资的决策过程的集中化。现金的集中化管理主要包括：第一，建立公司资金库。其优势在于：可以满足集团公司内部各个子公司不同的现金需要。其劣势在于：导致国外子公司失去赚取较高投资收益的机会。第二，实行净额结算。其优势在于：①可以取消许多不必要的货币转换和转移，从而降低交易成本，节约外汇兑换成本和资金转移成本；②减少处于流程中的资金数额，这等于相对增加了公司可用于投资的资金，从而增加公司的投资收益；③公司内部现金结算还有助于现金管理中心监督各子公司的现金状况，实现最佳的现金调度。

（4）现金预算与流动

现金预算的主要任务有以下方面。①依货币种类分解各子公司的现金总流入和总流出；②确定现金赤字单位所需现金的数量和时期；③确定借款的数量和期限；④确定可用于投资的现金差额的数量和时期。现金流动系统的主要目标是，在现金预算的基础上，实现公司全部现金差额的最佳使用。

（5）跨国公司风险管理内容

这主要包括外汇风险管理、利率风险管理、政治风险和国家风险管理等。

2. 外汇风险管理

外汇风险，又称汇率风险，是指经济主体在持有或运用外汇的经济活动中，因汇率变动导致企业可能蒙受损失或增加收益的一种可能性。外汇风险的类型有：①交易风险；②折算风险，又称会计风险；③经济风险，也称经营风险。由于汇率的波动可能会给企业带来收益，也可能会给企业造成直接经济损失。

因此，跨国公司的财务管理人员必须掌握外汇风险管理的程序和方法，以便为企业增加收益、减少损失。从事外币报表分析的财务管理人员应该掌握外币报表的折算方法。常用的折算方法有：①流动／非流动折算法；②货币／非货币折算法；③时态法；④现行汇率法等。

（1）对于外汇交易风险的管理可分成内部管理技巧和外部管理技巧

内部管理技巧主要有以下几种：净额结算、配对管理、提前与延期收付汇、定价政策、在合同中加列货币保值条款等。外部管理技巧包括金融市场操作，如借款与投资、借款—现汇交易—投资、外币票据贴现、出口信贷，主要有卖方信贷、买方信贷以及福费廷等。

（2）外汇折算风险管理

涉外主体对折算风险的管理，通常是实行资产负债表保值。管理方式主要有：①资产负债表保值；②远期合约保值，将远期合约运用于会计风险时，是利用远期合约进行投机，以期获取与账面会计损失相等的收益；③风险对冲等。

（3）外汇经济风险的管理

经济风险是一种与未来现金流量相关、期限超过折算风险和交易风险的状况。经济风险可按不同的时间阶段划分为短期、中期和长期三种类型，但不管是哪类经济风险，都难以精确地测定。一般而言，跨国公司在寻求降低经济或经营风险时，需要在营销管理与生产管理两个方面做出多样化经营策略调整。

3. 利率风险管理

（1）利率风险的含义及表现

利率风险是指由于市场利率的变动而给银行、公司或个人带来损失的可能性。从企业角度来看，利率风险主要体现在由于市场利率的变化而导致企业筹资成本发生变化。

票面利率、市场利率、发行价格、债券面值之间的关系如下。

票面利率＜市场利率，发行价格＜债券面值（折价发行）

票面利率＝市场利率，发行价格＝债券面值（平价发行）

票面利率＞市场利率，发行价格＞债券面值（溢价发行）

（2）利率风险的防范对策

第一，应对融资项目的盈利和利息偿还能力进行科学分析、测算。第二，合理安排固定利率和浮动利率在融资项目中的比例结构。第三，运用金融交易法，通过利率互换、远期利率协定、利率期权和利率期货等金融工具来管理利率风险。

4. 政治风险和国家风险管理

政治风险的定义分为两类：一类是从政府干预的角度看，认为政治风险是指可能导致企业损失的政府或其他机构采取的、不可预期行动所产生的不确定性；另一类是从政治事件的角度看，认为政治风险是引起国际经营潜在利润或资产损失的国内外各种政治事件发生的可能性。在政治风险中，征用和资金冻结是两种主要的风险。

国家风险的评估方法主要有以下两种。①宏观分析法。宏观分析一般有许多指标，这些指标是对国家风险的一种量化。②微观分析法。评价政治风险的另一条途径是微观分析。由于不同行业，不同企业对政治风险的敏感程度不一样，从行业、企业的角度评估政治风险，可以进一步把握投资项目上的风险，以做出正确的投资决策。对政治风险的管理可以从三个方面进行：投资前的规划管理、投资后的经营管理、政治风险的事后控制。

5. 跨国公司海外投资管理

跨国公司投资是指把筹集到的资金用于国际企业的生产活动，以获取收益。按照投资方式，跨国公司的投资可以分为直接投资和间接投资。直接投资是指跨国公司运用资金的主要形式，进行国际直接投资就是要在国外投资办实体。投资的类型有独资企业、合资企业和合作企业等。跨国公司的国际投资采用何种形式取决于其自身的条件和国际投资环境。因此，跨国公司在进行国际投资前必须对海外投资环境进行评估，对投资项目的经济效益和现金收支进行预测和决策。

（1）跨国公司海外直接投资概述

跨国公司海外直接投资形式可以从其投资方向、部门和形式三方面进行分析。从投资方向看，在发达国家的投资在海外直接投资总额中占的比重大，在发展中国家的投资占的比重小。从投资部门看，制造业是跨国公司最热门的投资对象，其次是服务和采掘业。近几年，服务业有不断上升的趋势。从投资形式看，除了建立传统的子公司或设立分支机构，购买外国企业股权等资本参与形式外，还兴起了非股权资本参与的方式，包括许可证协议、管理合同、劳务合同、销售协议等形式。

（2）跨国公司海外直接投资的理论

①产业结构论，是指跨国公司和直接投资产生于市场的不完善或不完全竞争。产业结构论是国际生产内在化论和生产综合论的理论基础。②生产内在化论，是指海外直接投资产生于企业以内部交换取代外部市场交易的过程。③生

产综合论，是指以市场不完善为前提，将产业结构论、生产内在化论和传统的区位优势论综合起来。企业要从事海外直接投资必须具备三方面的条件：其一，使公司所从事的活动具有竞争优势的公司专门化要素；其二，区位专门化要素；其三，内部化优势。这种理论对近十年来发展中国家海外直接投资的迅速发展具有现实意义。④产品生命周期论。企业海外直接投资是产品从研究开发到成熟，再到标准化，最终到过时，这一过程中的一个自然阶段。产品的生命周期论也是动态的国际直接投资理论，推论很严谨，能够充分解释某些跨国公司对发展中国家的直接投资现象。

6.跨国公司国际纳税管理

跨国公司国际纳税管理是为了实现整个公司收益的最大化，设法谋求税负的最小化。因此，跨国公司在进行国际税收管理时不仅要分析和研究各国制定的不同税收制度，还要根据各国的税收制度对企业的投资方式、成本费用的摊销、资金来源、转移价格的制定及海外公司应采用什么样的组织形式等重大事项进行决策。因此，国际纳税管理就成为跨国公司财务管理的重要内容之一。

（五）跨国公司国际财务管理策略

世界经济全球化进程的日益推进，以及信息社会的到来，使得企业的跨国经营成为世界经济的发展趋势。在企业的跨国经营过程中，以资金管理为中心的财务管理，也处在了日趋重要的位置上。采取何种国际财务管理策略，是摆在企业管理者面前必须解决的首要问题。

1.集权式财务管理策略

（1）集权式财务管理策略的概念

集权式财务管理策略是指跨国公司把财务管理的决策权集中在公司总部，以便统一调度和使用资金，以实现公司整体利润的最大化。

（2）集权式财务管理策略的优点

集权式财务管理策略的优点表现在以下几个方面。①发挥总部财务专家的作用。跨国公司，特别是历史悠久和规模较大的跨国公司，其总部通常高薪聘请优秀的财务专家，把财务管理决策权集中在财务专家的手中，就能够在更大的范围内和程度上利用专家的智慧和才干，提高公司财务管理水平。②获取资金调度和运用中的规模经济效益。例如，由公司总部根据海内外生产经营单位的需求统一筹措款项，可在条件较好的资金市场上，以较低的利率借入大量的资金，降低资金使用成本；由公司总部集中管理海内外生产经营单位计划额度外的现金，可增大现金存款的总额和相对延长部分现金存款的期限，得到较多的利息收入。③优化内部资源配置，满足子公司对资金的不同需求。子公司所面临的资金市场条件不同，其对资金的需求也会有所差异。由公司总部集中行使财务管理决策权，可以在高层次上调整公司内部各单位的资金余缺，优化资金配置、保证资金供给，同时也有利于公司总部加强对全球性生产经营的控制。④提高克服外汇风险的能力。海外子公司的营运资本和销售收入主要是以单一货币计价的，其所在国的外汇市场往往是狭小的，甚至是非规范化的。因此，海外子公司更容易遭遇外汇风险，其克服外汇风险的能力也很有限。集中的财务管理可以使公司总部的财务专家灵活调整公司的外币种类和结构，在国际金融市场上进行外汇的买卖和保值交易，减少或避免外汇风险给公司造成的经济损失。

（3）集权式财务管理策略的缺点

集权式财务管理策略的缺点表现在以下几个方面。①易挫伤子公司经理的积极性。财务管理决策权是公司总部向子公司经理授权的重要组成部分，特别是财务管理决策权的大小与子公司的生产经营活动和经济利益分配都有密切的联系。集中式财务管理会在一定程度上削弱子公司经理的生产经营自主权，使一些子公司经理变得消极，甚至对公司总部抱有不满情绪。②易伤害子公司与当地居民、特别是当地持股人的关系。公司总部的财务管理决策是从全球性生产经营角度出发，以实现公司整体利益最大化为根本目的的。因此，集中的财务管理很可能忽视子公司的具体情况和直接利益，进而引起公司外部的利益主体、当地居民和当地持股人的反对。③易造成母国与东道国间的摩擦。集中的财务管理使公司总部更加方便地采用转移价格等手段抽调子公司的生产要素、产品、利润，逃避子公司所在国的关税和所得税，绕过当地政府政策法规的限制。这一切都会引起东道国政府的不满，导致两国间的摩擦。④易给子公司经营业绩的考核增加困难。由于实行集中的财务管理，一些子公司不得不放弃子公司可以捕捉到的机遇和可以得到的利益，以满足公司全局的需要；而另一些子公司却因公司总部的策略安排，得到其他子公司的支持，获得本不属于该子公司的额外好处。这样，总部就难以真实、公平地考核子公司的经营业绩，评价子公司对公司整体的实际贡献。

2. 分权式财务管理策略

（1）分权式财务管理策略的概念

分权式财务管理策略是指公司授予区域中心和海外子公司较多的财务管理

决策权,以便能在世界范围内抓住机遇、避开风险,因地制宜地运用资金,进而从整体上提高公司的资金使用效益。

(2)分权式财务管理策略的优点

分权式财务管理策略的优点表现在以下几个方面。①信息专门化。下级管理人员通过观察和实践,可得到一些有关当地市场的情况,以及当地劳动力素质等方面的信息,这些信息很难全部、及时传递给公司总部,且有的难以数量化、难以描述,以至于影响公司总部对子公司所提供信息的判断。分权式管理,可将决策制定放在需要信息、储存信息、选取信息及加工信息的地方,获取信息的专门化效益。②反应迅速。分权式管理可以使子公司在某种程度上具有决策权。可以得到分散经营单位在制定和实施决策过程中的迅速反应,而不必使所有行动方案均要等到公司总部同意方可实施。③减少规模管理引起的复杂性。人们所能解决的复杂问题是有限的,即使采用计算机,也不可能集中合理地解决有限的资源分配问题。当外部环境具有不确定性时,集中决策所要求的单纯化和直接推断,易导致集中做出的决策不如分散做出的决策正确。分权式管理可将较大的问题分为较小的、较易管理的部分,使复杂的问题简单化。④有利于子公司人员的培训。由于分权,各级经理都可制定决策。通过对较小问题的实践,子公司的经理们可学会如何做大的决策,母公司可通过考察下级经理所做决策的结果,评估他们潜在的发展能力,以便将其中一些人提升为高级决策者。⑤激发子公司管理人员的积极性。优秀的管理人员应该雄心勃勃,对自己的工作充满自豪感。如果他们的作用仅限于执行上级指令,就可能会对分配给他们的工作失去兴趣。分权式管理赋予子公司管理人员更大的自主权,使他们对分配的任务更主动、兴趣更浓厚,极大地提高了他们的工作效率。

(3)分权式财务管理策略的缺点

分权式财务管理策略的缺点表现在以下几个方面。①目标一致性问题。采用分权式管理时,各责任中心经理可能将实现本部门的目标作为衡量标准,而把实现其他中心或总公司的目标排除在外,以致损害公司的整体利益,即组织功能失调。为避免该种情况发生主要应通过选择适当的控制考核指标和奖惩方法来实现,尤其要注意考核标准的综合性和完整性。另外,总公司要为各责任中心编制预算,并使子公司预算与总公司预算协调一致。通过一系列控制步骤,总公司促使各责任中心在实现各自目标的同时实现总公司目标。②中心外部影响问题。母公司对子公司的考核,应只限于子公司所能控制的因素和范围。外界不可控因素对责任中心的影响,应从控制考核中剔除掉,否则该中心完成指标的积极性就会受到影响。例如,当商品或劳务从一个单位转移到另一个单位时，常常要为其定价，以便供应单位确认收入，使购货单位确定投入要素的成本。这种转移价格的制定若不合理，就会影响到考核的公平性，从而使其中一方失去积极性，引起不同责任中心间的摩擦和竞争，有损整体利益。

3. 跨国公司选择合适的国际财务管理策略

分权式和集中式财务管理策略各有利弊，并且从很大程度上来看其利弊是互为反正关系的。同时，每个跨国公司在财务管理决策权集中与分散之间所做的选择是不相同和经常变化的。尽管如此，跨国公司财务管理决策权的配置也有一定的规律可循。

（1）小型跨国公司实行分散的财务管理

小型跨国公司由于总部缺乏足够的资金来源和财务专家，通常把财务决策权交给子公司经理，实行分散化的财务管理。这样，子公司在财务上是相对独立的，要靠自己的财力扩大其规模。

（2）中型跨国公司实行集中的财务管理

中型跨国公司由于拥有较强的经济实力和较多的财务专家，大多实行集中的财务管理。总公司通过政策指导、下达命令、信息交流和规定的报告程序，统一管理、协调海外子公司的财务活动。由于集中的财务管理，中型跨国公司的大多子公司都在其母国获得了低息贷款优惠。

（3）大型跨国公司实行集中与分散相结合的财务管理

大型跨国公司由于其资金雄厚，有大批财务专家，总公司试图实行集中的财务管理，但因其产品种类多、分布广和所处环境复杂，而较多地实行集中与分散相结合或偏向于分散的财务管理。在这些公司中，总部财务专家只定期向海外子公司提供指导、咨询和信息。在不违背公司整体利益的前提下，日常的财务管理决策大多由子公司经理根据当地具体情况来制定。

（4）根据跨国公司的股权结构和技术水平采用不同的财务管理策略

由于股权的集中与分散会产生不同的利益要求，跨国公司的股权结构和技术水平对财务管理决策权的配置也产生影响。如果跨国公司的海外子公司大多是独资经营的，那么其财务管理就会相对集中；如果跨国公司的海外子公司大多是合资经营的，则其财务管理就会相对分散。此外，在技术要求高的跨国公司，总公司大多把主要精力放在技术开发方面而不是财务管理方面，因此倾向于分散的财务管理；在技术要求低的跨国公司，总公司大多重视财务管理，因此倾向于集中的财务管理。随着国际竞争的加剧和生产经营国际化的发展，跨国公司在资金返回、转移价格制定、专利费、管理费和涉及公司整体利益的财务决策方面趋于集中的财务管理,而在其他财务管理方面则趋于分散化。

第二节 全球化背景下的组织结构与公司治理

一、全球化背景下的组织结构

(一)全球化与多国化

1. 全球化战略的概念

全球化战略的实质因公司的性质不同而有所不同,公司必须决定在其决策控制权方面选择集权(在一些关键部门)还是分权(在经营单位)。公司进入国际市场还可以通过全球化或多国化策略。全球化策略是指公司在全球市场的产品系统和市场定位都要服从于竞争的需要;多国化策略是指各子公司可以在不同国家的市场独立竞争。

2. 采用多国化策略的依据

波特、豪特和莱登提出,不同国家间产品差异越大的公司,其共性是有着较高的运输成本、研究与发展过分依赖于细分的市场、政府的贸易障碍过高、分销系统过于零散且产品缺乏规模经营,对于全球市场不能够产生足够的竞争优势。这类公司更有可能采用多国化策略。

3. 采用全球化策略的依据

当公司从全球化市场取得的收益大于与此相关的额外成本时,如通过单位成本的降低、较高的公司信誉及服务等,其共性是规模经营的优势源自较大的规模生产基地和流程、较高效的物流分销网络、投入较高的研究与发展资金等。这类公司更有可能采取全球化策略。

4. 全球化战略与多国化战略的关系

全球化战略与多国化战略、集权战略与分权战略的关系表现在以下方面。第一,当公司需要在全球市场上提升其品牌价值以及扩大其分销系统,进而对国家市场份额展开争夺并进行交叉补贴时,发生全球竞争。参与全球竞争,要求公司在全球争夺市场,包括国外和国内市场的竞争。如美国的航空业和汽车产业在不景气时通过全球化使其复苏。第二,当成本最优的业务量的需求在国内市场得不到满足时,将迫使这些公司去开拓海外市场并用国内生产的产品供应海外市场,在这种情况下便产生了全球商务。如中国的纺织业和服装制造业通过对发达国家的市场渗透和争夺发展中国家的市场份额以提升成本效益。又如航空业的高额研究与发展费用需要通过全球市场分析其研发成本，以便实现保本和盈利的销售额。全球化的公司在全球重要市场有着庞大的分销网络，可以进行交叉补贴、贸易报复以及形成全球性的规模经营。因此，全球化与多国化、集权与分权的关系表现在，随着公司在一些国家地位的提高，该国的经营机构必须被纳入总公司的控制范围，而随着公司全球化程度的提高，将趋向于采用集权化。

（二）全球化战略的组织结构

1. 影响全球化战略组织结构的规则

巴特利和戈沙尔提出了影响全球组织结构、决策集中程度及组织文化的规则，即全球整合的驱动力（效益需求）、地区差异化的驱动力（反应需求）和全球创新的驱动力（学习需求）。对于一家公司而言，在对不同国家的不同市场做出反应的同时，还要求公司能够整合不同地区的市场策略。①全球整合的驱动力（效益需求）是指公司在产品线、零部件设计和生产运作中需要达到规模经济，这不仅受成本因素制约，也受客户偏好的制约。②地区差异化的驱动力（反应需求）是指由于政府的干预和市场结构的差异以及客户偏好的存在，就更加需要关注地区差异。③全球创新的驱动力（学习需求）是指在世界范围内发展和转播创新以及连接和运用知识。

2. 全球化战略组织结构的构成

全球性公司是高度集中并且具有世界级规模的公司。当公司从本国市场向国际市场转移时，第一步需要有一个核心战略，这个战略是在本国发展起来的，并且是使公司保持持久竞争优势的战略基础。在此基础上，公司通过向其他国家转移，从而实现国际化。第二步战略目标就是全球化战略。

（1）多国化战略

如果设在不同国家的海外子公司与总公司保持相对独立性和自主经营，那么这家公司就是采用多国化战略。

（2）国际化战略

如果信息的交流和控制是从总公司到不同国家的子公司的，那么这家公司就是采用相对集中的国际化战略。

（3）跨国公司组织结构

从海外子公司运作的角度分析，处于不同国家的分支机构对于整个公司的

全球运作做出了各自的贡献,这种情况被称为跨国公司组织结构。也就是说,设在不同国家的子公司都扮演着不同的角色,这些角色因所处的国家的不同而有所不同。如一个海外的子公司既可以是一个制造加工厂,也可以是服务于当地的服务机构。

总之,设在多国的海外子公司挖掘本地的机会,而全球公司则实施公司目前的战略。

二、全球化背景下的公司治理

(一)公司治理概述

1. 公司治理的概念

公司治理又名公司管治、企业管治和企业管理,是一套程序、惯例、政策、法律及机构,影响着如何带领、管理及控制公司。公司治理方法也包括公司内部利益相关人士及公司治理的众多目标之间的关系。主要利益相关人士包括股东、管理人员和理事。其他利益相关人士包括雇员、供应商、顾客、银行和其他贷款人、政府政策管理者、环境和整个社区。公司治理是一个多面的主题。公司治理中一个十分重要的部分是面对责任,受托责任,对股东和其他人的信息披露、审计及控制机制。这样公司治理负责人应该遵守各方面的原则。公司治理另一个重要的部分就是经济效率,包括公司内部(如最佳的实践指南)和公司外部(如全国制度体系)。

2. 公司治理的内容

公司治理的内容包括描述公司指挥和控制的过程、鼓励遵照公司守则等。从广义上看,公司治理包含了规则、关系、制度和程序以及在这个框架之内由信托当局在公司中行使和控制。恰当的规则包括了当地可适用的法律和公司的内部规则。而关系包括了所有相关人士之间的关系,最重要的是股东、经理、董事会董事、管理当局、雇员和整个社区。

3. 公司治理的原则

公司治理的原则包括几个要素,诚实、信任、正直、开放、表现导向、责任感及可靠性、互相尊重及对组织有承诺。

最重要的是董事与管理阶层如何树立治理的典范,为其他公司参与者提供可供参考的依据,并且能够定期评估其有效程度。特别是,高级行政人员必须表现得诚实、有道德,尤其是在面对利益冲突及披露财务报表的时候。常见的公司治理的原则包括以下方面。①股东权利的公平对待原则。组织应该尊重股东的权利及通过有效沟通方式来帮助股东行使权利，鼓励他们参与日常会议。②各利益相关者的利益。组织应该意识到他们对所有合法的利益相关者有法定和其他义务。③董事会的作用和责任。董事会需要一系列的措施，才能应付各种各样的商业上的问题，有能力去检查及挑战管理层的表现，并承担相应的责任。然而，主席及首席执行官不能由同一人担任，用机制来避免利益冲突。另外，执行董事与独立非执行董事的人数要有适当的比例，建立独立的监察机制。④正直及道德行为。公司需要为董事及行政人员树立道德规范，鼓励其在做出决定时符合道德标准并体现其责任感。⑤披露及透明。公司应该澄清并让公众了解董事会的作用和责任。

4. 与公司治理原则相关的问题

与公司治理原则相关的问题包括以下几种：①财政预算准备的失职；②内部控制和个体审计员的独立；③为首席执行官和其他高级主管做出安排；④董事会内职位的提名方法；⑤可以供给董事会运用的资源；⑥失职及风险管理；⑦股息发放政策等。

5. 公司治理对会计职责的要求

公司治理对会计职责的要求体现在提供会计信息、对信息的需求及监督成本方面。

6. 会计师的作用

财务报告是让公司管理方法系统有效地运作的一个必要的关键的元素。对于资本市场参加者来说，会计师是主要的信息提供者。公司的董事应该有资格期望管理阶层按照法律和道德义务，依靠审计人员的能力准备财务信息。会计准则允许会计师在确定计量方法、计量标准和会计实体的定义上有一定限度的选择权。其中备受关注的是会计机构在被审计的公司中，能否保持独立的会计师及管理顾问的身份。否则，当发生利益冲突时，财务报告的公正性将受到影响。

7. 全球公司治理的模式

从国际上现有的公司治理结构来看，可以主要分为两大类：一类是如英、美企业所采取的外部治理模式；另一类是如德国等欧洲大陆国家所采取的内部治理模式。两种模式都与其股东结构存在着非常密切的关系。

(1)英、美企业所采取的外部治理模式

在外部治理模式下,股权分散在大量的个人投资者和一些机构投资者手中。在美国,这些机构投资者已经逐渐成为公司的大股东。一般来说,除了财务投资外,机构投资者与企业之间没有任何其他关系,而且投资者对其投资企业日常管理也不感兴趣。由于股权分散,股东之间不能进行有效沟通与合作,对企业管理人员的约束最终是通过资本市场本身实现的。如果管理者忽视股东利益,或管理不善,股东会出售股票从而导致公司价值降低,甚至使公司更容易被恶意收购。但从近些年的发展趋势来看,机构投资者也可采取积极干预的办法,向董事会施加压力,迫使董事会对经营不善的公司,用更换总裁的方式,彻底改变公司的根本战略和关键人事安排,以确保新战略的迅速实施。

(2)欧洲大陆国家所采取的内部治理模式

与外部治理不同,内部治理通常由与企业有长期稳定关系的群体实现。这样的控制群体规模小,而且内部的成员都互相了解并与企业具有除财务投资以外的关系。群体的组成通常包括家族利益、行业利益、银行及其控股公司利益。这种股东结构在德国等欧洲大陆国家非常普遍。内部治理模式通常以银行为核心,企业的融资高度依赖银行。内部治理的资本市场与外部治理相比并不那么发达,内部群体通过控股等手段实现对企业的控制。例如,改变公司结构、签订股东协议、建立歧视性投票权,或是更改决策程序。所有这些措施都是为了降低少数股东参与决策的有效性。

以欧洲最具代表性的德国为例,由于形成了以银行为中心的公司治理结构,德国银行一方面通过自己持股,另一方面通过接受小股东委托、代理选举董事会成员,获得了德国大部分公司的控制权。因为银行具有债权人和大股东的双重角色,所以银行就希望减少股息支付,使公司有能力偿还贷款。另外,在德国公司中,监事会是权力核心,其类似于我们通常意义上的董事会。而董事会则是一个执行机构,实质上是通常意义上的管理层。

比较上述两种模式,在美国式的股东支配型模式下,企业的董事长或总裁拥有相对较大的权力,是以市场上必须具备高素质的企业家人才为前提的;而德国式的平衡型模式实际上是由管理团队负责的,监事会成员基本上涵盖了相关的利益群体,包括股东、工会、银行,相对体现出各方权利和利益的制衡,但同时也对企业的变革产生了一定的阻碍作用。

(3)中国目前的公司治理结构框架

由于私有企业发展历史短、国有经济的存在及资本市场正处于新兴市场等原因,中国大多数企业的股权集中,形成了近似于内部治理模式并具有家族/

国家治理模式的特点。家族/国家治理的特点是经济中创始成员（或家族）对企业的控制及国家在经济中扮演重要的角色。在家族/国家治理模式中，公司所有权与经营权没有真正分离，公司的主要控制权在家族成员/国家代理中配置。同时，公司治理结构的执行思想则更倾向于英美外部治理的治理模式。也就是说，在结构上，主要由董事会对公司进行治理。除独立董事外，董事主要由股东代表及公司的高层管理者等内部人员构成，这与欧美等外部治理结构相似。此外，虽然中国的公司在治理结构上采用了英美式的结构，但在公司治理的另外一个重要的组成部分——治理机制（包括用人机制、监督机制和激励机制）上存在明显的缺陷，这也直接导致了中国公司治理效率较低。特别是那些一股独大的公司，大多存在着三个突出问题：经营者损害股东的利益、大股东损害小股东的利益，以及大股东代表损害大股东的利益。

8. 公司治理的守则和指南

世界各国公司都建立其公司治理方法、原则和守则，并且由证券交易所、金融机构投资者等在政府和国际组织的支持下发布。但是，法律并不强制要遵照这些被推荐的治理方法。

（二）公司治理结构

1. 公司治理结构的概念

公司治理结构，或称法人治理结构、公司治理系统、公司治理机制，是一种对公司进行管理和控制的体系，是指由公司所有者、董事会和高级执行人员即高级经理三者组成的一种组织结构。现代企业制度区别于传统企业制度的根本之处在于所有权和经营权的分离，或称控制与管理的分离，从而需要在所有者和经营者之间形成一种相互制衡的机制，用以对企业进行控制和管理。现代企业中的公司治理结构正是这样一种协调股东和其他利益相关者关系的机制，其涉及激励与约束等多方面的内容。简单地说，公司治理结构就是处理企业各种契约关系的一种制度。

例如，公司治理结构明确了董事会、经理层、股东和其他利益相关者的责任和权利分布，而且明确了决策公司事务时所应遵循的规则和程序。公司治理的核心是在公司所有权和经营权分离的条件下，由于所有者和经营者的利益不一致而产生的委托—代理关系，公司治理的目标是降低代理成本，使所有者不干预公司的日常经营，同时又保证经理层能以股东的利益和公司的利润最大化为目标。

这里所说的结构应该理解为兼有制度、体系和控制机制的含义。现代企业采取了股份制形式，在股份制企业中所有权与经营权分离，所有者与经营者之间、经营者不同集团之间的利益关系比单人业主制企业或合伙制企业要复杂得多。如何处理这种利益关系涉及企业的效率、业绩，甚至经营成败。处理这些利益关系需要一套相应的制度，这就形成了公司治理结构理论。

经济学家谈论公司治理结构时，狭义地讲，是指投资者（股东）和企业之间的利益分配和控制关系，包括公司董事会的职能、结构，股东的权利等方面的制度安排；广义地讲，是指关于公司控制权和剩余索取权，即企业组织方式、控制机制和利益分配的所有法律、机构、制度和文化的安排。其所界定的不仅是所有者与企业的关系，而且包括相关利益集团（管理者、员工、客户、供货商、所在社区等）之间的关系。现在我们所讲的公司治理结构是指广义的公司治理结构。公司治理结构的内容由一系列契约规定。这些契约包括正式契约和非正式契约。正式契约包括政府颁布的适用于所有企业的法律（如公司法、破产法、劳动法等），也包括企业自己的正式规定（如公司章程以及各种合同）。非正式契约是指由文化、社会习惯所形成的行为规范。这些规范没有具体化为成文的合同，所以不具有法律上的强制性，但却在实实在在地起作用（如一些企业的终身雇用制或者对在一定时期内保持工资不变的承诺）。公司治理结构决定企业为谁服务（目标是什么）、由谁控制、风险和利益如何在各个利益集团中分配等一系列根本性问题。

建立公司治理结构的目的在于提高整个公司的效率。只要能提高整个公司效率的公司治理结构就是合理的。

2. 公司治理结构的作用

公司治理结构要解决涉及公司成败的两个基本问题。

（1）协调股东与企业的利益关系

在所有权与经营权分离的情况下，由于股权分散，股东有可能失去控制权，企业被内部人（即管理者）所控制。这时控制了企业的内部人有可能做出违背股东利益的决策，侵犯股东的利益。这种情况会导致投资者不愿投资或股东用脚表决的后果，会有损于企业的长期发展。公司治理结构正是要从制度上保证所有者（股东）的控制权与利益。

（2）企业内各利益集团的关系协调

这包括对经理层与其他员工的激励，以及对高层管理者的制约。这个问题的解决有助于处理企业各集团之间的利益关系,又可以避免因高管决策失误给企业造成的不利影响。

3. 公司治理结构的模式分析

公司治理结构通常有英美模式、欧洲大陆模式等。英美国家重视个人主义的不同思想,在企业中的组织以平等的个人契约为基础。股份有限公司的制度中体现了这样一种合乎逻辑的形态,即依据契约向剩余利益的索取者并承担经营风险的股东付出一定的企业支配权,使企业在股东的治理下运营,这种模式可称为股东治理模式。其特点是公司的目标仅为股东利益服务,其财务目标是单一的,即股东利益最大化。

(1)股东治理模式(英美模式)

在股东治理模式下,股东作为物质资本的投入者,享受着至高无上的权利。股东可以通过建立对经营者行为进行激励和约束的机制,使经营者为实现股东利益最大化而努力工作。但是,由于经营者有着不同于所有者的利益主体,在所有权与控制权分离的情况下,经营者有控制企业的权利。在这种情况下,若信息不对称,经营者会通过增加消费性支出来损害所有者利益,至于债权人、企业职工及其他利益相关者会因不直接参与企业经营和管理,其权益也会受到一定的侵害,这就为经营者谋求个人利益最大化创造了条件。

(2)日本和欧洲大陆模式

日本和欧洲大陆在企业的经营中,提倡集体主义,注重劳资的协调,与英美形成鲜明对比。在现代市场经济条件下,企业的目标并非唯一的追求股东利益的最大化。企业的本质是一系列契约关系的总和,是由企业所有者、经营者、债权人、职工、消费者、供应商组成的契约网,契约本身所包含的各利益主体的平等化和独立化,要求公司治理结构的主体之间应该是平等、独立的关系。契约网触及的各方被称为利益相关者,企业的效率就是建立在这些利益相关者的基础之上的。为了实现企业的整体效率,企业不仅要重视股东利益,而且要考虑其他利益主体的利益,建立一个采取不同方式对经营者进行监控的体系。具体来讲就是,在董事会、监事会当中,要有股东以外的利益相关者作为代表,其目的旨在发挥利益相关者的作用。这种模式可称为共同治理模式。

4. 公司治理结构的原则

由 29 个发达国家组成经济合作与发展组织(OECD),该组织理事会正式通过了其制定的《公司治理结构原则》,这是第一个政府间为公司治理结构开发出的国际标准,并得到国际社会的积极响应。该原则在为各国政府部门制定有关公司治理结构的法律和监管制度框架方面提供参考，也为证券交易所、投资者、公司和参与者提供指导，代表了OECD成员国对于建立良好的公司治理结构共同基础的考虑。其主要内容包括：①公司治理结构框架应当维护股东的权利；②公司治理结构框架应当确保包括小股东和外国股东在内的全体股东受到平等的待遇，如果股东的权利受到损害，他们应有机会得到补偿；③公司治理结构框架应当确认利益相关者的合法权利，并且鼓励公司和利益相关者为创造财富和工作机会以及为保持企业财务健全而积极地进行合作；④公司治理结构框架应当保证及时准确地披露与公司有关的任何重大问题，包括财务状况、经营状况、所有权状况和公司治理状况的信息；⑤公司治理结构框架应确保董事会对公司的战略性指导和对管理人员的有效监督，并确保董事会对公司和股东负责。

总之，从以上几点可以看出，这些原则是建立在不同公司治理结构基础之上的。该原则充分考虑了各个利益相关者在公司治理结构中的作用，认识到一个公司竞争力的提高和最终成功是利益相关者协同作用的结果，是来自不同资源提供者特别是包括职工在内的贡献。实际上，一个成功的公司治理结构模式并非是仅限于"股东治理"或"共同治理"，而是吸收了两者的优点，并考虑本公司环境，不断修改优化而成的。当然，这并不否认公司治理结构在理论上的分类。

（三）价值链治理

1. 价值链治理的概念

企业价值链治理是指处于特定价值链关系中的企业对价值链中其他企业产生的影响或作用。目前，对处于特定价值链中的组织（企业）来说，能够产生价值链治理效应的价值关联方主要指组织、顾客、供方和竞争对手。

（1）组织

组织是指处于特定价值链关系中的企业（厂商），是价值链治理的逻辑本体，其从供方处获得产品（含软件、硬件、服务、流程性材料等，下同），通过生产经营等特定的增值活动，向顾客提供产品，参与市场竞争。

（2）顾客

顾客是指接受组织产品的自然人或企业（厂商）群体，其在市场中选择组织（供方），通过消费或消耗组织提供的产品以获得某种效用。在当前的市场环境中，顾客对企业的影响不言而喻。随着顾客需求的多样化，以顾客为关注焦点、满足顾客需求、实现顾客满意是营利性组织实现经营目标所必需遵守的基本原则。顾客对企业的治理体现在顾客对企业治理机制在确保产品和服务选择定位的准确性、提供产品和服务的高质性、对市场变化的敏锐性、对顾客投诉处理的及时性等方面的要求。

（3）供方

供方是指向组织提供产品的自然人或企业（厂商）群体，其通过市场竞争，向组织（顾客）提供产品，实现经营目标。在当前的市场环境中，组织在与供方进行讨价还价的博弈过程中拥有前所未有的优势，但企业不能寄希望于剥夺供方的所有利润来实现其自身的经营目标，必须通过一种双赢的局面来促成均衡关系的出现。况且，在全球市场的价值链中，任何企业都是同时作为顾客和供方两种身份存在的。供方对企业的治理体现在供方所参与的产品技术标准对企业产品实现组织过程的影响。

（4）竞争对手

竞争对手是指在价值链中与组织提供的产品存在潜在或现实的竞争或替代关系的自然人或企业（厂商）群体，其遵循价值规律，与组织（竞争对手）进行市场竞争。迈克尔·波特在其所著的《竞争战略》和《竞争优势》中，提出了著名的五要素竞争战略框架。在这五个要素中，除了买方（顾客）、卖方（供方）以外，其他三个要素分别为产业竞争者、潜在入侵者、替代品，实质都是不同形式的竞争对手，也就是当前的竞争对手（包括相同的产品或替代品）和潜在的竞争对手（包括不同的产品或替代品）。

2. 价值链治理的结构框架

在价值链治理关系中，组织与各价值关联方相互制约、相互影响。各价值关联方在进行直接的价值链治理时，并不是孤立地发挥作用的，往往通过与其他价值关联方之间的协从作用来强化这种直接治理关系。我们将价值关联方这种强化直接治理关系的协从作用称之为协从治理。协从治理是一种间接的治理关系。

3. 价值链治理的作用机制

企业价值链关联方通过两种机制来实现其治理作用：一种为直接治理；另一种为间接治理。

（1）直接治理

直接治理是指价值关联方直接通过整合内部资源与组织关系来强化对组织的价值链治理效力的作用机制。直接治理发生作用的方式就是"头痛医头"，不通过其他价值关联方来强化或传递治理效力。

顾客通过组织消费联盟、建立战略供需关系等方式来强化需求治理关系的形式属于直接治理；供方通过组织供应联盟、进行客户公关等方式来强化供应治理关系的形式属于直接治理；竞争对手通过提高自身经营管理水平、提高产品质量、降低产品成本等方式来强化竞争治理的形式也属于直接治理的范畴。

（2）间接治理

间接治理是指价值关联方通过整合与其他价值关联方关系来强化对组织的价值链治理效力的作用机制。间接治理发生作用的方式就是"头痛医脚"，通过"脚"与"头"的网络关系达到"医头"的目的，需要通过其他价值关联方来强化或传递治理效力。

顾客通过与组织的竞争对手进行往来、挑选不同的供方来强化对组织的需求治理关系的形式属于间接治理；供方通过与组织的竞争对手进行往来、选择不同的顾客来强化对组织的供应治理关系的形式属于间接治理；竞争对手通过与组织的顾客及供方进行密切接触、争夺客户及供方来强化对组织的竞争治理关系属于间接治理的范畴。

（3）直接治理和间接治理的关系

直接治理和间接治理两种作用机制是互为补充、相辅相成的，是增强价值关联方治理力量，提升价值关联方竞争力的两种必要形式。

在这个框架体系中，顾客对组织、组织对供方产生了需求治理作用，供方对组织、组织对顾客产生了供应治理关系，组织与竞争对手之间则产生了竞争治理关系。这三种治理关系发生在组织与其他价值链治理关联方之间，是一种直接的治理关系。

4. 价值链治理的效应分析

（1）竞争促进效应

价值链治理的存在，能够有效地促进各价值关联方之间的竞争。第一，组织（厂商）只有在与竞争对手的全面竞争中获得比较优势，才能够获得具有价值的顾客和供方，较为稳定地占据价值链中的一环；其只有在与顾客和供方的博弈过程中获得足够的砍价资本，才能够获得更大的利润空间，才能够在与竞争对手的竞争中获得先机。第二，顾客只有充分地利用供方与其竞争对手之间的竞争关系（卖方市场要比买方市场弱得多），才能够在与供方的博弈过程中获得足够砍价的资本，才能够获得更加物美价廉的产品。第三，供方只有充分地利用顾客与其竞争对手之间的竞争关系（买方市场要比卖方市场弱得多），不断提高自身的产品质量和差异化品质,才能够在与顾客的博弈过程中获得足够的协商资本,才能够获得更具有战略价值的顾客。

(2)市场均衡效应

在古典经济学中,假设交易费用为零,这样做有助于在理想环境中来推演经济学理论,解释经济学模型,但在实际经济生活中,这些假设都是不存在的。后来的制度经济学就是建立在肯定交易费用存在的基础之上的。

第一,当社会供应总体上大于需求时,市场竞争比较激烈,这时候市场处于买方市场的情况下,相对于物资短缺、需求总体上大于供应的卖方市场,交易费用降低,劳动生产率提高,是历史上一个巨大的进步。

第二,当市场竞争激烈到一定程度时,组织(厂商)不能够通过降低产品的成本、提高产品的差异化品质等通常获取竞争优势的方法在市场竞争中取胜,将会把更多的资源投向于寻租,资源配置的效率不会再提高,反而有降低的趋势。换言之,市场交易费用将会呈上升的趋势。虽然组织(厂商)的寻租行为,在卖方市场中和买方市场中都会存在,但在卖方市场中,主要是买方在寻租,在买方市场中,主要是卖方在寻租。一般来说,致力于寻租或正在获取租金的企业在提高经营管理水平方面的驱动力要远小于其他企业。

(四)全球价值链

1. 全球价值链的定义

在全球价值链理论研究的过程中,研究者们曾采用了不同的称谓,如价值链、商品链、生产网络、企业网络、价值网络和投入产出分析等。斯特恩从组织规模、地理分布和生产性主体三个维度来界定全球价值链。

从组织规模来看,全球价值链包括参与了某种产品或服务的生产性活动的全部主体;从地理分布来看,全球价值链必须具有全球性;从生产性主体来看,有一体化企业、零售商、领导厂商、交钥匙供应商和零部件供应商。他还对价值链和生产网络的概念进行了区分:价值链主要描述了某种商品或服务从生产到交货、消费和服务的一系列过程;而生产网络强调的是一群相关企业之间关系的本质。

联合国工业发展组织的定义最有代表性,全球价值链是指为实现商品或服务价值而连接生产、销售、回收处理等过程的全球性跨企业网络组织,涉及从原料采购和运输,半成品和成品的生产和分销,到最终消费和回收处理的整个过程。这一定义包括所有参与者和生产销售等活动的组织及其价值、利润分配。

当前散布于全球的处于价值链上的企业进行着设计、产品开发、生产制造、营销、交货、消费、售后服务、最后循环利用等各种增值活动。

2. 全球价值链的研究内容

从上述定义可以看出,全球价值链主要从纵向维度来研究全球经济组织;而全球生产网络则更倾向于从纵向、横向两个维度来研究经济组织。产品越复杂,其生产包含的工序越多,其纵向维度更长;产业越庞大,专业化分工越有可能获得规模经济,其横向维度更发达,因而也更有可能形成规模宏大、结构复杂的生产网络。全球生产网络可以被认为是全球价值链发展的高级形式,而全球价值链既可以被看作生产网络的初级形式,也可以被理解为对全球生产网络的抽象和简化。这种抽象和简化对于理论研究来说是必要的。因此,全球价值链治理可看作全球生产网络治理。

目前,对全球价值链的理论研究主要集中在三个方面。第一个方面是全球价值链的治理。全球价值链的治理是指价值链的组织结构、权力分配,以及价值链中各经济主体之间的关系协调。目前对全球价值链治理的理论研究主要集中在治理模式方面,虽然开普林斯基和莫里斯借鉴西方社会三权分立的原理提出了一个价值链治理的分析框架,即价值链中立法治理、执行治理和监督治理,其中的部分原理在实证研究中有所体现,但理论上还很不完善和系统。第二个方面是全球价值链的升级,主要研究升级的机制、类型和路径等。第三个方面是价值链中经济租的产生和分配,包括进入障碍、经济租产生的来源(如技术能力、组织能力、技能和营销能力等核心能力)、租金的分配等。价值链研究的这三个方面是有机结合在一起的,其中治理居于核心地位,其决定了价值链中的升级和租金的分配。

3. 全球价值链的本质及影响

在全球价值链治理模式的划分上,不同治理模式下产业空间转移进程和结果是显著不同的。在模块型治理模式中,各厂商是优势互补的关系,而非控制关系,厂商的市场适应能力较强,投资的专用性程度较低,具有很强的空间转移能力。在关系型治理模式中,一般以中小企业为主,凭借信誉及相互信任而聚集,表现出较强的社会同构性、空间临近性、家族和种族性等特征。由于单个经济行为主体规模较小,对市场需求的识别能力较弱,其市场适应能力的强弱是以空间集聚为前提的,相比之下,其空间转移能力较弱。领导型治理模式的显著特征是,众多中小厂商依附于几家大中型厂商,这些大中型厂商对中小型厂商具有很强的监督和控制力,这种依附关系的改变需要较高的变更成本。

一般来说,全球价值链治理模式的选择主要由以下因素决定。第一,交易的复杂程度。价值链中交易越复杂,各主体之间的交互作用越强,采取的治理模式越倾向于网络型治理模式(模块型、关系型和领导型)和等级制治理模式。第二,交易的标准性。这反映的是价值链中信息和知识的可获得性,及其传递效率和交易费用。在某些行业的价值链中,关于产品、生产过程等的复杂信息经过编辑标准化处理后便很容易在价值链中传递,如果供应商有能力接受并实施这些标准化的信息,并且这些标准在价值链中被广泛采纳,则采用模块型治理模式。否则,价值链中的主导企业将垄断这些信息,对其他企业实施垂直一体化的控制,采用的是等级制治理模式,或者采取外包战略,但对承包企业实行紧密监控,采用的是领导型治理模式。第三,供应商的竞争水平。接受和实施价值链中的主导企业所传递的复杂信息,要求供应商具有较强的能力。如果供应商的能力较弱,主导企业只能实行垂直管理,价值链采用的是等级制治理模式,或者企业外包,采用领导型治理模式。

总之,尽管全球价值链治理模式有所不同,但其本质是世界经济关系不同模式的具体体现,也是市场经济体制在全球配置资源的结果。第一,各国历史、文化和经济基础的差异,决定了该国整体的全球价值链层次。第二,每个国家的企业在本产业中的竞争能力差异也决定了其在全球价值链中的等级。第三,国际政治的影响力也是决定一国及其企业在全球价值链中的等级的重要因素。此外,一国的政治、经济和文化的综合实力决定了该国企业在全球价值链中的等级,而这种等级又影响了企业本身的竞争能力。

4. 全球价值链治理初级模式

对于全球价值链治理模式的研究,始于对企业间关系的研究,一般都遵循从单个产业或产业集群到理论框架的归纳模式,因此早期的研究是从产业集群和生产网络开始的。网络学家普维尔将生产网络的治理结构分为三种——市场、网络和层级组织,并从一般基础、交易方式、冲突解决方式、弹性程度、经济体中的委托数量、组织氛围、行为主体的行为选择、相似之处等方面对三种经济组织形式进行了比较。

约翰·齐斯曼等研究了亚洲跨国生产网络的类型和决定因素。他们发现,决定亚洲跨国生产网络类型的是领导厂商的母国治理结构、领导企业的结构和海外生产动机。东道国的工业基础、资源禀赋等比较优势和政府政策对生产网络的影响很小,因为在全球贸易和投资自由化的大环境下,东道国很难控制外国投资的种类和网络主体之间的关系。他们从两个维度区分网络类型:一是垂直性/水平性，即网络中企业之间合作关系的持久性和力量的对比；二是开放性/封闭性，即网络外企业进入的难度。据此可将亚洲跨国生产网络分为以下几种类型。

（1）以日本为代表的垂直封闭式网络

日本公司的海外机构一般受总部的高度控制以维护总部的权威和核心技术能力，因此其治理结构是层级型的垂直一体化模式。以总部为主导的跨国生产网络一般由总部率先将低附加值的生产环节转移到发展中国家，然后日本供应商跟进投资。在东道国当地的采购仅限于附加值低的原材料和简单零部件，技术要求较高的零部件一般由跟进的日本供应商提供或从母国采购。

（2）以海外华人为代表的水平封闭式网络

共同的种族、文化、语言和人际关系为企业间的合作与协调带来了便利，同时也构成了网络外企业进入的壁垒。企业之间的关系是平等的。

生产网络的封闭性问题很重要，这是因为与封闭型生产网络相比，开放型生产网络对发展中国家的产业升级更有利，如开放型的以美国企业为领导的全球生产网络对发展中国家的产业推动效应更大。而全球生产网络研究的一个重要课题之一就是，生产网络对发展中国家经济发展的影响。

格里菲等在对美国零售业价值链研究的基础上，将价值链分析法与产业组织研究结合起来，提出了全球商品链分析法，并区分了两类全球商品链——购买者驱动型和生产者驱动型。①购买者驱动型商品链是指大型零售商、经销商和品牌制造商在散布于全球的生产网络（特别是奉行出口导向的发展中国家）的建立和协调中起核心作用的组织形式。购买者驱动型全球商品链是通过非市场的外在调节而不是通过直接的所有权关系建立高能力的供应基地来构建全球生产和分销系统，如沃尔玛、家乐福等大型零售商，耐克、锐步等品牌运营商和伊藤忠式的贸易代理公司等跨国公司控制的全球生产网络。②生产者驱动型商品链是指大的跨国制造商在生产网络的建立和调节过程中起核心作用的垂直分工体系。在生产者驱动链中，制造先进产品（如飞机等）的制造商不仅获得了更高的利润，而且控制了上游的原料和零部件供应商、下游的分销商和零售商。通过比较生产者驱动型全球商品链中的非市场外部协调和传统的垂直一体化企业的内部协调，格里菲指出了生产者驱动在促进商品链中各国产业共同进步方面的重要作用。

格里菲的商品链分析方法的意义在于，其指出了某些类型商品链的驱动力。但是，全球价值链形成的动力机制是多种多样的。第一，有些全球价值链可能是多头驱动甚至是购买者和生产者混合驱动的，而不是单头驱动的；第二，政府和大的供应商也可能成为价值链的驱动者，如个人计算机产业的英特尔。此外，正如格里菲所指出的，商品链分析法太过简单，没有抓住价值链的主要特征，有许多已有的典型网络组织形式没有被包括进去。因此，这种商品链分析方法在实证研究中已经较少采用。

5. 格里菲的全球价值链治理模式

格里菲等在普维尔与斯特恩等人的生产网络理论的基础上，通过抽象的方式，结合价值链理论、交易成本经济学、技术能力与企业学习等理论提出了一个比较严谨、完整的分析框架。他们首先归纳出五种典型的全球价值链治理方式，按照价值链中主体之间的协调和力量不对称程度从低到高依次排列为市场型、模块型、关系型、领导型和层级制。然后通过企业间交易的复杂程度、用标准化契约来降低交易成本的程度（对交易的标准化能力）和供应商能力三个变量来解释五种价值链治理方式。

（1）市场型

通过契约可以降低交易成本，产品比较简单，供应商能力较强，不需要购买者投入太多，且资产的专用性较低时，就会产生市场治理。这时，交易比较简单，双方只要通过价格和契约就可以很好地控制交易的不确定性，不需要太多协调。

（2）模块型

产品较复杂，供应商的能力较强，其资产专用程度较高，买卖双方的数量虽然有限，但仍有一定的市场灵活性，更换合作伙伴较容易。双方交流的信息量较市场型更大，信息更复杂，但能够通过标准化契约来较好地降低交易成本。因此，模块型需要的协调成本也不高。

（3）关系型

产品复杂导致交易复杂，双方需要交换的信息量大且复杂，供应商的能力较强，领导厂商和供应商之间有很强的相互依赖性。但双方可以通过信誉、空间的临近性、家族或种族关系降低交易成本。双方常常可以通过面对面的交流进行协商和交换复杂的信息，需要较多的协调。因此，改变交易伙伴比较困难。

（4）领导型

产品复杂，供应商的能力较低，需要供应商的大量投入和技术支持，供应商为了防止其他供应商参与竞争，将其资产专用化。供应商对领导厂商的依赖性非常强，很难改变交易对象，成为"俘虏型供应商"。领导厂商通过对供应商的高度控制来实现治理,同时通过提供各种支持使供应商愿意保持这种合作关系。

(5)层级制

产品很复杂,外部交易的成本很高,而供应商的能力很低时,领导厂商不得不采用纵向一体化的企业内治理方式。因为交易可能涉及领导厂商的核心能力,如隐性知识、知识产权等,领导厂商无法通过契约来控制机会主义行为,只能采用企业内生产的方式。

此外,格里菲还研究了价值链治理的动态性问题。随着时间的推移,决定价值链治理模式的三个变量将发生变化,价值链的治理模式也随之发生变化。这种动态变化在现实中是存在的,如在自行车行业,由于规模经济、标准化和供应商能力的提高使治理方式从层级型转向市场型治理;又如服装行业由于交易复杂程度的降低和供应商能力的提高由领导型发展为关系型;再如在美国电子产业中,分工和专业化的发展使治理方式从层级型(垂直一体化)发展为模块型。

三个变量发生变化的原因主要来自三个方面:第一,领导厂商采购要求的提高相对降低了供应商的能力,同时增加了交易的复杂程度;第二,创新和标准化具有矛盾关系,创新会降低标准化能力;第三,供应商的能力随时间推移会发生变化,学习会提高企业能力,引入新供应商竞争、新技术革命,或者领导厂商采购要求的变化都会影响供应商的相对能力。

格里菲的全球价值链治理模式的优点在于其严谨性,这一模式涵盖了目前发现的多数典型的全球价值链类型。重要的是,格里菲不但研究了每种治理模式的特点,而且引入了更多的经济学分析方法,将特征变量化,具有较好的理论基础。但是,格里菲的模式仍然存在一些问题:第一,该理论中的治理模式仅限于领导厂商和较高级供应商之间的关系,但在具体的行业价值链中,可能包括更多的上游和下游主体;第二,模型中的前两个变量(交易的复杂性和交易的可标准化程度)有很强的相关性,实际上这两个变量都是通过影响交易成本来决定价值链的治理模式,但影响交易成本的重要因素不止这两个;第三,把三个变量简单地划分为高、低两个维度可能不够准确,如模块型中交易的标准化能力高于领导型,但低于市场型;第四,文化禀赋、公司战略、政府政策和国内与国际的制度对价值链的治理有重要的影响,但在格里菲的模型中却没有提及;第五,格里菲的模型没有说明价值链中各个链节的区位问题,即为什么不同的链节会分布在不同的地区或国家。

第三节 公司战略、组织结构与会计职能

一、公司战略与组织结构

21世纪国际会计的职能之一就是如何协调成长和发展中的相互依赖的国际事务的网络。协调跨国公司事务的主要机制包括非正式与柔性机制和结构性与正式机制。在实践中，对于事务进行协调的方式正逐步地从正式向着非正式方式转化。为了更好地理解这种转化，对结构性与非结构性问题的理解至关重要。

（一）非正式与柔性机制

非正式与柔性机制主要由横向关系、非正式沟通以及组织文化等因素构成，因此，公司在制定战略以后，检验组织结构的作用时，理解其横向关系、非正式沟通以及组织文化等因素对于理解控制的非正式与柔性机制显得非常重要。①横向关系是指各种贯穿于正式组织结构的、以实现组织目标的项目小组与会议。如各产品生产线部门经理和地区负责人在一起讨论并通过公司战略。②非正式沟通是指长期以来在组织中形成的人与人之间联系的网络。③组织文化（企业文化）是指由公司内部来自不同国家的职员社会化的结果，这种组织文化导致不同的员工在处理问题时采取相同或者是相似的方式，即体现出公司的理念和价值观。

（二）结构性与正式机制

结构性与正式机制主要由国内公司结构、海外子公司结构和全球公司结构组成。随着一家国内公司发展成为一家跨国公司，其内、外部的压力对公司的组织结构提出了更高的要求。因此，一些职责被转移，而另一些职责被创造，还有一些职责会消失。职责的变化，报告和沟通的流程也会发生相应的变化。而且，随着公司在经营规模、地域和产品生产线方面的扩大，可行的与实施中控制的程度也会随之变化，新的机会与新的挑战都会出现，因此，公司的组织结构也应该进行适时的调整。如果公司不能够根据环境的变化适时调整组织结构，那么将会导致公司发生内部冲突或效率较低。

1. 国内公司组织结构

在全球化发展的第一阶段，企业通常立足于国内市场，通过设立独立的出口部门来负责海外的销售业务，通常在海外的当地市场设立一些代理来完成与当地渠道的联系。

2. 海外子公司结构

到了全球化发展的第二阶段,企业在适应当地市场需求,或是本国货币升值压力等诸多原因作用下,通常在海外设立工厂。这时跨国公司一般都是通过建立国际分部来统管外国子公司,总部的集权也非常明显。在第二阶段建立海外子公司,即产品生产加工设施,将减少国内母公司在产品的分配、计划,产品的适应性以及转移价格上的矛盾,随之而来的是责任和控制等新问题的出现。一些新员工将必须对增加的海外运营负责任。在此情况下,两个运营环境的变化,即国内和海外的运营环境,导致控制上的复杂和难度加大。海外分部的销售量在总销售量中逐渐占据非常大的比重,新公司将会被授予更大的自主权,这样一来整个公司将会被分为不同的分部。

3. 全球公司结构

在第三阶段,海外工厂与分支机构数目不断增长,规模不断扩大,跨国子公司的管理难度也越来越大。此时,企业通常会在全球地区组织结构和全球产品组织结构中做出有偏向性的组织设计选择,以此来平衡地区结构与产品结构的两难困境,并形成不同的矩阵组织结构。矩阵组织结构为全球性公司同时实施地方性战略和全球性战略提供了一种理想的组织结构模式,但其运作和沟通成本通常极高,对于企业文化的整合能力要求也高。目前,出于人的素质与文化的差异,北欧国家主导的跨国公司运作矩阵模式较为成功。在第三阶段,随着经营规模的扩大,公司通常依据其全球地理位置或全球产品结构进行组织结构的调整。地区分部(依据公司在全球地理位置的分布进行划分)通常是指根据公司现存的国内和国际运营地理位置进行划分的分部。

4. 全球公司网络组织结构

在第四阶段,随着矩阵式组织结构的效率和决策等方面的弱点越来越明显,为了适应日益激烈的国际竞争,一种新的组织形式——跨国网络组织结构应运而生。跨国网络结构的核心是追求在当地市场的快速反应能力,同时利用全球规模经济寻找有特色的知识来源来整合地方的优势。与具有对称性的矩阵结构不同,跨国网络结构往往不具有对称性,也不在意三个维度即组织、产品、地区之间的管理平衡。其更在意行业关键性资源在全球地域分布的不对称性。波特教授早已指出,全球工业的关键竞争要素,诸如人才资源、精细化需求的高端市场、信息、政策等,都聚集在某些特殊的区域环境,一个企业发展和成功的关键是,在呈现全球性行业的聚集效应的地理位置上参与激烈竞争,利用资源、人才和市场机会,并锻炼能力。跨国网络组织结构具有以下五个特点:第一，国际化到了立足当地的企业；第二，公司总部从传统的决策中心变为支持性机构，把许多决策转给业务层，总部主要负责规划整个企业系统的远景目标和战略，协调成员的利益关系等重大决策；第三，集团整体相关的战略设计由多个中心共同参与、共同决策；第四，全球性的融资和税务管理格局；第五，多个中心的职能分配。全球化进入第四阶段，跨国网络架构中的不同节点也就自然成为全球化企业的多个中心，这些中心由于发展历史和行业演变路径的差别，或者表现为功能总部，或者表现为产品或地区总部，或者表现为多个营运中心的总部。设立全球运营中心，主要从以下三个方面因素来考虑。①提升对市场的反应速度。在全球设立若干平行的研发中心，开发适合当地市场需求的产品和服务，以对当地市场的动向迅速做出反应。如管理软件巨头 SAP 公司在德国和美国设立了重要的核心模块开发中心，在中国和以色列设立了针对中小企业解决方案的全球开发中心。②应对供应链管理和零备件的区域供应问题。设置国际物流和采购供应中心，如松下电器公司就分别在美国、德国、新加坡和巴西设立了全球采购中心，供应各地区的分部，又如澳大利亚必和必拓公司的全球营销中心就分别设在荷兰和新加坡。③分权与激励的需要。提高管理效率，通过设置区域总部，下放总部的权力，建立起一个地区内的产品开发、生产、销售、财务等业务活动完全可以独立完成的机制，将地区内的事情全权交给地区营运总部处理。实现人事的本地国际化，给予当地员工尤其是经理层更多的上升机会，提升当地员工的士气，更好地利用当地优秀的人才。如索尼在进军美国娱乐业时的做法，德意志银行进军高科技投行业务时的做法，宏碁集团在欧洲发展以及放手让明基在大陆发展的做法，都是成功的案例。④降低成本。一是通过标准化来降低成本，把总部的服务部门设计为全球化的共享中心。二是资本市场和避税的需要。为方便在多个区域上市融资并获得税务优惠，采用多中心管理的体制以便实现各上市企业的财务和税务的独立策划。利用离岸公司和税收属地来进行国际税收筹划促使不少公司采用多中心模式。

二、会计职能

（一）会计的创新与发展

会计与环境是互动的，会计不仅是其所处环境的产物，同时也反作用于社会环境。随着企业发展战略的转型，跨国公司的管理结构也相应进行了调整。跨国公司管理结构的全球调整包括股权全球化等，国际经济环境的变化影响了会计职能的变化。①许多国家的政府对企业所做的社会贡献日渐感兴趣；②社会责任会计开始发展;③要求跨国公司提供更综合的信息,如价值增值、转让价格、员工与社会福利贡献等方面信息;④管理会计与其他各学科之间的融合,包括行为科学、组织理论、经济学、社会学、数量方法等;⑤成本与收益的含义应扩展至经济——会计角度,决策模型应从社会的成本——效益方面开展分析。因此,新的经济和管理环境,迫使会计职能必须加以创新和发展,包括会计观念的更新、会计内容的调整与拓展、会计研究方法的发展与改进。

(二)会计观念的更新

第一,树立市场观念。进入信息时代后,由于信息传播、处理和反馈的速度大大加快,经济环境变化和经济竞争日益激烈。科学技术的飞速发展,使得企业产品和生产设备很快就会过时,企业所占有的市场份额或边际利润很快会被竞争对手抢走,产品寿命周期大大缩短。随着社会富裕程度的逐渐提高,市场需求将呈现小批量、多品类、易变化的特点。因此,企业的会计人员必须更新观念,密切关注市场导向,加强研究市场动态,根据市场需求的变动及时调整企业的生产经营活动,以获取市场竞争优势。第二,树立企业整体观念。为适应当代瞬息万变的客观经济环境,在激烈的市场竞争中立于不败之地,企业必须以具有整体优势作为基础和条件。企业管理可以从不同的角度分解成不同的子系统,各个子系统从总体上来说目标是一致的,但有时也会发生矛盾,这就要求必须把企业管理作为一个整体进行分析,只有整体的目标才是系统的最高目标,只有整体最佳才是最优的管理对策。会计的职能必须根据上述要求,树立整体观念,从整体上分析和评价企业的管理活动。整体观念的树立,有利于增强企业内部的协调运作,增强企业内部组织间的目标一致,减少企业内部职能失调。为此,管理会计的控制不能仅仅停留在对结果的分析,而要通过对过程的控制将企业生产经营各个环节、各个方面都与企业整体目标相联系,为寻求企业整体的竞争优势服务。第三,树立动态管理观念。信息技术时代,由于计算机的广泛应用和信息处理能力的日益增强,使得企业上下级之间、多功能部门之间及其与外界环境之间的信息交流变得十分便捷,企业可以随时根据环境的变化做出统一、迅速的整体行动和应变策略。会计作为决策支持、规划与控制系统,必须服从企业经营管理的需要,树立动态管理观念,根据企业内、外部条件的变化及时进行相应的调整,不断地进行分析、比较和选择,在动态中寻找最佳的平衡点。第四,树立企业价值观念。知识经济时代的企业管理是知识管理。与传统企业管理一般只重视规章制度不同。知识经济时代企业的知识管理是强调以企业文化建设为重点的"软"管理。而价值观念是企业文化的核心内容，其通过企业精神、经营方针、企业信条、企业座右铭等形式间接地表现出来。每一个成功的企业都有自己的企业精神，用一种共同的价值观来熏陶全体员工。企业文化的确立和创造，必然给会计控制系统设计带来影响，促使会计控制系统设计更多地考虑人的因素，以适应战略管理所需要的文化氛围，有效地实现其过程控制。

（三）会计内容的调整与拓展

在新的经济环境和企业管理环境下，会计的内容应从以下几方面加以调整与拓展。

1. 成本管理方面

新的经济环境和市场竞争环境要求我们转移成本管理重心、拓展成本控制视角。

2. 决策分析与评价方面

在经济行为分析中，作为计算依据的取数是否正确，决定了计算结果的正确性；作为模型运用的前提条件是否存在，决定了模型的可运用性。要求会计进行决策分析时必须做到：第一，进行模型的理论前提与现实前提是否吻合的比较分析，从而确定选用的模型或对计算结果的可能修正；第二，在遵循取数的一般过程和其分析要求的前提下，确定取数的方法以及取数的分析方法；第三，对取得的数据进行确定性、可靠性评价，进而确定所取数据中存在的风险因素；第四，对模型中运用的数据，凡存在不确定性的因素，应提出控制措施。确实找不到控制措施的，必须对取数进行风险值测定，并调整取数的大小。

3. 以人为本管理方面

坚持以人为本，充分挖掘和使用人力资本将成为企业管理中首先考虑的问题。与此相联系，会计在进行预测、决策、规划与控制的过程中，必须将其提供的会计信息与对人的管理结合起来。第一，进行人的行为研究，采用有效的激励方式和业绩考核方案，激发人的主观能动性和行为积极性，使人在开始行动之前就有积极的行为意识，在行为过程中能做到有意识的自觉控制。第二，对人力资源价值及成本的确定。为了实施具体的人力资源管理，有必要将人力资源价值与成本量化，因为量化后的人力资源数据有助于各项管理措施的操作。第三，进行人力资源的投资分析。人力资源同物力资源一样，能够在未来为企业获得一定的收益（尤其是在知识经济时代）。但是，若不进行科学的可行性分析，也会出现投资失误，给企业造成损失。此外，对人力资源投资的分析与评价，还有助于企业在总资本预算中考虑到人的因素，使企业资金的分配更为有效，克服以往管理者追求短期利益而不重视人力资源投资的急功近利的行为。

（四）会计研究方法的发展与改进

实证研究作为一种与传统的规范性研究特点迥异的研究流派，其特征主要表现在：①强调经验总结的重要性，崇尚归纳推理；②广泛采用实验、问卷调查、采访、实地研究和历史文献研究等已为自然科学和社会科学证明是行之有效的数据搜集方法；③打破会计研究就会计论会计的格局，注重学科间的相互渗透；④广泛运用统计理论和方法进行定量分析，且要求精益求精。实证研究比规范研究在解释和预测会计实践方面更具有理论价值。鉴于会计学属于多学科相互交叉、相互渗透的综合性学科，具有鲜明的实践性和显著的灵活性，实证研究在会计领域较有用武之地。但是，这种研究也有其局限性。因为以经济学为基础的实证研究主要是以经济计量学为主要技术手段，且经济计量学方法基本上属于线性分析的范畴，而实际中对一些会计系统变量关系的线性假设缺乏客观依据。再加上这种研究方法忽视了会计控制系统中社会人文因素对研究变量的影响，使得会计信息和管理决策之间的相关性降低，甚至消失。为了适应新的经济环境和现实需要，更好地解决现代会计理论与实际脱节的问题，应当提倡在实证研究的基础上进一步采取实地研究和案例研究的方法。

参考文献

[1]诺比斯,帕克. 国际会计:一种比较的视角:第 12 版 [M]. 薛清梅,曹玉珊,刘艾琪,等译. 大连:东北财经大学出版社,2016.

[2]王善平,唐红,周兰,等. 国际会计学 [M]. 2 版. 大连:东北财经大学出版社,2016.

[3]宫相荣,徐黎. 国际贸易会计基础:国际贸易会计员业务技能考试用书 [M]. 上海:上海财经大学出版社,2018.

[4]吴革. 制度环境、会计准则国际趋同后果与资本市场监管体系创新 [M]. 北京:对外经济贸易大学出版社,2016.

[5]李婉丽. 国际会计教程 [M]. 北京:外语教学与研究出版社,2016.

[6]赖特,加卢. 国际石油会计 [M]. 唐超,译. 北京:中国石化出版社,2016.

[7]章新蓉,谢付杰,陈萍. 国际化会计人才培养模式研究 [M]. 成都:西南财经大学出版社,2016.

[8]刘永泽,傅荣. 高级财务会计 [M]. 5 版. 大连:东北财经大学出版社,2016.

[9]张学林,成静,王淑秀. 国际会计 [M]. 西安:西北工业大学出版社,2017.

[10]张月玲,崔红. 会计准则国际瞭望 [M]. 北京:经济科学出版社,2018.

[11]李长爱. 会计师事务所国际化发展战略研究 [M]. 北京:中国财政经济出版社,2017.

[12]石党英. 中国会计标准的国际化发展问题探究 [M]. 北京:中国社会科学出版社,2018.

[13]李平,刘帆. 外经贸企业会计实务 [M]. 大连:东北财经大学出版社,2017.

[14]徐丽军,孙莉. 高级财务会计 [M]. 3 版. 大连:东北财经大学出版社,2017.

[15]卿笃炼,蒋建俊,张燕,等. 初级会计电算化实务操作教程 [M]. 上海:立信会计出版社,2017.

[16]周红,王建新,张铁铸. 国际会计准则 [M]. 3 版. 大连:东北财经大学出版社,2018.

[17]赵杰. 会计学原理:国际会计准则 [M]. 武汉:武汉大学出版社,2018.

[18]乔伊,米克. 国际会计学:第 7 版 [M]. 方红星,施继坤,张广宝,译. 大连:东北财经大学出版社,2016.

[19]吴泽福. 国际会计学 [M]. 北京:机械工业出版社,2015.

[20]邓永勤,陆燕芳. 以审慎监管为目的的金融工具会计准则国际趋同研究 [M]. 北京:经济科学出版社,2018.

[21]刘胜军,陈旭. 国际财务管理 [M]. 2 版. 北京:科学出版社,2018.

[22]杨春兰. 会计综合实务教程 [M]. 北京:化学工业出版社. 2018.

[23]孟茜. 基础会计 [M]. 厦门:厦门大学出版社,2018.

[24]孙坤. 会计英语 [M]. 4 版. 大连:东北财经大学出版社,2018.